GEI 长城智库丛书

刘志光　武文生◎主编

智库亦咨询

——长城战略咨询研究服务新经济三十年之路

科学技术文献出版社
SCIENTIFIC AND TECHNICAL DOCUMENTATION PRESS
·北京·

图书在版编目（CIP）数据

智库亦咨询：长城战略咨询研究服务新经济三十年之路/刘志光，武文生主编. —北京：科学技术文献出版社，2023. 8
（长城智库丛书）
ISBN 978-7-5235-0585-4

Ⅰ. ①智… Ⅱ. ①刘… ②武… Ⅲ. ①企业管理—咨询—研究—中国 Ⅳ. ① F279.23

中国国家版本馆 CIP 数据核字（2023）第 148664 号

智库亦咨询——长城战略咨询研究服务新经济三十年之路

策划编辑：李　蕊　胡　群　责任编辑：韩　晶　责任校对：张永霞　责任出版：张志平

出 版 者　科学技术文献出版社
地　　址　北京市复兴路15号　邮编　100038
编 务 部　（010）58882938，58882087（传真）
发 行 部　（010）58882868，58882870（传真）
邮 购 部　（010）58882873
官方网址　www.stdp.com.cn
发 行 者　科学技术文献出版社发行　全国各地新华书店经销
印 刷 者　北京厚诚则铭印刷科技有限公司
版　　次　2023 年 8 月第 1 版　2023 年 8 月第 1 次印刷
开　　本　787 × 1092　1/16
字　　数　233千
印　　张　15　彩插14面
书　　号　ISBN 978-7-5235-0585-4
定　　价　52.00元

“长城智库丛书”编委会

“长城智库丛书”总序

长城战略咨询（GEI®）创立于1993年8月，是伴随着中国改革开放进程成长起来的咨询机构，是中国新经济研究、咨询与服务的先行者，是着力构建以新经济发展规律为认知基础的、为各类决策者提供咨询服务的专业智库。立业30年以来，我们根植中国本土，基于对科技的社会与经济功能、政府与市场间协同的深刻把握，形成了对新经济的敏锐感知、独立思考和深刻洞见。我们有一支高素质的咨询师队伍和庞大的专家顾问网络，有丰富的行业数据库、咨询案例库和领先的咨询方法论。

长城战略咨询（GEI®）一直致力于新经济知识的积累、传播与共享，践行“知行合一，惟新守常”的文化理念。我们先后出版过多部著作，并主持编撰有“创新中国研究系列丛书”（山东教育出版社）、“创新战略研究丛书”（广西人民出版社）和“长城智库系列丛书”（金城出版社）。在长城战略咨询（GEI®）成立30周年之际，我们推出“长城智库丛书”系列著作，以期展示长城战略咨询最新的智力成果，推动当代中国新经济伟大事业的发展。

“长城智库丛书”编委会

2023年7月

于光远先生题词：企业家思想库

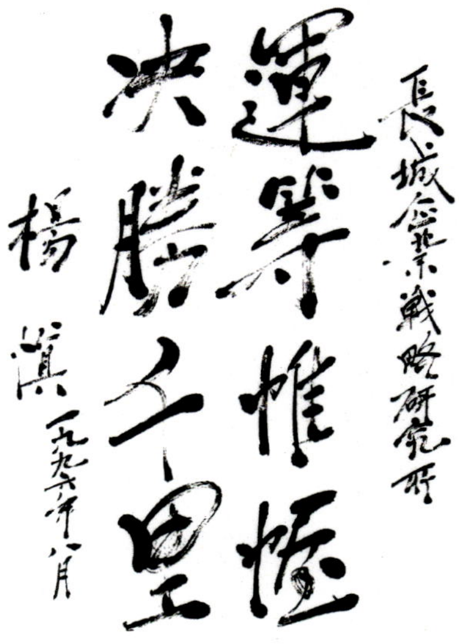

杨慎先生题词：运筹帷幄 决胜千里

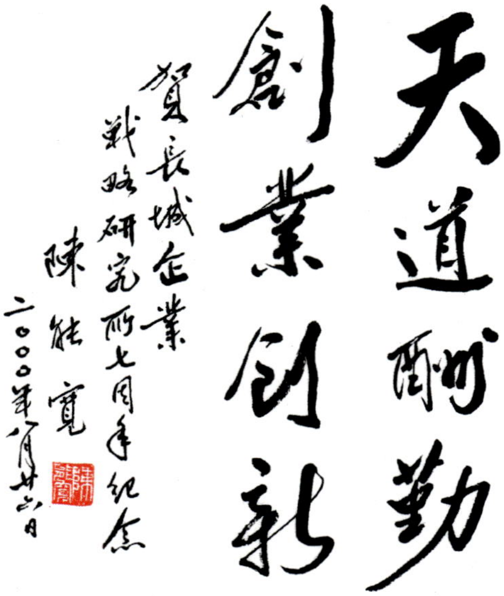

陈能宽院士题词：天道酬勤 创业创新

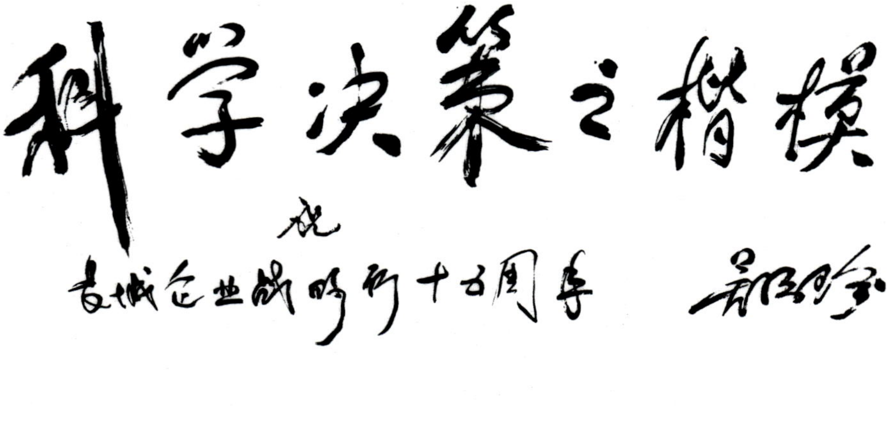

吴明瑜先生题词：科学决策之楷模

1993 年，希望集团刘永好总裁和王德禄所长、武文生副所长合影

1995 年 1 月，王德禄所长与吴敬琏教授合影

1996 年 3 月，长城战略咨询完成世界银行援助的“乡镇企业咨询服务培训项目”

1998 年 8 月 26 日，长城战略咨询五周年所庆

1998 年 10 月，长城战略咨询首届创业管理研修班学员结业合影

2001 年 8 月 25 日，长城企业战略研究所成立八周年庆典暨
稳步成长的中国咨询业研讨会

2003 年 8 月，长城战略咨询十周年所庆所领导合影

2008 年 8 月 21 日，长城战略咨询宁波业务中心揭牌

2012 年 10 月 9 日， 王德禄所长一行访问兰德公司，会见了亚洲太平洋政策中心主任 Michael J.Losttumbo，基础、安全和环境部门主任 Debra Knopman，环境、能源和经济部门主任 Keith Crane

2012 年 10 月 10 日，王德禄所长、刘志光副所长访问布鲁金斯学会

2012 年 10 月 13 日，王德禄所长、刘志光副所长拜访哈佛大学傅高义教授

2013 年 12 月 5 日， 王德禄所长在“玻尔学术成就百年纪念会”发表
演讲《玻尔是新经济的先驱》(丹麦 · 哥本哈根)

2016 年 2 月 29 日，王德禄所长参加“2015 年中关村独角兽企业榜单发布会”

2016 年 7 月 21 日，王德禄所长参加“国家高新区瞪羚企业发展报告 2016 发布会”

2017 年 12 月 1 日， 武文生总经理参加第十一届中国 – 拉美企业家高峰会“清洁可再生能源和可持续发展城市”平行会议

2018 年 8 月 28 日， 国家高新区 30 年“创新双月谈”特别论坛举行

2019 年 4 月 18 日， 宁波财经学院长城商学院揭牌

2019 年 5 月 25 日，王德禄所长在浦江论坛发表演讲

2020 年 1 月，长城战略咨询年度计划会合影

2020 年 6 月 10 日，长城战略咨询与中国科学技术发展战略研究院

签署战略合作协议

2021 年 3 月 16 日，长城战略咨询与中国科协创新战略研究院签署合作协议

2021 年 4 月 26 日，王德禄所长在 2021 年中国（天津）高成长企业发布会发表演讲

2021 年 10 月 21 日，王德禄所长在中国（南京）新赛道体系发布会发表演讲

2022 年 1 月 14 日，长城战略咨询总部专家委员会年会合影

众智成城三十年　创新创业再出发
（代序）

一、长城所[①]发展的三个阶段

长城所的创立和发展，得益于中国的改革开放。改革开放以来，中国的发展趋势是市场化、工业化、城市化、国际化（全球化）和数字化，这 5 个大趋势是我们发展的大背景，得益于这样的大环境和大背景，1993 年 8 月 26 日，王德禄先生带领我们这个团队创业，成立长城所，这 30 年大致可分为以下三个阶段。

第一个阶段是 1993—2005 年，是创业和探索阶段，可用以下关键词进行总结。

第一个关键词是民营企业。长城所成立后，以服务民营企业为主，第一个客户希望集团是民营企业。我们做创业咨询比较早，北京均豪设施管理集团基本上和我们同期创业，我们称之为兄弟公司。大家一起创业，他们把遇到的问题开放式地和我们交流，我们一起探讨，也力所能及地帮助他们。长城所的一个特点是和企业客户［包括科技园区（地方政府）客户］深度合作，开展长期的战略合作，我们跟很多客户都合作十多年。与我们合作时间最长的企业客户是湖北的劲牌有限公司，我们从 1995 年起一直合作到现在。

第二个关键词是创业。作为专业咨询公司，我们倡导和支持创业比较早。20 世纪 90 年代，王德禄所长给科技部、北京市政府分别提出建议，支持鼓励科技创业，而且比较早地出版了创业管理丛书，开办了创业管理培训班。1999 年 8 月，《中共中央、国务院关于加强技术创新、发展高科技、实现产业化的决定》（简称《决定》）发布，胡志坚先生时任科技部政策法规与体制改革司处长参与文件起草，王德禄所长建议在《决定》中写入“创新创业”，这是胡志坚和王德禄共同深入探讨的，也是第一次在中国的重要文件里把创新、创业合在一起写。2023 年 1 月，在王德禄

---

① 指北京市长城企业战略研究所，简称“长城所”，又称“长城战略咨询”。

所长的追思会上，中国科学技术发展战略研究院二级研究员胡志坚还追忆当时的情景。我们持续研究创新创业，关注和支持科技创业。

第三个关键词是中关村。时任国务委员宋健和科技部推动“三市一省”的咨询业试点，这使我们有了契机和北京市科委建立联系。1994 年，时任北京市科委调研室主任李琬深入调研咨询公司，与我们联系。当时我们创业不久，压力很大，一听是政府部门的，我们觉得生存都困难，就不愿意接受调研。李琬女士比较有耐心，每星期给我们打一两次电话，最后我们接受了调研。她让我们提一个研究题目，王德禄所长提出研究中关村企业的二次创业。李琬女士说，北京市新技术产业开发试验区办公室发展战略研究中心的赵慕兰老师提出研究北京市新技术产业开发试验区的二次创业，长城所提出研究中关村企业的二次创业，于是她让我们联合起来研究北京市新技术产业开发试验区及中关村企业的二次创业，作为北京市科委的软科学课题。王德禄所长是课题组长，北京市新技术产业开发试验区办公室的邵欣平副主任是副组长。因为我们是民营企业，所以经费管理单位是北京市新技术产业开发试验区办公室发展战略研究中心。这是我们第一个政府委托的课题。

以此为起点，我们做了很多关于中关村的研究和咨询。1999 年，科技部和北京市联合推动建设中关村科技园区，我们做了中关村创业环境的研究。那时候中关村西区还没有改造，很多创业公司都是在小平房里，条件很差。当时我们进行创业环境研究时做了一项实验经济学的工作，我们的咨询师全程跟踪两个企业的创办过程。一个留学生创办企业，一个是内资企业创立，咨询师跟着记录这个过程。那时候创办企业手续很复杂，我们的报告出来以后给时任北京市科委主任范伯元，引起了时任北京市市长刘淇、副市长林文漪等领导的重视。他们觉得创办企业太难，就接受了我们的建议，把注册、税务等程序简化了，这对当时北京营商环境的改善有很大的促进作用。

我们过去都是做企业个案的咨询，第一次体会到关于中关村创业环境的研究和咨询建议对企业群体发展环境的改善可以发挥很大的作用，我们后来就将为园区、政府服务，特别是将改善企业的发展环境、营商环境方面的工作，作为重要的研究和服务内容。

第四个关键词是区域创新。我们最早研究的是中关村区域创新网络，即怎么样能形成创新网络。当时国家软科学研究计划支持我们做了一项工作，即关于北京、上海、深圳创新经济的比较研究，关于研究成果的新闻一发布就引起了北京、上海、深圳的关注。

第五个关键词是中国制造。中国经济的崛起，具有标志性的就是中国制造的崛起。2001 年，我们参与《中国科学技术发展报告》的研究，负责主报告《科技创新与中国制造》。我们发现，中国有十大类 80 多种产品的产量居世界第一，当时我们发布了一个新闻，引起了很大反响。我们持续跟踪中国制造业，中国加入 WTO 以后，中国经济，特别是以民营经济为底色的中国制造，对全世界经济的发展发挥了很大的作用。

第六个关键词是首都经济。很多跨国公司在中国，尤其是在北京设立研发机构，大家对它们的意见不一致，我们当时做了很多案例调研，时任北京市市长刘淇、副市长张茅比较支持，促成北京市出台政府令，鼓励跨国公司和外地大企业在北京设立研发机构。2015—2016 年，我们对北京人工智能独角兽企业进行调研，发现相当大比例的创业者都是从跨国公司研发机构出来的，这是这些机构溢出的结果。因此，更大力度的开放，对我国创新生态和经济社会的发展是非常重要的。

第二个阶段是 2006—2016 年，着力新经济研究与咨询。我们原来主要是响应客户的需求，但在这个阶段我们更多地聚焦于研究新经济，专门做新经济的研究和咨询。在这个阶段长城所有以下几个特点。

第一个是做企业群体的咨询与服务。原来长城所的工作是以企业个案为主，但在这个阶段我们探索为企业群体服务，一方面是关于发展环境、政策的研究；另一方面是探索一种新模式以服务企业群体。我们和地方（园区）合作，选择资质比较好、成长潜力大的企业群体，向它们提供咨询和相关服务。我们在中关村有百家创新型企业试点，服务“十百千”企业，在大庆有百家企业商业模式的策划，在武汉有光谷瞪羚企业群体的咨询服务，在宁波、广州等很多地方都做了探索。

第二个是国际化。中国要继续发展，必须要有国际视野，长城所成立了国际业务部，探索国际化。例如，中关村要建设自主创新示范区，就要进一步提升自己的创新能力。中关村要对标硅谷，建设创新生态，我们会持续跟进。那几年王德禄所长和赵慕兰老师每年都要去一两次硅谷，2007 年王德禄所长有过一次中风，恢复以后行动不是太方便，但他还是非常有毅力，坚持来做这项工作，工作也比较有成效。

第三个是全国布局。我们有了对很多企业和对中关村咨询服务的实践后开始在全国布局。零点研究咨询集团董事长袁岳于企业成立时就开始在北京、上海、广州等进行全国性的布局，我们于 2008 年在宁波设立了外埠第一个业务中心，之后在武汉、广州、天津、成都、济南设立了业务中心。

第三个阶段是2017年至今，是从咨询向服务拓展。长城所原来是做方案、做咨询，有时候我们会发现，客户觉得方案挺好，但是实施中有很多问题，客户希望我们能参与到方案实施中来。于是，我们从咨询向服务延伸，希望能成为创新生态的建设者，探索和各个地方进行战略合作。我们在全国25个城市有办公室，形成了一个全国性的服务网络。

二、长城所的主要业务

第一，高成长企业研究与服务。

在创业阶段，我们的客户有很多是大企业，包括国有企业、民营企业，后来我们感觉到要和客户建立更深入的合作关系，就必须注重高成长企业研究与服务。高成长企业主要是瞪羚企业和独角兽企业，这是从硅谷学来的。1999年研究中关村规划的时候，我们发现硅谷有一个和长城所类似的机构——硅谷网联，它每年发布《硅谷指数》，我们与其建立了合作关系。《硅谷指数》中大概有40个指标，其中有一个指标为硅谷的瞪羚企业数量。我们向中关村科技园区提建议，中关村科技园区于2003年推出“瞪羚计划”。2011年，我们与武汉东湖新技术开发区联合推出东湖的“瞪羚计划”，之后又推广到广州、苏州、宁波、成都等很多地方。我们和科技部火炬中心合作，连续多年发布《国家高新区瞪羚企业发展报告》。

独角兽是华裔天使投资人Aileen Lee于2013年提出的概念。对于做投资的人来说，投十个项目有一个项目比较好就不错了，因为她希望能够百里挑一投中一个优质项目，所以她用了一个词“Unicorn（独角兽）”，即西方神话中的动物，不是真实存在的，代表高贵、稀有。当时硅谷软件和互联网企业中有38家独角兽企业。2015年，我们和时任中关村管委会的郭洪主任一起探讨哪些指标更能够代表中关村，我们达成了共识，联合在中关村寻找独角兽企业。当时我们的目标是在中关村找20家独角兽企业，实际2015年中关村有40家独角兽企业。2016年2月29日，我们联合发布了第一个中关村独角兽企业的榜单，效果很好，后来我们就持续做，发现、研究和发布中国的独角兽企业、潜在独角兽企业，现在形成了一定的品牌。大家可能关注到，2023年4月12日李强总理调研了北京的独角兽企业，如做人工智能芯片的北京地平线机器人技术研发有限公司等。

近年来，长城所每年都举行瞪羚企业、独角兽企业发布活动，同时我们在武汉、广州、合肥等高新区根据当地的特点来发现、培育、服务这样的企业。像武汉东湖新技术开发区（中国光谷）“瞪羚计划”，我们从2011年开始做，学习中关村，第一年只有 30 家企业，2022 年光谷的瞪羚企业达到了 500 余家，其中有 20 家上市公司、7 家独角兽企业、80 多家专精特新“小巨人”企业，累计服务的企业达 1500 多家。

第二，高新区研究与咨询。

从我们研究中关村开始，科技园区就是我们垂直发展的服务领域。有了研究中关村的实践，我们又和科技部火炬中心等持续深入合作，所以我们对科技园区（高新区）的理论方面研究得比较深入。现在国务院批复设立 178 家国家高新区，其中 140 家是我们曾经合作过的。我们 25 个外埠办公室中的大多数也都是在国家高新区。

在当前形势下，尤其要坚持开放和加深我们的国际合作，我们和江苏常州武进区合作，研究和服务的中以常州创新园，是中国和以色列合作的“旗舰”项目，从最早的园区定位到多期的园区规划，已经引入了将近 100 个以色列的创业项目，成效很明显。以色列和中关村有点像，没有投资特别大的项目，都是早期的创业项目，后期可能朝被并购或转让技术这样的方向发展。

第三，数字化。

现在人工智能的发展，对我们咨询业有很大的冲击，但我们也希望能更好地使用技术。王德禄所长生前带领我们进行知识管理的研究，重视知识的重用，使长城所的知识能实现积累、共享、重用，但是现在新的情况下确实对我们有新的挑战，我们也在努力建设关于新经济的数据底座，包括刚才说的瞪羚企业、独角兽企业在很多区域的数据。我们采用云架构的方式，全线上来做数据的采集和服务。

第四，创新创业。

第五，新兴产业。

因时间关系，这两个方向不展开了。

三、探索新经济的服务模式

我们这些年在努力探索，希望形成一个新经济的理论框架和服务模式，我们称之为“四新”，具体是指新物种、新场景、新赛道、新治理。

一是新物种。新物种指以瞪羚企业、独角兽企业为代表的高成长新经济企业群体。长城所和中国标准化研究院等机构联合起草了国家标准《高成长企业分类导引》，2022 年 4 月 15 日发布，2022 年 11 月 1 日正式实施，其中包括瞪羚企业和独角兽企业。

面向新物种企业，我们推出“124”赋能服务体系，“1”指我们的新物种企业榜单和报告，帮助企业提升品牌；“2”指我们传统的服务，通过咨询和培训提升企业的战略和管理能力；“4”指我们帮助企业链接资源，即政府的政策资源（中国特定环境下政府政策对企业群体还是有比较大的帮助）、金融投资资源、科技创新资源、产业链资源（产业应用的机会）。

二是新场景。新物种企业找到新的应用场景，对于其发展是非常关键的。我们这几年在场景创新的研究上投入比较大，发布了相关的报告。我们和合肥市发展改革委共建了合肥市场景创新促进中心，希望把这个城市的很多场景开放出来，给独角兽企业等新物种企业提供应用验证其新技术、新产品、新服务的机会，效果比较好。

三是新赛道。过去长城所做了很多关于高新技术产业的研究和咨询，现在重点做关于产业新赛道的研究，协助创业的企业和投资的合作伙伴把握和选择新赛道。

四是新治理。现在有一个比较突出的问题，很多企业提供的新产品、新技术、新服务，在市场准入和应用方面有比较大的困难，因为监管部门的思维还是比较传统，担心风险，所以企业找不到将其应用于市场的机会。举一个例子，互联网医疗创业公司比较多的是北京和杭州，我们有一年开了独角兽企业发布会之后，分领域组织企业座谈，那次参会的有 10 多家做互联网医疗的企业，大多数前一天刚从银川回来，互联网医院 1.0 版本大部分都在银川，2.0 版本多数是在海南博鳌乐城，美国 FDA 或欧盟批的新药和新的医疗器械在乐城实验区可以先用，所以互联网医院 2.0 版本很多是在海南做的。

以滴滴为例，最早的时候滴滴开的电子发票都是天津的，即使在北京坐车，发票也是天津的，因为北京没给运营牌照，这样税收就给到天津了，所以后来北京也给了滴滴运营牌照，现在在哪个地方打车就开哪个地方的发票。很多这样的新业态、新模式、新技术、新场景的应用，还面临很大的阻力，这也是我们的科技咨询可以有所作为、有用武之地的领域。

长城所和很多咨询同行顺应改革开放的大形势，有了一定的发展，但是和企业、产业的发展需求相比，咨询业还是比较薄弱的。因此，咨询业也有很大的发展空间。下一步我们还是要聚焦自己主要的业务和赛道，提升自己的能力，打造自己的品牌。希望中国科技咨询协会组织大家联合起来，共同提升我们行业的影响力和知名度，特别是让客户更放心地采购内资咨询公司提供的服务。现在很多国企、金融机构、政府部门在采购咨询服务时都会问“你是不是最权威的”，他们说想找世界上最权威的，想找跨国咨询公司。跨国咨询公司有些方面很强，但有些方面效果一般。在现在比较复杂的国际博弈的环境下，怎么样进一步促进和支持内资、民营咨询服务机构的发展，是一个关键问题。当然有关方面已经有了相应的安排，但我觉得还需要我们共同努力。在这样的情况下，因为行业还比较弱小，所以需要大家携起手来把我们咨询行业进一步做强，提升我们的服务能力。

武文生

北京市长城企业战略研究所

——摘自 2023 年 4 月 18 日武文生在第十届中国咨询业发展论坛暨中国科技咨询协会第三届会员代表大会上的发言

目　录

上篇
新经济咨询

第一章
起步，探究新时代咨询业理论创新

咨询业的职业道德建设

咨询业是现代社会经济发展的必然产物。受行业特征的影响，咨询业的职业道德体现出自身的特殊性。这主要表现在以下几个方面。

第一，咨询业具有科学和服务两种属性，谓科学就必须“严谨”，言服务就必须“尽心”。因此，用“严谨”的科学为客户提供“尽心”的服务是咨询业与实业及其他一般服务业的主要区别，也是咨询业职业道德建设的基础和出发点。

第二，在业务的拓展上，咨询公司与客户之间的高度信任感是第一位的。信任建立在“尽心”服务的基础上，这就对咨询从业者提出了很高的道德能力和行为规范要求。由于咨询业的“产品”表现出很大的“意见”性，并且涉及许多的商业秘密，因此保护企业的商业秘密就构成了咨询业最基本的道德原则，这也是咨询业“软”的生存基础。从这个角度来看，咨询业的自我建设应首先从完善道德修养和伦理约束做起。

第三，咨询业具有高智商和专业化的职业特征，这对咨询从业者的职业能力提出了很高的要求。咨询公司的行业功能就在于理论与实践的专业性，而不在于自认为高明；在于论事言理的严谨性，从而能够对所咨询事项承担责任。空口无凭、夸夸其谈，或者不能对所发表的意见承担责任，就不能称其为咨询，这就把一般性意见交流和专业化咨询区别开了。基于这种专业性的要求，咨询业的职业道德还表现为保持信息的中立和真实，即对任何信息不修改、不夸大、不歪曲、不渲染，做到实事求是。

第四，咨询与决策的关系为咨询服务于决策，这是咨询业职业道德建设的基本定位。咨询服务于决策是指事前提供决策选择，咨询为决策服务是指事后完善决策规范，但必须明确咨询从属于决策，而不等同于决策。在这里，咨询公司的职业角色不能混乱，既不能自我膨胀妄自充当决策角色，亦不能自我萎缩盲从于一般性服务，只有这样，才能真正发挥咨询业的功能。

在中国，咨询业属于新兴行业，作为市场经济发展的重要部门，它的规范化、法律化势在必行，正因如此，咨询业加强自身的职业道德建设是十分必要的。

——刘志光发表于 1994 年 12 月《中国软科学》

中国咨询业的未来发展

建立现代市场经济体系，是我国改革开放十多年后深化经济体制改革的重大步骤，也是中国顺应世界经济发展潮流的必然选择。现代企业制度是中国企业制度变革的基本模式，其确立和完善不仅要有企业内部的自我改造过程，还要有企业对其生存环境的深切理解和把握，同时要依赖社会中介机构所提供的各项服务、监督与支持。可以说，市场经济体系的建立为中国咨询业未来的发展提供了许多机会，也开辟了广阔的市场空间。

一、现代咨询业与市场经济

现代咨询业是市场经济发展的必然产物。市场经济不断演变的历史表明，高效率经济增长的实质就是社会经济制度不断创新的过程，是社会经济组织不断分化和重组，并且在经济发展链条上不断取得良性衔接的过程。应该说，市场经济发展所带来的经济组织与活动的多样化、市场分工的专业化构成了现代咨询业生存与发展的基础。可以说，现代咨询业在整个市场经济的机体中发挥着独特的作用。

从本质上说，咨询业是现代市场经济中发展起来的一个重要行业，它的崛起反映了人类社会综合发展的基本趋势。科技咨询业的基本定位和角色划分必须以市场为导向，以软科学为基础，但软科学本身并不等同于咨询业，这是我们必须认清的一个基本前提，也是我们把握科技咨询业分类原则的出发点。按照国际通行的标准，科技咨询业可以分为决策咨询（综合咨询）、技术咨询、管理咨询和工程建设咨询等门类。因此，决策咨询，或者是我们平时所理解的“思想库”，只是科技咨询业的一个组成部分，并不是科技咨询业的全部内容和全部功能。在软科学与市场经济关系上，咨询业具有中介性，它是软科学向生产力转化的基本环节，软科学构成了咨询业的智力和人才资源。应该说，咨询业的发展也是引导软科学走向市场、调整自身生存基础的关键环节。

从市场经济的角度理解，咨询业产生于市场发展的内在需要。企业作为市场经济的细胞和基本组织，它最能反映市场经济的本质要求，在这方面，现代企业制度的建立无疑为咨询业的发展开辟了广阔的市场。大家都知道，现代企业制度有三个基本的特征，即产权明晰、有限责任和科学管理。这三个方面是我国的企业在几年以前还从未真正触及过的，属研究的空白点。很显然，我国市场经济发展的这种现状，为咨询业或软科学机构发挥所长提供了极为广阔的研究领域。

从产权来说，以前的政企不分、所有制关系不清、产权模糊、责权利不明等，都是极具中国特色的问题。一方面，企业需要迅速解决这些问题完成向现代企业制度的过渡；另一方面，企业不可能从一本或几本经济法规书目里找到合理解决问题的答案。因而，它们需要咨询业提供理论指导，而这样的理论不可能照套照搬，必须结合中国国情来加以研究和探索。有研究才会有发言权，这是我们在今天的形势下为企业提供咨询时最为重要的准则，离开了这一点我们就不可能解答企业家们所提出的越来越复杂、越来越棘手的问题。

从有限责任来看，咨询行业涉及的是企业的商业信誉、经营方式和财会审计等制度，以及股东或公众的监督等内容，这些内容是我国以前的学术界和企业界同样没有面临过的，并且具有相当大的规范性和严谨性，即使是专业人才本身也需要不断学习研究才能领悟。

当然还有最后的科学管理问题，最近几年，改革步伐加快，许多企业发展迅速，而管理不配套、管理素质跟不上常常成为向现代化企业制度前进的障碍。以上种种是向现代企业制度过渡所必须解决的问题，赋予软科学界很重且难度极大的研究任务。

从中国实际情况来看，市场经济还很不发达，现代企业制度的建立也不会是一蹴而就的。在西方，从业主制到现代企业制度的确立经历了几百年的时间，对中国来说，通过市场机制的缓慢孕育来一步步建立现代企业制度，无疑是不现实也是难以接受的，因此缩短这一历史过程是中国经济发展的客观要求，也是中国咨询业所必须承担的历史重任，中国咨询业建立规范化、科学化发展机制就更具有紧迫性。这不仅需要政府与企业形成共识，也需要全社会的共同协作，特别要发挥软科学工作者的作用，真正建立完善化、规范化和科学化的咨询机制。

咨询业在我国是一个新兴的行业，它发展得很快，尤其是近几年随着市场的发展，中国出现了一大批咨询公司，这固然是可喜的，但也存在着许多问题。就中国目前咨询业的整体素质、专业结构和经营方式，以及从业人员的素质来看，还远不能适应中国市场经济的发展，远不能适应企业家的成长速度，中国咨询业的滞后性成为中国现代企业制度建立和发展的制约因素。我们不能仅满足于当一介“策士”，欣喜于某个方面的小小成功，而要找到中国咨询业的真正位置，使其成为中国经济发展的生力军。

二、中国咨询业的未来发展

从现代咨询业的历史发展来看，咨询业的发展蕴含着很深的社会制度因素，以现代社会政治、经济及文化为依托，因此把握中国咨询业的未来走向，必须从中国经济改革深化和政治民主的进程等这些大环境入手。随着科技成果商品化和产业化程度不断提高，软科学向生产力转化的势头将会越来越强劲，特别是现代企业制度的建立，为咨询业提出越来越专业的要求。因此，在发展社会生产力、提高社会整体的文明水平这些问题上，中国的咨询业担负着重大的历史责任。在政治决策层次上的科学化和民主化过程中，咨询业也将发挥其特殊的作用。在经济发展的层面上，中国咨询业将在市场规范化、法治化方面，特别是在推进中国现代企业制度建立过程中发挥重要作用，这对于转型期的中国社会发展具有重要意义。

现代咨询业的发展成了现代社会的重要标志之一，在目前条件下，中国咨询业的规范化问题将会突显出来。不仅要发挥国家、集体和个人发展咨询业的积极性，还要有更深远的战略目标，在政治、经济、文化等领域发挥咨询业的功能，把人类生存和中国在 21 世纪的地位等本质问题纳入中国咨询业的未来发展目标。

从目前中国咨询业的实际状况出发，作为中国现代市场经济重要组成部分的咨询业面临着结构合理化的问题。所谓结构合理化，就是要解决中国咨询业在整个中国社会经济发展中合理定位的问题，找到中国咨询业的真正位置，解决中国咨询业发展中的机制转换和资源合理配置问题。要改变中国咨询业以往以宏观决策为主的单一性状况，确立以专业分工为基础的多元化的咨询业体系，其重心要转移到中国经济建设的主战场上来。从本质上说，中国咨询业的未来走向取决于中国社会的发展，也取决于中国咨询业发展的合理化进程。

作为新兴行业，中国咨询业的发展还面临许多问题。它取决于中国社会政治发展的法治化和经济发展的规范化，取决于中国社会改革的进程和力度，也取决于中国人才开发和人才培养的多元化和教育体制改革的深化。当然，还必须考虑咨询业的国际规范问题，实现与国际惯例接轨等。

总之，加强基础理论研究、加快基本队伍建设、实现多学科的合作，是中国咨询业必须解决的问题，也是中国咨询业发展的基础所在。

——刘志光、王德禄发表于 1994 年 12 月《未来与发展》

咨询业——正在兴起的知识产业

一、咨询业概述

（一）基本含义与历史发展

1. 基本含义

（1）咨询业

在我国，因为咨询业尚不发达，所以人们一般认为咨询业具有神秘性和模糊性——咨询师要么是高深莫测的“智者”，要么是独往独来的“点子大王”。国外流行的看法为咨询师是“用你的表告诉你时间的人”。

实际上，从基本语义分析来看，汉语中“咨询”的含义是询问、谋划、商量，与之对应的英文 Consult 或 Consultation，也是磋商、会诊、评议或顾问之义；在现代社会经济条件下，咨询业是一个重要的产业，它既可被看作一种专业服务，又可被视为一种提供帮助的方法。在职业功能上，拉里·格雷内尔、罗伯特·迈兹吉尔认为“咨询是由经过专门培训并享有资格的专家以协议（或合同）方式给各组织机构提供的咨询服务，咨询专家客观、独立地帮助客户去鉴别管理问题、分析此类问题，并提出解决这些问题的方案；当客户要求时，帮助其实施解决问题的方案”；在职业定位上，咨询师“对某项任务或一系列任务在内容、过程或结构上提供任何形式的帮助，在此，咨询师对于完成任务本身，实际上不负责任，只是帮助当事人”①。

（2）咨询活动

作为古老的活动，咨询活动存在于人类生活的各个方面，反映了人类社会交往、沟通和联系的基本方式。古书《尧典》中称“咨亦谋也”，在中国历史上，最早从事职业性咨询活动的群体是“士”阶层，如夏商的“家点”、西周的“命士”、战国的“食客”等；秦汉以来，在官僚体制中出现了专司咨询职能或部分咨询职能的职务和组织，如“参军”“军师”“幕宾”等，并产生了相应的幕僚机构。在西方的历史上，咨询活动可以追溯到罗马帝国时代。显然，古代社会的咨询活动基本局限在政治军事谋略和福祸吉凶的预测等方面，具有很强的政治依附性、随意性、非

① 米兰·库布尔．国际劳工局　管理咨询专业指南：第三（修订）版[M]．北京：学苑出版社，1998：4.

制度性和非普遍性的特征。

具有组织化和制度化特征的咨询活动与机构是在17世纪初叶资产阶级执掌政权以后的军事体制中首先出现的，如路易十四时代在军队中设立的“参谋长”职务、普鲁士军队成立的“参谋本部”等。随后，这种机制开始向资本主义的政治体制渗透，对资本主义的民主制度产生了较大的影响。

严格来说，现代咨询活动是在现代市场经济基础上产生的，它是系统运用现代科学知识、现代技术手段和现代管理与分析方法，为解决人类面临的各类经济、科技和社会发展等复杂问题而进行的创造性智力劳动。在这个意义上，咨询活动属于应用性软科学，其目的是为客户提供最优决策、智能产品，或者提供可供选择的方案、计划、建议、报告、途径、方法，或者是有参考价值的预测、数据、调查结果等。

（3）咨询产业

作为一个产业，咨询业的本质是知识的扩大再生产和面向客户的开发与推广活动。现代咨询业已经成为一个独立的行业，成为社会经济政治体系中的一个重要组成部分。因为咨询业是服务性智力活动，所以通常人们将它划入第三产业；因为咨询业具有知识密集型特征，出产知识型产品，所以又被称为知识产业。

2. 历史发展

现代咨询业是在20世纪初叶开始形成，在20世纪50—60年代发展起来的。咨询业的发展大致经历了三个阶段。

第一个阶段，以学者和业内资深人士为主，其凭“科学管理”的知识、方法和技术经验，以“效率专家”的身份，为客户提供咨询服务。从19世纪70年代起，有许多科学管理的先驱者（包括泰勒、弗兰克和莉莲·吉尔布雷斯等）都对咨询业的发展起到开创性的作用。他们把自己的工作视为“工业工程”，并且相信应用科学的方法能解决生产和效率问题。19世纪90年代，英国建筑家约翰·斯梅顿组织了一个“土木工程协会”，独立承担从土木工程中分离出来的技术服务；19世纪，英国出现了工程咨询公司，它标志着工程咨询与设计、施工分开。

这个时期咨询业具有个体性，初步形成了咨询师的专业形象——能够为节约资源和提高生产力找到新机会的无人可以替代的能人，并且在保障个体权益和集中使用力量方面有了成功的尝试。

第二个阶段，咨询的职业化。20世纪初，咨询业逐渐摆脱“工业工程”和“效率专家”的局限性，开始进入新的领域，出现了人际关系研究、商业研究服务、人力资源管理与激励、销售与市场营销、财务咨询等专业咨询领域；20 世纪 20 年代出现了大量的咨询公司。这就为从整体上诊断工商企业，为企业解决制造与生产力问题从而把握销售与商业发展机会提供了越来越大的可能性。

1925 年，作为咨询专业的缔造者之一，麦肯锡（James O.McKinsey）成立了自己的咨询公司。管理咨询不仅在美国和英国，而且在法国、德国、捷克斯洛伐克及其他工业化国家中获得了发展；工程咨询扩展至工业、农业、交通运输等领域；来自政府的咨询委托意味着公务部门咨询业务的开始。在这一阶段咨询工作发展缓慢，社会对其了解不多。

在第二次世界大战期间，咨询业在政府和军队的咨询方面起了重要作用；运筹学和其他新技术第一次被应用于军事目的，人们很快发现其同样可以被应用于企业与公共管理的领域，这意味着为咨询师提供了业务新类型。

第三个阶段，咨询成为新兴的知识产业。第二次世界大战以后，战后重建、科学技术的快速发展和全球一体化趋势的加强，为咨询业的发展创造了特别有利的机会和大量需求，咨询业进入黄金年代。咨询市场的自由竞争性、开放性、挑战性、国际性和高度集中与多元化的特征日益突出。1992 年全世界管理咨询的收入约达 283 亿美元，1994 年麦肯锡的咨询收入为 15 亿美元。这是一个潜能巨大的市场。

在传统的产业分类中，咨询业属于商业服务业（第二产业），对此，世界贸易组织前总干事鲁杰罗先生在《服务经济——知识经济》一文中做出了这样的阐释——服务经济将是以知识为基础的经济。他指出：在知识经济时代，传统的服务部门和制造部门的界限已经模糊；信息和知识的自由流动给发展中国家带来高速增长的机遇。咨询业是典型的知识产业。咨询理论和方法的综合性日益突出，涉及政治、经济、文化与社会发展的各个领域。

哈佛大学商学院著名教授约翰·科特注意到另外一种趋势，他指出：在快速变化和竞争的环境中，庞大的内向型统治集团表现非常糟糕。所以，各种机构被迫精简，以削弱官僚主义成分。这种趋势为咨询者提供了巨大的商机。科特对 115 名哈佛大学工商管理硕士（MBA）进行了近 20 年的跟踪研究，以下为结论。

首先，随着大企业由金字塔结构向网络结构转变，越来越多的名牌大学毕业生热衷于从事咨询行业，他们认为，选择在大企业之外工作，不仅能够避免在大企业的官僚主义体制中“窒息”，而且可以创造更多的价值。其次，“商人中的高收入者越来越不是那些在经济发展第一阶段的美国大公司碰巧发财的很少受教育的人；也不是学院里的落伍者——那些在 20 世纪 50 年代、60 年代和 70 年代在他们的汽车间开始搞技术事业的人。全球化已经明显增加了做决策的难度，那些能够应付这些复杂变化的人，越来越是那些受过良好教育、通常毕业于名牌大学的人。”① 这些人在小咨询公司或财务公司里担任领导（决策者）的角色，他们挣了很多钱（通常咨询业的起始工资比其他行业工作要高出 15% ~ 20%）。与职业球星不同的是，他们不易引人注目，但是可以持续四五十年地挣钱，而不是短短几年。显然，现代咨询业具有知识经济的基本属性。

（二）咨询业与咨询师的作用

歌德说：“接受好的建议即增加自己的能力。”普劳图斯说：“任何人无论多么聪明，都需要某些智友在生活事务上提出建议。”在现代社会，咨询业的作用体现在人类生活的各个领域。随着社会经济、文化、政治发展的多元化，世界走向一体化，人类在生活中所面临的各种复杂问题，都需要咨询业的介入和服务。咨询业在支持决策、预测发展、改善经营管理和国际合作等方面有着广阔的发展空间。仅以美国的“思想库”为例，它有民间、大学、营业和半营业的研究机构，也有基金会或由学术团体组成的研究机构。其涵盖了几乎所有领域和学科，主要功能是为政府、企业和社会服务，在政治、外交、经济、军事、科技、社会等领域进行研究，出谋划策，培养人才，因此有人称之为“第四议会”。

世界和中国发展的实际情况证明，“市场经济平稳运行，需要一个开发得很好、可靠而又有效的专业服务基础。”② 这个专业服务基础以工商业、政府和社会组织为服务对象，涵盖了管理咨询、审计会计税务咨询、法律服务、信息技术、管理开发与培训、工程咨询、投资银行业务及其他领域，如商业信息、市场研究、行政性调查等。从这个角度看，咨询顾问的作用是由 5 个基本目标决定的。

第一，实现组织目的和目标。咨询师工作的最基本目的，就是帮助客户实现其商业、社会和其他目的。

第二，解决管理和经营问题。咨询师为管理者鉴别、诊断和解决管理与经营各个领域、各个方面的有关问题，因此，咨询师被称为“公司大夫”“企业医生”或“解决问题的能手”。

第三，识别和抓住新机遇。对于一个健全的组织，咨询师是一种有价值的信息和思想资源，这些信息和思想资源可以转化为范围广泛的经营功能或领域中的立

① 约翰·科特．新规则：后工业化社会制胜策略 [M]. 北京：华夏出版社，1997.

② 米兰·库布尔．国际劳工局 管理咨询专业指南：第三（修订）版 [M]. 北京：学苑出版社，1998：33.

意、创新与改进或行动思路。

第四，强化学习。林顿·尤威克说："咨询师最值得做的唯一工作是教育——教会客户及其工作人员，由他们自己进行更好的管理。"咨询师必须注意向客户传授知识和技能，把咨询委托变成学习委托，咨询的教育效应是最重要、最持久的效应。

第五，实施变革。咨询师被赋予"变革代理人"的头衔，这反映了咨询的一个基本目的，即帮助客户组织去理解变革，与变革同行，为生存而实施变革，并在不断变革是唯一永恒的环境中获得成功。在这一点上，咨询显得越来越重要。

（三）现代咨询业的基本特征

咨询业不同于传统产业，简单地说，它具有综合性、实用性、独立性和科学性的特征，即它在机构层次和人员层次上具有综合性，要求拥有较齐全的学科结构配置和博学多才、一专多能的人才队伍；咨询产品要有实践性和可操作性，咨询过程是针对具体问题和课题的诊断和研究过程，咨询结果具有可行性；咨询过程和结果具有客观性，不受狭隘利益和立场的左右；现代咨询建立在专业化的基础上，运用科学的理论和方法，按科学的程序运作。

其基本属性在于它的服务性，即咨询是一种"专业服务"。咨询是向客户提供有关组织的管理、经营等方面的技术知识和技巧方法。通过经验、学习和诀窍，在咨询业职业道德的规约之下，咨询师为客户提供专业服务。目前，咨询师的研究性更为突出。

咨询是一种"顾问服务"。这意味着咨询师不能去操纵某些组织，或者代管理者做出决策。咨询师的责任是保证其咨询服务的质量和公正性；客户对采纳咨询师的建议负全责。

咨询是一种"独立服务"。咨询师服务的独立性体现在如下方面：立场独立，咨询是超脱和公正的；技术独立，不受任何利益或压力的影响，独立构思技术意见，提供结论；财务独立，在客户的经营活动中无任何利益要求；行政独立，咨询师不是客户的下属，不受客户行政管理决策的影响（内部咨询公司亦应做到此点）；政治独立，咨询师要避免政治权力、政治关系和政党组织的影响；感情独立，咨询师要避免在咨询开始或过程中可能存在的感情投入，不受友谊和其他感情的影响。

咨询是一种"临时服务"。咨询师的服务是在合同约定之下进行的"有限"的活动，集中时间和精力为客户提供专业服务，完成任务后，咨询师自行离开客户单位。咨询是一种"商业服务"。咨询服务是一种有偿的经营性活动，一项咨询委托在技术上是正当的业务活动，在财务上是可行和营利的商业活动。

（四）现代咨询业在中国的发展历程

中国现代咨询业的成长是与中国的改革开放进程和市场经济的发展同步展开的。作为一个全新的行业领域，中国咨询业经过20世纪80年代的发展，在20世纪90年代早期初步具备了行业发展的基本要素。首先，中国改革开放政策和市场经济的发展，带来了一定的咨询需求，也反映了中国社会经济、政治发展的一般要求；其次，在政策环境上出现了有利于咨询业生长的适度空间；最后，咨询业有了一定的物质基础和人力资源条件。

中国现代咨询业大致经历了以下三个发展阶段。

（1）初步发育阶段（1979年至20世纪80年代初期）

这个阶段的特点主要体现为改革开放政策所带来的社会咨询需求的产生，在决策咨询的理论、方法和人才培养上做准备，并在市场开拓上起步。主体力量是科研机构中部分软科学、技术和管理科学方面的研究人员。在吸收国外成果的基础上，软科学在决策过程中的重要作用得到了深化，并受到科技界的重视。在这个阶段，北京、上海、沈阳分别于1979年、1979年、1980年创立了科技咨询服务部（公司）。

20世纪80年代初，中国工业系统掀起了引进技术改造现有企业的高潮，并从联合国下属机构引进了工程项目可行性研究的评估技术与方法，与国外合作开展了企业诊断与引进改造相结合的活动，引进管理咨询的理论与方法，培养了一批咨询人才。中国国际经济咨询有限公司和中国国际工程咨询公司相继成立，成为中国咨询业取得合法地位的标志。这一阶段的咨询公司，主要是由政府部门设立的。

（2）稳步成长阶段（20世纪80年代中期至90年代初期）

这一时期，随着改革的深化，社会发展对咨询的需求日益增加，咨询公司和从业人员规模不断扩大，形成了全国范围内咨询业发展的新局面，其具有一定的规模，主要体现在机构规模、投资设备、学科专业和行业等方面的快速发展上。这一阶段咨询业以科技服务和技术咨询为主体，在科技信息咨询方面，以科技市场为主体，1984年以后形成了高潮。据统计，全国地级及以上城市的科技市场已达1100多个，各部委组织的科技市场有140多个；到1984年底，科技系统咨询公司已达8500多家，1985年达到12 000多家。北京市的统计表明，1992年北京市认定登记的技术咨询合同总金额已超过2.4亿元。

1986年7月，万里同志代表党中央、国务院对各级决策层提出了“实现决策科学化、民主化”的要求，这对于促进软科学研究与中国社会政治、经济、文化发展的实际情况相结合起了很好的推动作用。在政策决策方面有国家科委、国家计委、国家经委联合组织研究的 12 个领域技术政策的报告；国家科委、国家计委共同组织研究的乌江流域综合开发战略、发展欧亚大陆桥战略等都产生了较大影响，均为国务院所采纳。在决策领域，决策主体日益多元化、多层次化，促进了咨询业的社会化走向。

在 1989 年的“治理整顿”之后，尽管咨询业的发展受到一定的影响，但是咨询从业人员结构有了很大改变，大学本科以上学历、专家教授的比例明显上升，人员整体素质有了一定提高。到 1991 年底，中国咨询公司达 34 415 家，其中取得法人资格的有 20 223 个，从业人员达 567 994 人①。在官方和半官方咨询公司之外，出现了一批民营咨询公司。在国际化方面也有了一定发展，主要是为外国投资者提供咨询服务，中国在世界银行的贷款在 20 世纪 80 年代末达到 70 多亿美元，但由于我国对用技术援助资金聘请咨询专家重视不够，因此我国使用技术资金的水平低于世界平均水平②。在这一阶段开始出现一些独立乃至民营的咨询公司，但基本上都是挂靠在社会团体或行政事业单位，而且是经过政府部门特批设立的。

（3）迅速发展阶段（20 世纪 90 年代中后期至今）

随着中国改革政策的加强和改革目标的明确，在国家产业政策中咨询业成为第三产业的重要组成部分。在更为灵活的市场机制条件下，中国咨询业朝着结构合理和专业化的方向发展。截至 1994 年底的统计表明，全国经工商注册的咨询公司为 4 万多家，从业人员有近 200 万人，仅北京 1994 年经工商注册的咨询公司达到 2000 家，从业人员有 4 万人。北京市第二次第三产业普查表明，与 1985 年相比较，1992 年咨询业的从业人员、增加值、固定资产原值、实现利税等项指标年增长率分别达到 32.8%、56.6%、50.7%、59.7%，大大高于第三产业同期年平均增长水平。据北京市工商局提供的资料，截至 1995 年，北京市咨询公司总数为 7761 家，从业人员为 12.6 万人，注册资金额为 55 亿元。从技术市场发展情况看，1993 年北京市技术咨询合同成交额比 1992 年增长 20.86%，平均合同金额达 10.04 万元，这是一种超常发展的现象。上海的统计资料表明，1993 年底在上海市科委登记的 597 家独立咨询公司中，科技咨询公司达 262 家，工程咨询公司达 89 家，经济咨询公司达 108 家，社会咨询、管理咨询、涉外咨询、决策咨询、法律咨询的公司均占一定比例。据 1994 年底的资料统计，上海市的咨询公司已发展到 6800 多家，从业人员达

① 孙尚清 . 中国市场发展报告（1994）[M]. 北京：中国发展出版社，1994：263.

② 中国国际工程咨询公司 . 如何更好地使用世界银行贷款 [M]. 北京：中国经济出版社，1992：172.

11.7 万余人，先后完成咨询项目 12 万多项，年咨询收入超过 11.6 亿元。

在国家产业政策上，信息咨询业的地位越来越重要。在 1993 年 12 月的全国经济工作会议上，信息基础设施建设被置于与能源交通等重点行业同等重要的地位；国家计委要求充分发挥信息在计划工作中的重要作用；国务院召开的第三产业规划会议把信息服务业放在了重点行业地位；1993 年 12 月，国务院批准成立了以邹家华为会议主席，由国家计委、国家经贸委、国家科委、国家教委等 20 多个部门参加的国家经济信息化联席会议，组织各方面力量协调信息咨询业的建设和发展工作。

1994 年 6 月，国家科委启动了“三市一省”计划，即在北京市、上海市、天津市和江苏省进行咨询试点计划和重点联系省市咨询试点计划。1995 年 6 月，国家科委发布了《关于推动我国科技咨询业发展的若干意见》(简称《意见》)，提出了推动中国咨询业发展的基本原则，即“大力扶持，积极引导，按市场机制运行，向国际规范靠拢”。《意见》中提出：要按照中共中央和国务院关于发展第三产业的政策，把咨询业纳入第三产业发展的总体规划，纳入科技经济体制配套改革的议事日程，调动各方面的积极因素，为实施科技兴市、科技兴省和科技兴国的伟大战略服务；要深化改革，动员和鼓励一批科技人员转移到以科技咨询服务为主的科技第三产业，自主兴办各种类型咨询公司，建立适应咨询业务特点的经营发展模式，实行不同经济性质的机构长期并存、优势互补、平等竞争、共同发展；鼓励大中型企业、乡镇企业、个体工商业者与软科学机构或其他科研服务机构联办、合办各类咨询公司，推动科技咨询业的社会化；因势利导催生和扶植一批大型的、综合性的科技咨询公司，建立规范化、科学化的良性发展机制，造就一支高素质的咨询顾问队伍，使之成为我国咨询产业发展的骨干力量；通过建立相对完备的现代化信息服务网络，开拓咨询服务市场，促进咨询公司之间的信息交流和业务合作，积极开拓国际市场渠道，推进我国科技咨询业参与国际合作和国际竞争，在世界上占有一席之地。

在这一时期，咨询业的专业化有所提高。首先，软科学研究和机构向市场和咨询业的转化成为基本趋向；其次，咨询业的产业化格局正在形成，咨询业的专业领域开始出现一批具有一定实力和知名度的咨询公司。在所有制结构上出现了多元化的趋势，不仅有国有，而且有集体和个体；股份化的公司制企业开始成为咨询公司的主体。

在这一阶段，尤其是《中华人民共和国公司法》《中华人民共和国合伙企业法》

等法律的相继颁布实施，为公民、法人根据法律规定注册、独立从事咨询业务创造了条件，为大批咨询公司的产生创造了条件；由于对外开放政策的深化，开放服务贸易被提上了议事日程，安达信、麦肯锡等跨国咨询公司获准在中国从事咨询业务。外资咨询公司开始大批进入中国，1992 年以来势头不减，这些公司业务涉及咨询业的所有领域，对中国咨询业形成巨大压力。

应该说，中国咨询业的社会化进程也在加快，中国咨询业不仅在决策的科学化、民主化方面做出了贡献，而且面向国有大中型企业、高新技术企业和乡镇企业，在企业发展战略、市场营销策划、技术改造和管理咨询等方面，取得了比较显著的经济效益和社会效益。

（五）非营利性咨询机构与咨询公司

1. 非营利咨询机构

谈起咨询业、咨询机构，国内介绍和了解比较多的是思想库，如美国的兰德公司、斯坦福国际咨询研究所、美国企业公共政策研究所、布鲁金斯学会，日本的野村综合研究所、三菱综合研究所，英国的科技政策支持组织、伦敦国际战略研究所，法国的国际关系研究所等。在性质上，这些机构均属于民间的或官方、半官方的非营利性机构，并且都以“公司”“研究所”“学会”“中心”等命名。它们以企业方式组建，按现代企业管理方法进行管理，不设股份和股东，不按股分红，自主经营，接受政府、企业和有关组织的课题委托，独立进行研究，国家对其实行免税政策。它们通过为决策部门提供计划、方案、建议、政策措施等“智力产品”来维持自身的生存与发展，并努力使自己相对独立于政府和任何利益集团。

并非所有的思想库都是非营利机构，但其中大多数都是非营利机构。它们的经费来源一般为财政拨款、合同收入、基金会收入、企业及私人捐赠、出版发行收入等。收支相抵后如有盈余，则用于购买设备、改善研究条件或用于公益性研究。兰德公司就是一家无股份、非营利、享受免税待遇的大型思想库。

除思想库之外，还有一些其他的非营利咨询机构，其中一种是从属于政府机关的咨询机构，它们依赖政府的财政支援，为国家扶植需要振兴的企业，并把各自分散的单个企业的经营活动纳入国家管理轨道，如日本通产省的企业咨询机构通常是免费为中小企业提供服务的；另一种是社会公益团体内设立的咨询部门。此外，一些大企业内部也设立咨询机构，也是不以营利为目的。

2. 咨询公司

我们常说的咨询公司属于盈利性服务组织，它本身是一种企业。从法律上看，现代企业规范的组织形式有以下三种。

（1）独资企业。一个公民可以独立经营一家企业。这家企业由其自己出资，自己负责经营管理，这个独资经营者有权享有企业的全部利润和收益，同时要承担企业全部亏损的风险。个人企业在法律上不是一个法人组织。这种个人企业由于资本有限，企业规模较小，但具有业务专长、经营灵活、收费合理，拥有一定市场。

（2）公司。公司是法人组织。在法律上，公司是具备独立法律人格的法人。公司可以拥有和支配其全部财产，有订立合同的能力、做出法律行为的能力及起诉和应诉的能力。公司作为法人可以依法取得权利和承担义务，公司法人也可能因触犯法律而受到惩处。公司是一个单一的法人实体，它与成员（公司股东）分离。

（3）合伙企业。合伙企业是两个或两个以上的人共同出资、自愿结合，以企业共有人的身份，为了盈利而联合经营的企业。合伙企业在法律上不是法人组织，合伙人必须对合伙企业的债务承担无限责任。通常合伙人之间订立合伙协议，规定合伙人的权利和义务。任何人要加入一个合伙企业必须获得全体合伙人的同意。合伙企业的利益未经全体合伙人的同意不得转让。每个合伙人都有权参与合伙企业的经营管理，并在授权范围内作为其他合伙人的代理人。合伙人所从事的是连续性的、一般性质的业务，而不仅是为了完成一笔交易。全体合伙人按其出资的比例和对合伙企业的贡献分享利润。

对咨询行业来说，合伙制是尤为重要的一种组织形式。实际上，国外许多咨询公司，包括世界著名的咨询公司，如麦肯锡、安达信、安永、毕马威等，都采用这种私人合伙制的组织形式。这种方式可以对咨询顾问形成激励，一名普通咨询顾问可以通过自己的努力一步一步升为公司合伙人，持有公司股份，甚至可以进入公司董事会。一般来说，咨询顾问升为合伙人需要 5 ~ 7 年的时间。合伙人负责领导公司的经营活动，并分享整个公司的利益。企业的每一个咨询项目都要一名或数名合伙人来负责。大的咨询公司有专门的委员会对全体合伙人进行考评，根据每个人的业绩及所在地区的生活水平分配其所得利益，定期召开合伙人大会。如果一些合伙人后来没有继续为公司做出贡献，那么他们可能会退出合伙。

（六）谁有资格当咨询顾问

咨询是一种职业，这种职业对从业人员有较高的要求。

（1）教育。咨询业可以说是高智力的行业，咨询顾问一般都要受过良好的高等教育，有较高的专业知识水平和文化素养。咨询顾问要有自己的专业，以便胜任某一领域的咨询工作，但其知识只“专”是不行的，还要“通”，因为做咨询服务眼界要宽、知识面要广，才能具备解决复杂问题的能力。日本曾对204家咨询公司的3611名咨询顾问做过教育水平调查，其中具有学士学位的人有2512名，占69.6%；具有硕士学位的人有808名，占22.4%；修完博士课程的人有174名，具有博士学位的人有117名，占3.2%。

（2）经验。咨询是实践性很强的职业，只靠学校教育是培养不出真正优秀的咨询专家的。咨询行业要求咨询顾问具备比较丰富的实践经验，通过知识和经验的结合，才能生产出高质量的咨询成果。

（3）性格。咨询顾问在性格上要正直、独立、自信、机智、灵活、稳重但不内向、谦虚、冷静、友好，善于与他人合作、吸收性强，善于接受新情况和新观点，心理成熟，顶得住压力。

（4）功能。①眼，会看：咨询顾问要有敏锐的眼光，能从其他人熟视无睹的事物中发现问题，还要富有发现新事物的观察力。②脑，会想：咨询顾问要善于思考，这是他们的精华之所在，空有一肚子知识而缺乏创造性的思维能力、准确的分析判断能力、抽象提炼能力是不行的。咨询顾问要有聪明的头脑，要有灵气。③耳，会听：咨询顾问要善于倾听，要有敏锐的理解力，准确地理解客户的需求。不善于倾听的人往往主观意识过强，不适于做咨询工作。④口，会说：咨询顾问要善于交流，要会委婉地影响别人、启发别人。咨询顾问应清醒地意识到真正的变革者是客户。咨询顾问要甘当无名英雄，针对客户的心理，把自己的东西内化给他们，让他们充分地理解咨询，让他们认为自己也参与了研究和咨询。另外，咨询顾问在开拓市场时也要善于表达。⑤手，会写：咨询顾问的写作能力要强，报告要写得简单、易懂、逻辑性强，要做到严谨、不出错，还要善于做笔记。⑥脚，会跑：咨询顾问要踏实、肯干，能吃苦。

二、咨询公司运行的基本模式和经验

（一）为什么要使用咨询顾问

咨询顾问是为组织解决“问题”而存在的，当出现下列情况时，一个组织就要聘请咨询顾问：

①组织遇到了某一个具体的专业技术问题，组织内部不能解决，而咨询顾问有这方面的专长时；

②组织的战略调整、发展规划、重大政策等方面的问题需要高级管理人员长期、充分关注，当高级管理人员无暇顾及或无能力解决此类问题时，咨询顾问不但

能够提供全面、专业的服务，而且可以减少管理成本；

③咨询顾问可以做到“旁观者清”，这是组织内的人员难以做到的；

④当组织的政策或决策需要提供论据时；

⑤咨询服务进入人类社会生活的各个方面，咨询既是一种专业性服务工作，又是一种实行变革的方法，知识经济要求更为专业化的咨询服务，这也是提高组织管理效率和竞争能力的方法，社会生活的多元化和政府职能的高效率均需要咨询服务的帮助。

约翰·科特指出：从企业的角度来看，聘用咨询顾问有4个方面的原因：首先，外部人员更客观，不容易陷入强大的、缺乏远见的公司文化中；其次，咨询顾问能够更精确地看到连富有才干的内部人员也看不到的东西；再次，外部人员更容易承受坏消息的打击，作为一个咨询顾问被“炒鱿鱼”，同一个企业雇员被“炒鱿鱼”是很不一样的；最后，外部人员在某些问题上很专业，能够比内部人员更“经济”地帮雇主解决问题。

基于上述原因，科特告诫，大公司建立内部咨询精英队伍往往以失败告终。

（二）走出对咨询业的认识误区

（1）不能把咨询业与公关和广告策划混淆，要走出“点子”的认识误区。在成熟的市场经济条件下，咨询业与公关和广告策划之间的边界是很清晰的，这两者属于较为独立的行业；“点子”公司的一度热闹，反映了中国走向市场经济初期的状况。“点子”公司与现代咨询业的区别就像羽毛扇与电脑的区别，是“智多星”与“思想库”和“智囊团”的区别，前者是诸葛亮一类的军师用以获得灵感或表示身份的东西，后者则是现代化的处理复杂和系统信息的强大武器。不能否认“智者”和“点子”公司的作用，但是在应对复杂的、瞬息万变的当代社会发展中的诸多问题时，其局限性是显而易见的。

（2）不能把政府官员的一些言论或报告作为“权威咨询”。对企业来说，政府是行业主管、行政领导，颇具权威性。如果企业能够与政府建立很好的边界，一定会给企业的发展带来帮助。但从咨询的角度来说，政府是非专业的，其“咨询”行为的表现是参观或开会，发表比较宏观的意见和看法，缺乏专业咨询所要求的严格程序、科学方法，也没有明确的咨询成果。对政府官员的言论或报告做出轻率的反应，实际上可能只是企业不够成熟的公关行为的一种表现，如果对此把握不当，会给企业造成不必要的震荡。

（3）不能把经济学家或专家的学术研究直接作为“经济学咨询”。这涉及企业与社会的边界问题，也涉及对经济学家角色的认知问题。企业与社会发生各种关系，其中经济学家或专家对企业经营管理的介入可以给企业带来新的思路、先进的知识，但这种行为也是非专业的咨询。他们缺乏咨询的职业理念与职业手段，往往把企业当作案例进行学术研究。他们习惯于从“理论”和“问题”的角度，而不是从“客户”的角度研究企业，不存在“服务意识”，也不过多考虑所提意见的可操作性。所以这种“咨询”一般难以被企业所采纳和实施。在咨询业发展比较规范的国家，经济学家和咨询专家的角色区分是相当清楚的。企业要想得到专业的咨询服务，可以与专业咨询公司或既懂企业又懂咨询的专家（如工商管理教授）取得联系。

（4）不能把“礼贤下士”或官方调研机构的调研报告混同于“决策咨询”。科学决策并不取决于领导人的“民主作风”或是否设置自己的“咨询机构”（各级党政机构的研究室等）。实际上，许多这类机构一般只起为决策层“论证可行性”的作用。在体制内运作，不可能发挥咨询业所具有的独立、客观、公正的咨询功能。必须在体制和运行机制上解决科学决策的根本环节——把咨询机构推向市场、利用市场上的咨询机构。

目前，产生上述误区的原因是人们没有把咨询当作一种职业来理解。实际上，咨询有明确的职业理念、规范、程序和方法。咨询公司不但可以从客户总体利益出发，在某一领域为企业提供十分专业的意见和方案并协助方案实施，而且有咨询合同、职业道德及一些其他手段保证咨询质量。

咨询顾问在进行咨询时一般要求问题界定非常明确，双方责、权、利清楚，有委托合同，进行日常项目管理等。

（三）咨询公司的项目运作过程

（1）初步接洽。这是咨询公司与客户的初次接触。在这一阶段，双方应当本着诚恳的态度进行最初的交流。敏感的咨询顾问通过初次接洽，就会对客户及客户存在的问题有初步的判断，同时介绍咨询工作、树立自身形象、衡量受理能力、判断受理条件。正式的接洽最好要与客户的主要决策人进行。

为了做出正确判断，咨询顾问除了与客户直接接触外，还要做适当的间接调查，了解客户的基本情况，估计接受该客户的风险有多大，考察其是否适于作为公司的客户。比如，有的咨询公司强调客户法人意志统一原则，如果客户决策者意见总是不统一，那么咨询工作会很难开展。研究后，无论是否有合作意向，咨询公司都要给客户以正式答复。有合作意向时，咨询公司要向客户提出双方合作的初步方案，供客户考虑。

（2）探讨客户的问题。探讨客户的问题是咨询过程中很重要的一个步骤。在对客户做了一定调查之后，咨询顾问应对客户问题的实质及解决问题的困难程度形成自己的观点。咨询顾问对问题的提法也许与客户不同，客户也许处于“当局者迷”的境地，只看到了问题的症状，而不了解症结所在；也许尚未认识到问题的严重性；也许根本不愿意承认存在的或潜伏的某些问题。此时，咨询顾问与客户可在讨论中比较各自对问题的看法，把问题理清，并使之具体化。这里要注意的是咨询顾问的交谈、启发、说服技巧，咨询顾问既要使客户接受自己对问题的看法而不感到尴尬，又要做好修正自己提法的准备，最后与客户对问题的实质达成共识。

（3）确定项目，组建项目小组。经过对问题的初步分析，咨询公司会把项目确定下来，提出工作设想，与客户商定课题的范围、研究时间，以及可能的结果，同时要着手建立项目小组。

项目小组的建立要考虑项目的特点和咨询专家的知识结构、经验、业绩、年龄及性格特点，进行合理安排。如果咨询公司是按照矩阵结构或多维结构组织的，那么项目小组就能很容易、合理地组建起来，因为咨询顾问是按专业、功能、地区分类，将其按项目组合，既灵活又具有较强的针对性。确定小组成员后，要明确规定组长（项目经理）的权力和职责，每个组员的任务、责任，以及上下级关系。如与其他单位有协作，还应明确彼此的关系和责任。

（4）制订工作计划。在问题和工作设想的基础上制订一个详细的工作计划，明确各阶段的时间、任务、工作方法和手段，分配具体的工作，定义各阶段应有的成果及所需数据和信息源。计划要写得清晰、具体。计划的制订既要考虑咨询公司方面的工作设想，又要考虑客户方面的安排，咨询公司应与客户共同协商确定。

（5）收集数据，进行分析。项目小组要尽量利用本企业和外部的信息资源，同时尽量争取客户的帮助，广泛收集数据信息和文献。收集数据的手段多种多样，大体可分为两种，一种是间接收集，如利用图书馆、信息中心、互联网、有关的政府机构等收集数据；另一种是直接收集，即项目小组成员直接对客户、竞争者、供应商、代理商的管理者、内部人员及有关单位、个人进行采访，整理出书面记录，建立数据库。有了大量的资料，要运用专业的分析方法对它们进行处理和分析。

（6）提供阶段性结果。有时完成一个项目要花费很长时间，咨询顾问可以不断地把自己工作的阶段性结果提供给客户，如发给他们一些阶段性资料。这种做法可能是有益的，客户可以随时做一些必要的调整，有时项目结束时，客户的工作已经取得了明显的效果。这种做法需要两个保障：一是咨询公司要保证提供的阶段性结果的质量；二是咨询公司要与客户保持良好的关系，得到客户密切的配合。这里也会出现一个危险——由于咨询公司与客户关系过于紧密，客户往往不自觉地把自己的部分决策责任给了咨询顾问。在这种情况下，咨询顾问应当清醒地决定自己该做什么，客户该做什么。咨询顾问应避免这种危险。咨询顾问的职责不仅是完成咨询任务，还要培养客户的"造血"功能，提高其处理问题的能力，使其在没有咨询顾问的情况下工作。问题的最终解决者是客户自己。

（7）综合分析，提出建议（咨询报告）。分析之后要综合考虑对每个问题的分析结果。必要时，还可以聘请多个外部专家进行集体交流、讨论。项目小组经过对问题的分析与综合，编写咨询报告，提出建议方案，向客户项目组和管理人员汇报。

（8）协助实施。当一项建议被采纳，项目小组将协助客户准备一个实施计划，并组织一个项目计划实施小组，协助客户实施方案。实施小组的工作包括：编写实施手册；对客户进行讲解和培训；监督方案实施；定期或不定期回访指导，并实测改善效果。

（9）做出工作总结及总结报告　工作总结指咨询专家对项目小组接受任务以来所有工作的概括总结，主要包括三部分内容。①对接受项目以来所做的工作及客户对项目小组的配合工作进行概括性回顾，并实事求是地评价整个工作的得失和经验教训。②咨询效果的评价和预测。项目小组撤离时，方案刚刚实施完毕或刚开始实施，其效果刚刚体现出来，课题组应在总结报告中实事求是地总结方案实施的效果，并对未来可能产生的效果进行恰如其分的预测。③对客户的建议。其包括两部分内容：一是如何巩固和发展方案实施效果；二是方案完全实施后，客户还会遇到哪些问题，以及怎样解决等。

（四）良好的职业道德是咨询公司成功之本

咨询是一种职业，有独特的知识内涵、知识结构、目标、方法、技巧、规则、工作程序和工作条件，更有自己的职业道德和价值观在起着核心作用，统一的职业道德和价值观不仅可以保证咨询顾问得到客户的信赖，使自己的工作处于良性状态，而且可以协调规范从业人员的全部工作，使整个行业的职业化水平更高、整体素质更高，获得良好的社会影响。良好的职业道德是咨询公司成功之本。国外咨询公司形成了规范的职业道德和价值观，形成了所有咨询顾问必须遵守的职业道德，把职业道德和价值观提到相当重要的地位。

虽然由于文化传统和具体情况不同，各国制定的职业道德不尽相同，但一些基本的原则，如独立、专业、正直、公平、保密、尊重科学等是共有的。下面简单讲其中几条。

（1）保持独立性与专业性。咨询顾问应依靠自己的专业知识、经验、科学的思维方法和手段对问题做出独立、客观、公正的判断，不应受利益、立场的影响，要尊重事实、尊重科学。咨询公司只有以自己拥有的专业知识独立地进行研究才能使咨询业保持永久的生命力。咨询顾问应注意不能越俎代庖，做决策的不是咨询工作人员，而是其服务的对象。

（2）为客户服务做到诚实、守信。咨询是一种必须在客户信赖的基础上才能建立的职业，与律师、会计师、医生等有类似的地方。咨询公司应为客户严守商业秘密，为客户提供与合同描述相符的服务，不弄虚作假，不利用客户保密信息为自己或公司谋利，有的公司甚至规定“客户利益高于公司利益”。

（3）只接受咨询公司力所能及的工作。咨询公司要对自己的实力及专长有清醒的认识，如果客户委托的项目自己难以胜任，要做放弃眼前利益的决定，宁可把一些项目让给有这些项目专长的咨询公司。咨询公司要根据自己的目标发展，不要被眼前利益搞得眼花缭乱，否则会迷失方向。这也是对客户、对自己的尊重。

（4）不以自我标榜的方式做广告或公开声明。咨询行业是不宜做广告的，有的公司甚至不主动说明客户是谁。世界著名的管理咨询公司麦肯锡对外的客户名单，都是这些客户自己先公开提到自己是麦肯锡的顾客后麦肯锡才透露的。《欧洲管理咨询协会（FEACO）专业行为准则》规定，发行误导公众，使公众对咨询公司的能力产生错误印象的宣传材料（包括广告），或者可以被理解为宣传全国协会中的某一成员高于其他成员单位，或者含有提示或影射贬低其他协会成员的宣传材料（包括广告）属于违反专业行为准则之列。咨询公司要靠自己的信誉和实力来发展自己。

（五）资格认证——咨询顾问职业水平的保证

欧美一些咨询业发达的国家早已实现了咨询顾问的资格认证制度，即为从事咨询行业的、符合一定条件的人进行培训、考试，考试合格后发给其一个咨询顾问的资格证书。

各国对持证咨询顾问的要求、考核的内容和方式各有不同，但一般来说，拿有此证书的人一定受过良好的教育，通过了咨询行业的考试，充分地掌握咨询程序及专业行为准则，拥有丰富的经验和专业知识，有良好的咨询业绩，并且他们正直诚实，在某领域有专长，能够通过公开和专业的手段，用其工作为顾客提供真诚、保密的优质服务。他们还具有必要的知识和分析技巧来理解所面临的问题，能为客户提供解决问题的经验和方法，具有善始善终的敬业精神，并能通过专业协会的优势和支持提高其专业水准。

例如，日本除了对咨询顾问（诊断士）进行严格的训练外，通产省还于1952年颁发了中小企业诊断士制度，为了不断提高咨询顾问的水平，提高咨询的服务质量，规定已经考试合格发给诊断士身份证明的咨询顾问也需要学习专业课程，经常参加专业知识、技术的考核，以免知识老化。中小企业诊断士每隔三年考核登记一次，不是终身制，保证了诊断士业务水平的不断提高和知识的不断更新。

资格认证制度使咨询业更加规范，保证了从业人员的职业水平。中国咨询业从20世纪90年代中期开始实行资格认证制度，已经在北京、上海、天津、江苏等地展开，在某些行业中也已经试行。

（六）健全缜密的管理与质量保证体系

咨询公司要有一套规范、科学的管理体系，如保证体系、风险控制、业务组织等。规范、科学的管理体系有助于保证咨询工作的质量。

先进的咨询公司的业务管理已形成一套成熟的、规范的模式。目前外国咨询公司大多实行的是矩阵制结构、多维制结构。矩阵制结构是在原有的直线职能制结构基础上，建立一套横向的组织系统，两者结合而形成一个矩阵。这一结构中的工作人员或小组，既受纵向的各个行政部门的领导，又接受横向的负责某一专业项目的工作小组的领导。矩阵制结构的优点是大大提高了项目管理和行政管理的专业性，从而可以集中调动资源，以高效率完成项目。

三维式结构是在矩阵制结构的基础上发展出来的，进一步细化了分工。一些著名的咨询公司，如麦肯锡、安达信、罗兰·贝格等均采用了三维式结构。

这种结构的公司在组织上有三个体系，即区域行政体系（全球—欧、美、亚—国家—地区等）、行业/产业体系（交通运输、钢铁、能源、电子、汽车、金融等）、功能中心/专业体系（企业管理、会计、审计、税务、技术管理、市场调研、战略等）。一个项目小组的成员就由来自这三个体系的咨询顾问组成。如果一个项目是关于中国汽车技术管理的，那么公司就会给项目小组准确的定位——从行业/产业体系中找汽车部门的人，从功能中心/专业体系中找技术管理部门的人，从区域行政体系中找中国部门的人。

这种模式的优点是三个体系相对独立，相互配合，能更合理地配置人才，突出每个人的特长，并使其有充分的发挥，每个项目小组都集中了最适合的专家，他们之间优势互补，既增强了整体实力，又避免了人才浪费，提供的服务有很强的专业性和针对性。

先进的咨询公司有一整套质量保证体系，包括以下几个。

（1）风险评估与控制。咨询公司对客户进行考察，看其是否适合做自己的客户。国外咨询公司有专门的客户评估与选择计算机软件系统，由计算机判断是否接受该客户，或者应请示哪级主管批准。

（2）合同。有的公司合伙人有权签合同，有的公司合同由总部统一签，如有合同纠纷事宜，是否打官司要请示高级领导。

（3）项目经理负责制（项目承包管理）。咨询公司承接了新项目，成立了项目组后，由项目负责人（项目经理或项目组长）对与项目有关的人、财、物进行全面管理，对项目负责，这样在咨询工作中利于实现责、权、利的统一，可保证项目的顺利进行。

（4）质量控制。公司各级领导对项目质量进行严格控制，每个项目都有专人复查，合伙人对项目进行审核，重大项目要由两个合伙人审核。当然，不同的咨询公司对工作质量进行控制的手段各有不同，这在咨询工作中是十分重要的。

（5）监督机构。国外有些大的咨询公司成立专门委员会，对公司各个机构进行监督，可随时到公司任何一家分支机构去检查工作。也有的公司设立专门监督机构，对每个合伙人进行考评。

（6）与客户沟通。咨询公司要与客户保持密切的合作关系。这样一方面，咨询公司可以充分利用客户的经验，结合客户对问题的理解来解决问题；另一方面，咨询公司通过与客户的紧密合作，可以比较方便地实行技术和能力转移，客户参与了咨询的全过程，咨询公司更容易理解咨询方的意图，准确地执行咨询的结果，获得更大的实效。一家著名的国际咨询公司在接到项目后，首先要成立一个客户指导委员会，由客户高级管理者组成，定期接受咨询公司项目小组的汇报，负责推荐并实施咨询方案。

（七）组织结构与吸纳人才

基于咨询业的特点，咨询公司最重要的资产是人才，因此如何网罗高级人才，发挥员工的创造性，是发展咨询业务的重中之重。外国咨询公司在人力资源的管理与开发方面有许多成熟的做法。此外，外国咨询公司很注重对专业人员的培训。例如，安达信把“招聘最优秀的人才，给予最好的培训，培养最好的咨询专家，为客户提供最好的服务”作为自己的原则。安达信的受聘人员都要到专门的培训中心接受严格的专业培训。培训内容除一般的专业知识外，还有专门的课程。公司为各级人员安排不同的课程，因此一个人往往要多次接受培训。安达信的员工培训费用占其全球营业额的6%，其以人才优势确保公司在同行业中处于领先地位。

一些比较规范的外资咨询公司对职员实行目标管理，即每年或每半年为每个工作人员制定一个目标，到时对工作人员进行考评，看其是否达到了目标要求。例如，爱德曼公司认为，每个人都应对上级、下级、客户和同事负责，因此，考评的办法是从其上级、下级、客户和同事那里征求意见，对其责任进行综合考查，如果得到的结果不好，该工作人员要对公司做出解释。目标管理制度确保了工作人员的工作质量。

外国咨询公司主张培养开放的、无等级观念的工作氛围，工作人员自我管理、自我约束，彼此真诚，建立团队精神，勇于对问题提出异议。在这样的氛围中，工作人员的创造性得到了最大程度的发挥。

（八）建立全球服务和信息网络

一个企业除了物流、人流、资金流以外，还存在非常重要的信息流。对于现代化的咨询公司而言，信息量在不断地增多，对信息处理速度的要求也在提高，信息处理的手段变得更加复杂，所以要想提高工作效率，建立一个良好的信息系统尤为必要。外资咨询公司的全球网络一般包括三个方面：一是功能网络；二是产业中心；三是资深顾问网络。

国内许多咨询公司都购买了微型计算机，但这些机器大部分用于文字处理，远未发挥计算机的潜能。外国咨询公司凭借技术优势，一般都有自己的内联网，内联网的五大职能——收集、存储、加工、传递、提供信息——都得以充分展现，有的大公司还有自己的信息中心，全球联网。这样，外国咨询公司往往能在复杂多变的形势中做到全球范围内快速反应，从而立于不败之地。

这里介绍一下美国DAI公司外聘专家数据库。DAI公司有一个包括5000名各领域专家的数据库，使该公司在农业环境、金融财政、企业发展等许多领域都有专家帮助。公司为建立这个数据库花了很多功夫。公司成立25年来，经常和固定的人合作，如果认为对方的专业能力很强，就把其简历、地址、工资状况都输入计算机，把其负责的项目、专长、学位等也都存入以便检索。一般的咨询工作由DAI公司内部完成，遇到特殊的、专业性较强的项目时，DAI公司可以随时利用专家数据库迅速找到合适的专家人选，确保咨询工作的顺利开展。

（九）采取共同工作的方式

在中国，人们对咨询业的理解存在一个误区，即把咨询顾问看作无所不能的“诸葛亮式”的人物。所以客户往往把所有的问题都交给咨询公司，但咨询公司只把客户看作一个“病人”，为其独立实施“手术”。实际上，国外优秀的咨询公司都很注重与客户共同工作，以互动的团队工作方式来进行咨询工作。

麦肯锡十分强调与客户一起工作，如果客户只是请公司独自做报告，不愿积极参与、共同工作，麦肯锡要慎重考虑是否承接项目。麦肯锡的咨询项目一定要有客户参与。麦肯锡的这种工作方式，保证了它始终为客户提供最优质的管理咨询服务。

（十）咨询服务的专业化

提供多领域的专业化服务，是外国咨询公司能够成功的一条很重要的经验。外国咨询公司很注意选择与自己的能力和特长相适应的专业咨询领域，同时根据本公司的专长优势选择自己的客户群落和市场空间。例如，麦肯锡是世界上最好的管理咨询公司，安达信最擅长提供的是会计咨询服务，爱德曼则把自己提供的服务限定在公关领域。因为它们都根据“有所不为，有所必为”的原则提供专业化的服务，所以都在各自的专业咨询领域成为佼佼者。

但是，外国咨询公司明确自己定位的同时，也很注意充分利用外部智力资源，开发专家网络，从而能在多个领域内提供专业服务。例如，麦肯锡以管理咨询为主，它拥有交通、运输、钢铁、能源、电子、汽车等多个领域的技术专家，所以能够得心应手地为上述多个领域的企业提供管理咨询。

（十一）咨询工作方法简介

1. 分析方法

咨询顾问要在企业运行过程中考虑问题，这样会有比较清晰的思路。企业有其自身的运行规律，出现的问题不是孤立的，而是与许多事情都有联系。咨询顾问对问题的认识要从表面现象深入企业的机能、管理职能直至运行机制和经营观念，抓住了问题的本源，解决起来就会得心应手，一些相关问题也许会迎刃而解。

（1）5wh 解析法。这是兰德公司在 20 世纪 50 年代创造出来的有效的分析方法之一，当问题与现状不清楚时可使用此法。把分析的对象作为一个整体，然后按构成这个整体的因素进行分解，通过对这些因素的分析来界定问题的性质。使用此法比较耗费时间，除了用于经济效益和战略分析外，一般在课题确定后将此法用于内外调查比较合适。

（2）黑箱法。黑箱法，即把某一系统当作黑箱看待，不考虑系统的内部运行条件，在考虑环境与约束条件的情况下，对系统进行输出与输入分析，并以此来确定黑箱中的各种活动及其连带关系。

（3）因果分析法。因果分析法，即分析某一种现状，列举出引起该现状的各种可能原因，以及这种现状持续下去将导致的结果。该方法最好用于分析小事故、偶然事故或用于寻找“故障”。

（4）利弊分析法。利弊分析法，即明确指出研究的问题及其对策，列出这一对策的优点、缺点，确定几个简明的判断标准，综合判断对策的可取性，研究如何加以改进。当项目小组在某一方案上停滞不前或有意见分歧时，宜用此法。

（5）机遇 / 威胁、强点 / 弱点协同分析法。机遇 / 威胁、强点 / 弱点协同分析法，即明确提出要达到的目标或要解决的问题，列出当前环境中的机遇、威胁及目标的强点、弱点，分析这 4 个因素的协同性或阻碍其协同性的原因。这种方法有助于起草“进攻性”战略、策略。

（6）模型分析法。运用模型进行分析，可以达到简化复杂情况的目的，用简单易懂的方式来表达自己的想法。建立起来的模型可能是模型化的案例、一种组织类型、对参照情况的模拟类比、对一种数字的解释等。然后，可以利用模型提供的基本思路来分析需要研究的对象。

2. 集体交流方法

一个咨询项目往往要有多个咨询顾问参加，为了提高集体工作的成效，可以采用多种集体交流方法。下面简单介绍其中的几种。

（1）“剧情”概要法。“剧情”概要法，即从已知的现状出发，设想经历一系列合理的事件后怎样逐步接近未来可能的或希望的状态。可如此描述未来的形势：①确定描述形势的主要因素；②确定每种因素可能出现的各种对比形态；③选择一个由多种因素集合而成的形势，并考虑各因素间的协调性；④写出“剧情”概要。在此之后，可研究如何达到“剧情”概要所描述的未来形势。运用这种方法有助于探索企业所需资源的发展，并评价其受某种新思想或新产品的影响程度。

（2）角色模拟诊断法。角色模拟诊断法，即给扮演不同角色的人一个简单的提纲，明确他们各自的角色，在一定时间内让他们各自扮演自己的角色，其他人做观察员，然后集体讨论对角色的不同看法、研究阻力、成绩和问题，引出必要的措施。这种方法可以使咨询顾问更好地体会心理因素方面的影响，有助于更好地对方案进行研究。

（3）逆退式展望法。这种方法要求先有一个“剧情”概括，即设想一种可能的、理想的未来形势，然后倒着一步一步地进行推理：要出现这种形势，必须发生什么事件？必须产生哪些结果？也可以设想一种可能不好的未来形势，然后倒着进行同样的推理。这样，就可以寻找到目前存在的好的可能，以便使有利的结果最大化；寻找到目前存在的坏的可能，以便使不利的结果最小化。

（4）头脑风暴法。头脑风暴原意是指精神病患者神经错乱和胡言乱语，这里转意为咨询顾问可以无拘无束、自由地思考问题。数名不同专业的咨询专家坐在一起，在很短的时间里，不加任何限制地去思索、讨论提出来的问题，连锁式地产生众多的意见（最少 100 个）。讨论时有 4 项准则：①说出忽然想到的想法（无拘无束、多样化、差异化）；②鼓励有较多的思路数量；③沿着他人的思路进行外推、类比、对比；④不批评（既不批评自己，也不批评别人）。

如果思路很多，大家可以有顺序地围绕一个又一个思路展开“头脑风暴”。要注意把与会者的思路写下来，最好写在黑板或大纸上，以便大家都能看到，还要有专人来做整理。

这种方法的好处是可使与会者互相启发、互相影响、互相刺激，产生灵感，诱发创造性设想。有时一个问题不吸引人，或者不便于做直接研究，或者需要保密，那么可以设立一个类比问题，用头脑风暴法来讨论这个问题。

（5）特尔斐（Delphi）法。特尔斐法是兰德公司首创的咨询方法，使用方式如下：

①把委托方提出的咨询内容写成若干含义十分明确的问题，分别发给不同的专家；

②专家们在背靠背、互不沟通的情况下阐述对问题的看法，做出书面回答，送交组织者；

③把回收的专家意见进行定量的统计归纳；

④将统计归纳的结果反馈给专家们，每个专家根据结果修订自己的意见，再送交给组织者。如此经过三四轮的反馈过程，就可以得到比较集中的意见。这种方法适于对事情做预测。据有关统计，美国一些咨询公司对特尔斐法的使用率最高，占预测方法的 24.2%。

咨询工作除了运用分析方法、集体交流方法以外，还要用到其他许多相关领域的方法，如调查法、统计法、教育培训方法、公关方法等，这里就不一一介绍了。

下面为美国管理咨询协会（ACMC）和管理咨询学院（IMC）的道德守则。

咨询组织公司委员会及董事会于 1991 年 1 月 8 日通过此道德守则，管理咨询学院与管理咨询协会隶属咨询组织公司。

（1）道德守则的目的

※ 各类职业者在遵守法律之外，还要认识到自我约束的义务。

※ 使社会明确知晓咨询业的道德标准及职业服务的高水准。

（2）客户

※ 与客户以诚相见，充满自信、实事求是。

※ 对客户情况及客户协议予以保密，使用客户私人信息时须经客户同意。

※ 不利用客户保密信息为自己或公司谋利。

※ 不允许与客户存在利益冲突。未经竞争者本人同意，我们不会使其竞争对手通过我们的保密信息获得竞争优势。

（3）雇约

※ 只接受我们的经验及能力范围内的雇约。

※ 根据工作人员的经验、知识与专业给他们分配合同要求的服务。

※ 尊重客观服务给客户造成的任务影响。如发现我方客观服务及诚实待客的原则有可能受到损害，则立即撤销我们的咨询业务。

（4）费用

※ 预先商定费用。收费合理、合法，使其与我们提供的服务及允诺的责任相一致。

※ 预先向客户公开通过我们推荐的设备及服务得到的任何费用或提成。

（5）专业准则

※ 尊重客户、其他公司及个体开业者的知识产权。未经许可，绝不使用享有专利的信息和方法。

※ 宣传我方服务不弄虚作假，正确表达咨询业、咨询公司及个体开业者的意愿。

（6）措施

※ 通报违反道德守则行为的事件。

※ 违反道德守则行为要通报于管理咨询学院和管理咨询公司协会。

※ 调查客户对我方违反道德守则行为的意见，如有必要，采取纪律措施，其中包括吊销任何违反道德守则的会员、管理者或有意支持违反道德守则的管理咨询

机构官员的证书。

※ 保持最高道德行为的基本动机，具有尊重本职业社会信誉的愿望；失去这种尊重及信誉乃为莫大的良心制裁。

三、中国咨询业的未来发展

（一）中国咨询业的主要服务领域

按业务内容划分，中国咨询业可分为工程咨询、管理咨询、决策咨询（综合咨询）、技术咨询和专业咨询等五大领域。

1. 工程咨询

在业务能力方面，中国咨询业中的工程咨询是能力较强、管理规范的领域，机构大、人才和技术力量雄厚，咨询业务全面。中国工程咨询企业很大部分属于国有，受各部委、省、市领导。按专业和行政区属划分业务和客户范围，工程咨询涉及区域经济发展规划，能源、交通、电子、轻工、石化、水利、机械、轻工等行业，以及城市基础设施建设项目等。

工程咨询主要进行基本建设、技术引进和技术改造项目的可行性研究、项目评估，制定交通运输、能源开发等规划，还包括工程设计、招标、管理、监理、验收等业务内容。工程咨询包括的门类很多。中国国际工程咨询有限公司是目前中国最大的咨询公司。各省、自治区、直辖市中，小型的工程咨询公司不断成长，近来中外合资的工程咨询公司和民间工程咨询公司也在逐渐壮大。中国工程咨询存在着市场经营能力不强的弱点。

2. 管理咨询

在管理咨询领域，随着企业制度的改革，企业的咨询需求越来越大，管理咨询的服务内容和方式呈现多元化和多层次化，在众多以管理咨询为主业的咨询公司中出现一批比较专业化的咨询公司，其业务涉及企业体制、战略、生产、财务、质量、计划、设备、环境、销售等环节，为客户提供综合管理、财务管理、市场营销管理、生产与运作管理、信息系统和数据处理、人事管理、小企业管理等专业咨询。

管理咨询是在20世纪80年代初由中国企业管理协会首先倡导和实践的，到20世纪90年代初，中国企业管理协会下的各种咨询公司共有218家，专职咨询顾问有500人，兼职人员有6800人，遍布全国27个省、自治区和直辖市。20世纪90年代以后，中外合资、独资的管理咨询公司开始进入咨询市场，一批民营的管理咨询公司涌现来，咨询范围涉及企业发展战略、市场营销、体制设计、无形资产、人力资源等许多方面，也涉及区域规划、科技园区管理等方面。

3. 决策咨询（综合咨询）

在决策咨询领域，涉及国家和政府的重大政治、经济和社会发展决策等诸多方面。这个领域中的政策咨询基本上是由政府部门下设的研究院（室）、大学和信息中心完成；目前，也有一些专业能力较强的民间咨询公司进入了政府决策咨询领域。民营咨询公司开始承担国家的软科学计划和科技咨询项目，为政府决策、政府改革提供咨询服务，显示了较强的生命力。

决策咨询具有未来性、全局性、整体性及复杂性的特征，因此难度较大。这些机构资源较多，官方色彩较浓，直接影响了咨询能力的发挥。

4. 技术咨询

技术咨询主要涉及技术服务，为客户提供技术信息、措施、方案和论证，还包括产品设计、工艺流程改造和新产品开发等。这是中国咨询业起步较早的领域，重点服务对象是中小企业和乡镇企业。技术咨询主要由科协系统、民主党派系统、职工技协系统、科研系统、民营科技咨询公司和其他科技咨询系统等六类构成。

5. 专业咨询

专业咨询领域涉及市场中介组织，如法律、会计、公证、审计、资产评估等方面的组织，也包括金融投资、信息服务、房地产、无形资产、教育培训等专业咨询领域。这个领域中企业的专业化能力日益提高，服务和协调功能日益加强，对于规范市场秩序起到了一定的作用。但是，受体制和自身定位、运作机制、市场发育等因素的影响，专业咨询能力还有待进一步提高。

（二）迎接知识经济挑战，发展咨询生产力

在21世纪即将来临之际，中国咨询业必须面对的一个趋势是知识经济的发展将使咨询业的地位与作用发生重大变化。咨询业是工业经济后期随着市场的完善而发展起来的服务于工业经济的第三产业或服务业，而在知识经济条件下，咨询业成为典型的知识产业，成为知识经济时代的支柱产业之一。

咨询业成为重要的知识型产业，对咨询公司来说是机遇也是挑战。咨询业的核心能力是知识管理水平，这是知识经济时代须普遍建立的一种能力。与此同时，咨询业对计算机、软件、网络极为敏感。对这些产品的使用将大大开拓咨询公司的信息与知识来源，提升其管理能力与运行水平。在这种情况下，如果咨询公司不能跟上时代发展步伐，也将被时代所淘汰。

咨询业在知识的生产、转移与应用方面所起的作用在于面向用户开发所需要的知识，而这将是未来最大的市场需求。咨询公司如果能牢牢把握这种需求，就能赢得未来的市场。知识经济时代的到来为咨询业的发展提供了历史性的机遇，咨询业将越来越受到人们的重视。知识经济时代，咨询业将得到极大的发展。其主要表现是：

在知识经济社会中，咨询业是一个重要的支柱产业。从知识经济的本质看，知识经济以知识和智慧作为主要的资本投入，而咨询业正是以知识和智慧作为投入进行运作；从知识经济的组成要素看，知识有 4 个方面，即 4 个 “know”（know what，know why，know how，know who），咨询业对这 4 个方面的知识都进行收集、开发和管理，不同类型的咨询公司侧重不同的方面。咨询业是各类人才的联合体，所以它既是知识经济的基础，又是关键。

同时，咨询业的发展会促进知识经济时代的到来。咨询公司本身是典型的知识型企业，咨询业自身发展得好，会有利于知识经济的发展；咨询业的特点决定了咨询业将帮助其他企业通过寻找知识和信息改善自己的组织管理和生产，它推动了其他行业知识化的进程，从而推动了知识经济的发展。知识经济对咨询业也提出了以下两个挑战。一是衡量公司发展和竞争能力的标准已逐步转向以知识和技术为主的管理水平、雇员的工作能力、专利发明、公司形象等知识型实力，而不再仅仅是固定资产。这是对咨询业管理的挑战。二是咨询业竞争加剧，只有具有对知识深层加工的能力，才能不断发展壮大。这是对咨询业内部能力的挑战。

从产业发展来看，在现代经济中咨询产业的比重越来越大。20 世纪 70 年代中期现代咨询业进入第一个高峰，进入 90 年代以来，咨询业无论从规模还是从效益来看，都有了进一步发展。根据统计，在世界咨询业 500 亿美元的市场中，中国咨询业所占比重很小。发展中国的咨询生产力已经刻不容缓了。

根据对长城所承担的“外资咨询公司调研”项目结果的分析，外资咨询公司对中国经济、企业和咨询业发展的主要看法是：

①中国客户咨询意识差，行为不规范，国内客户难找，因此外资企业的主要客户是外国公司（机构）；

②中国咨询市场尚处在开发阶段，发展很不平衡，但发展较快，潜力很大；

③目前国内的咨询公司普遍存在着专业化程度不高的问题，对咨询业形象有很大负面影响，应尽快培养专业公司和人才；

④由于受体制和其他因素的影响，咨询收费较难，缺乏统一的收费标准；

⑤国内信息公开性差，使信息不可靠，再加上行业分割和官僚主义，对国内的咨询公司经营造成很大困难。

因此，提高中国咨询业的整体水平和服务能力，还需要中国社会政治和经济发展大环境的进一步改善，通过优化方法和加强行业管理和咨询队伍建设积极培育咨询市场来进一步发挥中国咨询业的作用。

从整体上看，我国咨询公司的现状是国有咨询公司和部分民营咨询公司尚停留在计划经济的经营模式中。有的公司依靠与政府部门的隶属关系直接承担主管部门下达的咨询任务，享受国家的部分拨款；还有相当一部分虽然已经进入了市场，可以自负盈亏，但经营观念较弱、企业定位不准、不善于开拓市场、内部管理方式落后、咨询行为不规范、人员素质参差不齐等内部因素，以及社会普遍咨询意识不高、信息资源贫乏、咨询公司面临不平等竞争等外部因素，使得许多国内咨询公司的发展受到了限制，有的甚至连生存都难以保证。

从 20 世纪 80 年代起，特别是 90 年代初，实力雄厚、经验丰富的外国咨询公司以各种方式进入中国，既给国内咨询公司带来了很多先进的经验，又对未来中国民族咨询业的发展造成了压力。在这种情况下，国内咨询公司应结合本国实际，学习借鉴外国咨询公司的优秀经验，努力改善自己的经营观念，提高管理水平，“按市场机制运行，向国际惯例靠拢”。

从另一个角度来看，我国存在着一大批国有咨询机构，这些机构大部分是由政府所属设计院、研究所转变过来的，机构大、人员多、技术力量强。它们与政府部门有较多的联系，有较多的机会承接政府内部课题。这类咨询机构中，有相当一部分是事业单位，有的即使转为企业化管理，也尚未适应市场经济，还需政府给予资助。实际上，其中有些机构具有转化为非营利机构的优越条件。还有些半官方的咨询机构、研究性质很强的民间机构也适于发展成非营利机构。国家也需要这样的机构成为思想库来专门研究某些重大问题。我国的某些咨询公司向非营利机构转变，同样面临着一个企业化经营的问题。非营利机构并不意味着一切靠国家，它也要想各种办法拓展资金来源，运用现代化的管理手段经营，以增强自己的实力，求得不断发展。

知识经济提升和强化了咨询业在社会经济发展中的地位和作用，将促使中国传统的资源性质和配置方式发生一系列变化，在这一变化中，智力资源向咨询业的集聚成为基本趋势。

（三）提高中国咨询业整体水平和服务能力的途径

毫无疑问，目前中国的咨询业还处于初级阶段。咨询业对社会的辐射面还不够宽，咨询公司所开展的业务还不够广。中介机构和专业咨询公司面向城市的多，面向农村的少；面向沿海地区的多，面向内地偏远地区的少；面向政府部门的多，面向社会的少。由于咨询业发展不成熟，不仅影响了自身发展，也影响了国民经济和其他产业的发展。

中国国际经济咨询有限公司的中国咨询行业调查资料表明：

（1）国有企业仍然是中国咨询业的主要客户群落，以国有企业为主要客户的各种所有制咨询公司在 20% 以上。

（2）各咨询公司国际化程度还很不够，各种咨询公司以外国企业为主要客户的均不到 10%。如果把外国企业、私营外资、三资企业加在一起，28% 的国有咨询公司、33% 的集体咨询公司、37% 的私营咨询公司以这些涉外客户为主要服务对象，私营外资咨询公司这一比例为 47%。涉外项目往往资金额高，市场巨大，所以中国咨询公司服务外资企业的情况仍不理想，而外资咨询公司在这方面竞争力较强。

（3）乡镇企业也是中国咨询业遗忘的角落之一，只有较少的咨询公司以乡镇企业为主要客户，相比较而言，私营外资咨询公司对乡镇企业的关注更少。在各种所有制机构中，国有咨询机构的特点为机构大、人员多、技术力量强，大部分由设计院及研究所转变过来，因此，其市场经营观念较为薄弱。在集体和私营机构中，大部分名为集体实为私营，挂靠在某个主管部门，少部分集体实为国有（国家投资、个人入股），私营以个人合伙为主，这部分咨询公司市场观念较强，而且比较活跃，在某个专业领域有自己的特色，但生存较为困难，变数较大。中外合资企业进入中国，势头很强，主要为国外客户服务，采用国际运作方式，报价高，收入可观，对国内咨询业造成很大压力。

中国咨询业的另外一个巨大市场是世行（亚行）贷款中所包含的数目巨大的咨询市场，但是由于受政策环境、专业化程度和市场机制的影响，中国咨询公司并没有充分利用世行贷款中所提供的数十亿美元的咨询市场，在市场拓展上显得很被动，而且比印度、菲律宾等国家要差得多。除了政策因素外，还在于国内咨询公司未能取得参与项目咨询服务的主动权，因而影响到国内设备的竞争优势。尽管中国的咨询公司也具备一定实力，但项目咨询费用的 80% ~ 90% 被外国咨询公司赚去了。目前，中国咨询业的发展应从几个方面入手。

首先，要加大政府推进的力度，协调行业管理。由于咨询产业的特殊性，发达国家和发展中国家一般都有明确的法律和规章对本国的咨询业进行保护。

长城所承担的“外资咨询企业（机构）调研”项目结果表明，进入中国的国外咨询公司的主要客户是外国公司，有的全部是国外客户。数据显示，在外资企业打入中国市场的过程中，咨询公司起了关键作用，美国杜邦、法国雪铁龙、日本三菱、韩国三星在中国已成为家喻户晓的名字，甚至天真无邪的小孩子也开始知道M&M’s巧克力。外国企业、资本的涌入，给中国带来了繁荣与机遇，也对中国的民族工业形成了冲击，构成了严重挑战。短短十几年时间，外资企业大规模地进入中国，手段之高明、发展之迅猛，出人意料，而且这些外资企业大多在中国站稳了脚跟，获得了成功。我们去探讨这些企业的共性，必须看到站在这些企业后面的“幕后策划者”——咨询公司所起的巨大作用。

实际上，外国企业、资本进入中国与外资咨询公司进入中国基本上是同步的。对相关资料分析的结果表明，国际上的著名咨询公司均已进入中国，如安达信、麦肯锡、毕马威等，它们以多种方式开展业务。外资咨询公司迅速进入中国，背后有各自国家政府强有力的支持，事实上许多国家把咨询公司作为智力输出的重点，并以此作为技术和资本输出的先导。

所以，今天我们根据外资进入的情况谈发展中国咨询业，从大的方面来说，就不仅是发展一个新兴产业的问题，我们应该认识到，发展中国咨询业是发展民族工业的重要保障。政府在加强外资咨询公司管理的同时，应该提倡发展民族的咨询产业。借鉴国外咨询业发展的经验，我们认为政府应在法律、政策、资金信息等方面支持中国咨询业的成长：

①逐步完善立法程序，确定咨询业的应有地位，为中国咨询业提供法制保障；

②政府通过设立发展基金和政府补贴、税收、保险和贷款等优惠政策为咨询业提供财政支持；

③鼓励中国咨询业开拓国际市场，把咨询业出口逐步纳入技术和产品出口的先导行列；

④逐步开放政府咨询市场，同时通过政府协调的方式发挥咨询业在社会经济发展和企业改造中的作用；

⑤政府为咨询公司提供情报信息支持等。

随着行业管理的加强，咨询业的市场规则和行业秩序将进一步规范化，要尽快建立行业规范，完善政策法规，通过建立资格认证制度、议价通则、信誉评估体系、职业道德标准和指标统计体系等，使咨询业健康有序地发展。

通过国家科委在北京市、上海市、天津市和江苏省的试点工作，中国咨询业有了健康的发展势头，发挥了很好的作用。据了解，科技部还将在此基础上视各地发展情况选择一批重点联系省（市）或机构，进一步推进咨询业的发展。

其次，中国的咨询公司要走专业化的发展道路，真正成为中国市场经济和社会政治良性发展的独立、有力的支撑体系。

从国外咨询业的经验和中国的实际情况来看，走专业化发展的道路是中国咨询业目前阶段的战略选择。从咨询公司的发展来看，专业化包含这样几层含义：第一，咨询公司应选择与自己的能力和特长相适应的专业咨询领域，不宜过于杂乱，这对处于起步阶段的咨询公司显得尤为重要；第二，根据专业特长选择自己的客户群落和市场空间；第三，根据企业的特长和能力确立人才配置和专业结构；第四，专业化是咨询公司为客户提供优质服务的基本保障。

目前，中国咨询业正处在快速成长时期，已经出现了一批业务能力强、信誉度高的专业咨询公司，它们发挥“本土化”强的优势，在咨询市场中占据了一席之地，因此没有理由悲观、失落，自怨自艾。我们相信，只要国内咨询公司结合中国国情、不断学习和借鉴外国咨询公司的优秀经验，努力改善自己的经营观念，提高管理水平，按市场机制运行，向国际惯例靠拢，一定能创出自己的咨询名牌，为民族工业的振兴，为推动中国社会政治发展和决策的科学化与民主化做出自己应有的贡献。

——刘志光、武文生刊于湖北人民出版社 1999 年 6 月第 1 版《新知选读》

咨询公司：知识管理与核心能力

北京科技咨询业协会管理咨询专业委员会成立后，注重业内经验交流与共享，组织了多次有关活动。例如，1999 年 1 月 20 日，其在长城所召开了“中外咨询公司知识管理研讨会”；11 月 13 日又在长城所召开了“咨询公司核心能力研讨会”，许多知名咨询公司都派代表与会讨论，并提出一些很有见地的观点。

咨询公司是知识型企业，是服务于决策的；知识是咨询公司的立足之本，服务之源，所以咨询公司研究和实践知识管理尤为重要。咨询公司的核心能力是在知识管理实践中逐渐形成和发展的，两者有着密切的联系。

一、注意力是一种稀缺的资源

（1）注意力作为稀缺资源已引起知识管理研究者的重视，集中在两个方面——如何利用好自己的注意力和如何吸引别人的注意力。随着知识经济的到来，关于注意力的研究和实践从两个方面展开。一方面，人们在工作中接收的信息和知识越来越多，怎样利用自己有限的注意力去关注信息或者怎样提高自己的专注水平去获取信息。任何一个人，尤其是在组织中传播知识方面起重要作用的人，要利用好自己的专注水平和能力，即将有限的注意力分配好，以最快的速度最有效地找到自己所需要的信息，做出准确的判断，而使自己不被淹没在信息的海洋中。另一方面，怎样吸引、抓住别人有限的注意力，让他们来注意我的产品、我的服务，这成为一些新型公司探讨的热点。最近发展起来的网络服务公司对此有深入的探讨，发展出一套理论与方法，把企业的公关管理提高到一个全新的阶段。

（2）每个人的注意力是有限的，使用好你的注意力，提高关注水平，才能抓住机会取得发展。诺贝尔经济学奖获得者赫伯特·西蒙曾说过：随着信息的发展，有价值的不是信息，而是你的注意力。在信息社会里，“硬通货”不再是美元，而是关注。因此，重要的是你能够注意什么，什么是你该注意的。一个人的工作时间和生命是有限的，最主要的不是你的知识，而是你如何使用自己的知识。关注是在一个人的知识结构之上的一种品质，即眼界。从注意力的角度分析人的知识，一个是书本的知识，另一个是实践的知识，即经验。还有一个层面，就是眼界。具有“眼界”，你才能组织好你的经验和知识，才能在面对问题时利用好你的经验和知识，学习和获取新的知识，从而解决问题，提高自己的工作能力。

（3）研究人的注意力的规律，吸引别人的注意力，抓住别人的眼球，成为商业竞争的新视点。人的注意力是有限的，相对于无限的信息来说是稀缺的，因而注意力是有价值的。一个人不可能用自己有限的注意力关注无限的信息。因此，如何抓住人的注意力就成了商业竞争的焦点，这引起了信息产业部门和互联网高技术公司的关注。网络作为一种新的媒体就是要吸引人们来看，一个网站做得再好，如果没有人来浏览，价值等于零。因此，衡量一个网站价值大小的硬指标自然是站点的被访问量，即有多少人花多少时间来关注你。于是，一场争夺“眼球”的大战在世界各地，尤其是在高技术网络公司之间展开了。

在信息产业部门，有好的产品和服务是占领市场、赢得客户的基础，但绝不是目的。你必须采取各种手段使你的产品或服务引起消费者的注意，从而使他们把宝贵的“眼球”（注意力）奉献给你。于是，制造事件、制造新闻成为信息产业部门扩大影响、吸引注意力的有效手段之一。美国一位网络高手就曾说过：“网络公司就是要不停地制造事件吸引人群来关注你。”于是你的品牌形象树立起来了，你的市场价值就会猛增。这类案例在美国不胜枚举。在国内，搜狐借助美国的风险投资和模式成为硅谷公司的“中国版本”，通过制造一连串的事件，轻而易举地成为中文“网络门户”的先行者。国人建立的四通利方与美国华渊结缘，在国内“新风起浪”，建立了自称为“中文网络门户第一站”的“新浪网”。

关于注意力的研究有许多新的结论，在新的竞争中只能争第一，第二就意味着失去了竞争力；如果一个人晚上看了 10 条广告，留在他记忆中的只有 3 条；当一个人有一项需求时，有三个品牌进入选择范围，消费者只选择打动自己的一个品牌。更值得注意的是，网络公司制造事件的媒体推广方式已经引起企业研究者的注意，这种模式是将企业职能管理的公关功能提升到战略管理层面，这种模式也被其他类型的公司学习。国内大型教育软件公司科利华不甘示弱，耗资 1 亿元在中国内地及香港电视台等多家媒体大炒大作，要发行一本叫《学习的革命》的书，其实科利华是“醉翁之意不在酒”，在乎“注意力”也。它要让中小学生都知道科利华的存在、科利华的影响力，以此来吸引整个社会的注意。

二、转型时期的企业战略——长城所的核心能力

长城所是以转型时期的战略咨询为核心的管理咨询公司。中国经济面临两个转型的历史阶段：一是大家公认的由计划经济向市场经济的转变；二是由原来的工业经济（传统经济）向知识经济的转变，而且二者是并行的。这就是所谓的转型时期。

长城所的特点是注重研究能力，在研究知识发展的基础上开展咨询工作。长城所要求所有咨询顾问每年必须有两个以上工作月来做知识发展研究项目；新聘人员被要求在第一个月做知识发展项目，所领导根据每个人在知识发展项目上表现的能力和积累的经验来确定他（她）介入哪个咨询项目或在哪个级别。

长城所的知识发展项目基本上是围绕其核心能力开展的，主要包括以下方面：

（1）转型时期的企业战略研究。在这方面，一是承担一些大型民营企业的咨询项目；二是收集一些针对中国特点的企业案例进行分析，主要应用长城所独创的、经过实践总结且证明行之有效的“企业战略五要素分析法”。

（2）创新和创业研究。转型时期的企业战略的重点在于创新和创业，这也是适应第二个转型的关键。创新和创业要求企业适应知识经济，要求企业用新思想、新方法来决定未来选择和管理模式。因此，长城所开发了基于企业创新的管理工具，包括企业创新诊断、组织设计、创新管理等。

（3）与新生的创业公司共成长。由于注重创新，长城所十分关注新生的高技术企业的成长。长城所的第一次创业是伴随着中国第一代新兴（民营）企业的成长而实现的，如希望、方正、四通、科瑞等；对于长城所的下一步发展而言，我们已经明确提出，要和一些新生的、正处于创业阶段的、能代表中国未来发展方向的企业共同成长，这也是长城所未来的战略选择。所有“长城人”正在全力以赴地实现这个目标。

（4）以创新性区域为特点的政府决策咨询。在中国的特殊背景下，咨询公司不仅可以通过咨询直接对企业产生影响，而且可以通过咨询对政府决策产生影响，从而间接地为某一行业或区域的企业赢得更大的发展空间。因此，长城所围绕某一行业或区域的某一类企业发展的政策（主要以创新区域性为特点），开展了相当数量的政府决策咨询项目；此外还承担了一些区域发展创新方面的政策咨询，集中表现为我们对中关村的持续研究，其积累和成果已经引起广泛关注。

长城所核心能力的突出体现就是劲酒集团几年的变化。劲酒集团原是一个典

型的国有企业，规模很小，每年仅有 3000 多万元销售额。从 1995 年开始，长城所与之合作，为其提供战略与管理咨询服务，并推动它进行企业改革和民营化发展。1999 年其销售额突破 2 亿元，市场竞争能力提高，成为业内领先的企业。在 5 年成功合作的基础上，长城所与劲酒集团又确定了一个 5 年合作计划，其目标就是将劲酒集团发展成为知识型企业，使营业额达到 8 亿元，市场价值超过 8 亿元，30% 的产品实现电子商务，知识型员工超过 60%，而且每年要有 1 ~ 2 个新产品上市。

长城所的核心能力就是它的战略、它的核心团队、它的选择。

——此为 1999 年 11 月发表的企业研究报告

第二章
发展，以咨询业实践推动中国崛起

前进中的北京科技咨询业

一、科技咨询业的兴起

1992年，邓小平发表南方谈话后，开始了一次知识分子下海的高潮。当时下海的知识分子一部分投身证券等金融行业，另一部分投身高新技术产业。可以说，正是投身高新技术产业的这一部分人开始从事咨询业，使这个行业如雨后春笋般发展起来。

我下海后，长城所主要的服务对象是民办科技企业。与我们签署第一个合同的是希望集团。在希望集团的发展战略中，对于如何进行全国布局、民营企业如何与国有企业合作等关键问题，我们都做了大量的工作。

本以为下海后就和政府脱离关系了，然而通过与北京市科委软科学处的交流，我对中关村二次创业的问题产生了很大的兴趣。后来北京市科委软科学处委托长城所和中关村试验区办公室共同进行关于二次创业的研究。这是政府第一次将软科学课题委托给民营机构。之后，我们与中关村合作共同进行了关于区域创新、知识经济、中关村战略等课题的研究，这些研究课题大部分都得到了北京市科委的支持。

当时国家科委开始在北京、天津、上海、江苏“三市一省”进行咨询业试点。1994年6月，国家科委专门在长城所的办公地点举行了咨询业试点现场会，一些在北京的咨询公司和科委的代表参加。同年底，第二届中国软科学大会召开，这次大会的主题被时任国家科委主任宋健定位为“软科学向咨询业转型”，我作为咨询界代表参加了大会，并做了《高来，高去，高信誉——长城企业战略研究所的咨询理论与实践》的主题发言。

二、市场经济需要第三方科技咨询

长城所是最早从事战略咨询，以战略咨询为主业时间最长的咨询公司。今天想来，长城所之所以能够做到战略领先，是因为长城所的创业者们坚持将以民营企业为核心的战略咨询和以高新区为核心的区域咨询作为核心业务。

在民营企业的咨询方面，长城所有一系列成功的咨询案例，如与希望集团的战略咨询合作持续了11年。希望集团投资美好火腿肠和民生银行等新业务，长城所做了大量的前期调研。与长城所同时创业的均豪公司，如今已成为第三方物业管理的龙头企业。在均豪公司的战略发展过程中，在每一个关键的转折点，长城所都做了大量的工作。从1995年开始，长城所开始长期为劲酒集团提供战略与管理咨询，协助企业进行体制改革和业务重组。10余年来，劲酒集团获得长足发展，成为我国保健酒行业的龙头企业和大冶市第一纳税大户。进入21世纪后，长城所为了保持对创业的敏感性，开展了GEI创业培训业务，在第一批学员中，神化公司袁维芳总裁成为长城所的一个持续客户。从神化公司的成立到发展战略，长城所都参与其中，神化公司也从一个不起眼的“化学试剂门脸”发展成为销售额近百亿元的电镀材料供应商。

从1988年开始实施的“火炬计划”是中国迎接新经济浪潮所采取的行为，是一种新的国家战略。可以说，在中国高新区的发展过程中，长城所扮演了重要角色。从1994年为中关村服务开始，十几年来为中关村科技园区的发展提供了有力的智力支持。如今，长城所与国内的多家高科技园区建立了合作关系，为张江高科技园区提供张江科技城的规划研究，与深圳高新区共同研究关于深圳高新区建设世界一流科技园区的方案，对“中国光谷”——武汉东湖高新区的现有产业进行梳理和分析，寻找新的产业增长点。目前，长城所还与位于硅谷的斯坦福大学亚太研究中心、硅谷网联公司等多家机构建立了良好合作关系，探索引进国际经验，服务于中国的高技术产业开发区。

在高技术产业发展战略研究方面，长城所参与了1995年的“首都经济发展战略（B本）”研究，并承担了“北京高新技术产业发展战略研究”项目；1999年和2000年连续两年主持承担了《北京高新技术产业发展报告》的研究工作；1999年参与了“首都二四八重大创新工程”的研究工作；2002年深入研究中国制造业的发展，在对国内外形势和中国经济走向审视的基础上，提出了“中国制造”所面临的根本性挑战和存在的问题，并创造性地提出了促进“中国制造”到“中国创造”提升的四大通道，这也成为在改革开放中对产业理论的重大理论创新。长城所2003年先后承担了科技部多项“863”计划的研究课题，如“中国显示技术与产业发展战略研究”“中国超大规模集成电路配套材料技术与产业发展战略研究”和“我国镁产业发展战略研究”等。

三、自主创新打造科技咨询新空间

进入21世纪，中国的和平崛起成为中国战略新的视角，这也为长城所的业务提供了新的源泉。在这个视角之下，长城所内部设立了产业主导权这样一个全面关注中国崛起的课题。正是在这个背景下，长城所参与了“国家中长期科技发展规划战略研究”及北京市科委“科技需求与技术选择”“北京建设创新型城市战略研究”“以知识管理迎接知识经济”的系列课题。

2003年，我有幸参加了国家中长期科技规划课题，这次中长期科技规划提出“走自主创新道路，建设创新型国家”，这为以创新提供支持的科技咨询业带来了新的发展机遇。

2003年，北京市科委开始进行科技管理机制改革，长城所与北京市科委在科技工作新机制方面建立合作关系，并于2005年开始协助其实施面向全市经济社会发展全局的“科技需求调研”和针对具体问题开展的“需求分析与技术选择”系列研究工作。这些项目的实施，建立了从“需求调研”到“技术选择”的科技工作长效机制，找到了以科技解决问题的切入点和作用点，构建科技需求与技术供给有效对接的机制。

2005年，建设创新型国家战略目标提出以后，各地纷纷着手于创新城市的建设任务，北京市也提出创新城市的建设目标。基于此，长城所承担了北京建设创新型城市的目标体系研究课题的相关工作。在这个课题中，我们参考了国内外的战略实施情况，并设计了一套指标体系来衡量北京市的创新发展水平，并提出北京“创新型”城市建设2010年、2020年愿景目标及科技促进“创新型”城市建设2010年发展目标。

在改革开放30年纪念的时候，又逢金融危机席卷全球，中国的经济发展也面临着诸多考验，这就对科技咨询业提出了新的挑战。1997年的亚洲金融危机使中国发展提速了3年，这次金融危机能否使中国经济提速10年，这应该成为科技咨询业新的课题和新的任务。

——王德禄发表于2008年12月第12期《科技潮》“特稿”栏目

新经济时代咨询业发展的三大趋势

首先，说说怎么理解这个时代，怎么理解新经济。中美经济摩擦加剧之后，世界经济发展趋势一目了然，全球新经济的竞争者主要是美国和中国。独角兽企业数量、新创业企业数量都是中国领先，研发水平是美国领先。最近我们每年都出《中国独角兽企业研究报告》，去年在硅谷发布了《全球独角兽报告》，除了中国和美国有超过 100 家独角兽企业，没有一个国家超过 10 家，甚至有的国家一个独角兽企业都没有，而中国的很多城市都有，大部分都在高新区里。

基于当前的中美矛盾，对于发展智库有什么建议？我在多个场合说过，这个建议就是我们要发展新经济，而且中国在新经济方面具有潜力，大数据最多，走得最超前。所以说在现在这个矛盾之下，中国的核心问题就是新旧动能转换。咨询业的核心就是培养新动能，或者参与转换服务。如果有了大量的企业客户，重点要做企业转型，企业如何往新经济转型？最近长城所梳理了一下我们的工作，除了知识创业，就是瞪羚企业、独角兽企业。从逻辑上说，我们做的是四块企业业务——创业、瞪羚企业、独角兽企业和大企业转型，全在培育新动能里，转型只占我们业务的 1/4。对咨询业来说，只有看到眼前的关键问题，才能找准自己的发展方向。

新经济有最新的三个业务：第一个是新型研发机构，我们现在在深圳等地区做新型研发机构的体制评估；第二个是硬科技创业，或者叫前沿科技创业；第三个是专业化众创空间，这个业务是和科技部、各地上下联动，业务核心是在传统大企业中怎么培育新动能，这个业务受到国务院的关注，进展也很快。

其次，说说三大趋势——平台化、微咨询、大数据。

第一个趋势，平台化。长城所在 5 年前开始平台化转型，转型之前对于客户来说，我们作为第二方，对方给一个任务我们完成一个任务，基本上就是交报告，然后就没人管了。现在这个转型要求我们不能以项目的思路来做项目，而要以平台的思路来做项目。最大的变化是完成精品项目之后，跟着有培训和高端资源链接的业务。

我们有 6 个平台化的新业务，最近 3 年我们的业绩从 1 亿元翻到 2 亿元，这应归功于平台化转型。因为平台化，客户对我们的需求加大，甚至要求我们去客户所在地做分公司，2017 年一年在杭州、西安等地成立了 6 个新的公司。成立公司时别人给 500 万元，要的不是去做咨询，而是业务包，我们既要做规划，又要做规划的实施、培训、企业的培育、资源链接。平台化使得我们从第二方变成了第三方，因为客户提出的需求，我们只能满足一小半，现在我们有 100 多个合作伙伴，也希望未来与在座的各位开展合作。高新区里的创业、瞪羚企业、独角兽企业、产业，我们主要做企业培育、产业发展、智库规划三类事情，涉及的知识产权、企业认定、投资我们不做，可以让合作伙伴来做，基本每个业务包我们都要和合作伙伴一起完成。咨询师要从精品、专业向多样化转变。项目经理一定要是高级的培训师，能写出来很好的内参。我们给咨询师的人生发展提供了很好的环境。平台化是长城所最近 5 年最大的变化，而且取得了较好的效果，基本上两年时间实现 1 亿 ~ 2 亿元的突破。

第二个趋势，微咨询。现在信息越来越多，过去写报告的方式客户越来越不需要，客户从网上收集的信息越来越多，也越来越新鲜。所以我们要做微咨询，我们开发了两个核心产品。第一个产品是 48 小时的企业决策内参。企业家对于要干什么事没有想清楚，于是问题到了我们这里，我们的人马上去对接。我们从 400 个咨询师中找最好的，去所外找最好的专家，一定会在 48 小时以内给管委会和领导最好的内参。第二个产品是两周即插即用的微报告。如果公司要做新东西，基本上分给二级部门做，可以是一个政策、一个培训、一个案例。我们在 2 周之内由 2 个人根据项目特点做即插即用，相当于咨询师插进客户企业的部门中，马上做培训，马上实施。这两个属于微咨询的核心，也是平台化的核心。平台化才是适应这个新时代的做咨询的方式。现在我们越做越大的项目占少数，越做越快的占多数。过去三个月周期的项目，现在一个月就能完成。尤其是我们为工业地产商做产业规划，他们舍得花钱，但是要快，我们还帮着客户和园区对接，最后拿到地。所有的前台部门都是微咨询的执行方，后台部门（平台发展部）要在前台部门拿到需要快速反应的项目后，征求所里高层和专家的意见。现在我们所里最难的事是前后台协同，在杭州客户要 48 小时内答复，关键要有很强的前后台协同的能力，要在 2 小时内找到最合适的人到现场，但是一般半天能干出来的活，协调要花一天的时间。现在这个时代怎么面对问题越来越刁钻、要求越来越高的客户？客户要的是拿出来东西立刻就能干。新经济时代做咨询的根本是要向微咨询变化，长城所里是前面做微咨询、中间做小程序、宣传部做短视频，形成一套小微的工作体制。

第三个趋势，大数据。大数据时代我们咨询业有什么优势？长城所里每年有两场培训，最近两年我都在培训会上讲大数据中的咨询业。从某种意义上说，数据是死的，洞见是活的，咨询业在大数据方面具有无可挑剔的先天优势，关键是会不会做。北京的很多大数据公司都是我们很好的合作伙伴，他们做两三年把数据的架构和服务的逻辑弄清楚，后面很快就能把事情搞得很清楚。咨询师都是常年在分析数据，掌握大数据的方法，更重要的是要有洞见力，通过掌握数据、为各种主体画像，咨询师能做到方法论领先，如产业地图、服务精准对接、企业对接该怎么画。大数据成为长城所发展最快的业务，有的企业客户看了我们的大数据平台后改变了原来的方案。长城所原来的咨询更多是以智库为主，现在逐渐变成以大数据为主。所有过去的咨询报告都要数据化，不仅要提供一套数据报告，而且要提供“活”的数据。比如，产业规划里面有每日产业动态、产业投资动态、产业服务等，数据每天都在更新。可以说，我们越来越多的咨询报告被数据报告取代了，一般数据报告的价钱是咨询报告的 3 倍。我们做四大类数据平台，一是大屏，二是生态地图，三是产业培育，四是精准服务对接。我们的大数据业务还在探索过程中，我们也认为大数据是咨询业更重要的发展方向，做大数据的时候，希望有更多的生态伙伴、平台机构和我们合作，也欢迎大家来长城所合作交流。

——摘自 2018 年 3 月王德禄在北京科技咨询业协会座谈会上的发言

发挥本土咨询业在中国崛起中的作用

2019 年 11 月，我参加了 3 次关于新经济与咨询业未来发展前景的讨论会。我认为，当前情况是我国咨询业一次重大的发展机遇，我们要把握住这次机遇，既要突出中国和平崛起中中国咨询业的不可或缺，又要突出本土咨询业的作用。

对于如何理解中国崛起过程中咨询业所发挥的作用，以及如何认识我国咨询业在过去 40 年里，从模仿学习、引进跟随到在某些新经济咨询领域异军突起，我认为需要从 4 个方面来认识。

第一，各国崛起的过程均需要咨询公司参与，中国也不例外。老牌工业国家英国的咨询业几乎与工业革命同时起步，英国被认为是咨询业的创始国，最著名的是英国伦敦国际战略研究所。德国在第二次世界大战后实现经济快速崛起，在这个过程中出现了罗兰贝格管理咨询公司。美国在工业经济发展中也涌现出了若干本土咨询公司，包括兰德、麦肯锡等。同样，中国经济的发展和崛起也需要培育本土咨询公司。

第二，中国改革开放以来经济快速增长有 4 个原因：一是创业；二是政府对经济的参与和引导；三是企业家推动；四是咨询业的发展。应该说，企业家在推动中国经济高速发展中的作用不可忽视，甚至中国政府在引导经济发展过程中也积极发扬企业家精神。在这 4 个原因中，咨询业参与了中国经济崛起的全过程，为创业、政府引导经济发展和企业家作用的发挥都做出了重要贡献。

第三，中国咨询业发展有 3 个阶段。一是模仿学习阶段，从改革开放初期到 20 世纪 90 年代初；二是引进跟随阶段，随着对外开放，特别是中国加入 WTO 后，发达国家的跨国咨询公司纷纷进驻中国市场，本土咨询公司跟随学习，不同细分领域中中国咨询业逐步形成外资、国有和民营咨询三足鼎立之势；三是异军突起阶段，近 10 年来，在一些新经济咨询领域，我国本土咨询公司异军突起。

第四，中国经济崛起与咨询业发展。中国崛起的背景是全球新兴市场国家的兴起，中国崛起和中国发展新经济密切相关。改革开放以来，我们取得的高增长经济奇迹所依赖的制度优势，我认为主要解决了政府与市场、科技与经济两大关系。产业跨界、企业爆发成长是新经济的本质特征，而新经济本质特征的形成，在中国都与正确处理了政府与市场、科技与经济两大关系直接相关。中国崛起一方面源于中国制造业大发展和不断加快的工业化信息化进程，使我国经济的国际影响力发生了历史性变化；另一方面源于电子商务等的高歌猛进。咨询业本身为治理和决策服务，特别是决策咨询和新经济咨询对中国发展至关重要。中国和平崛起的道路独一无二，国外咨询公司的做法在某些方面不适用，客观上需要本土咨询公司全面参与。

近 10 年来，代表新经济的新思想、新模式、新理论层出不穷。在实践层面，一个重要的现象是以独角兽企业为代表的中国新经济企业抓住了全球社交化、“互联网 +”和数据化、智能化等大趋势中出现的重要场景，实现了全球引领。本土咨询公司对中国特色的中国崛起道路有充分认识，既可以做微观咨询，也可以做宏观咨询，在中国市场中磨炼了真本事。中国的咨询公司代表新生力量、代表新经济发展方向，未来中国新经济要在全球经济发展中走到引领位置，这就需要一批能够深入理解中国特色治理体制和中国新经济未来走向的本土咨询公司走在前面。

——王德禄发表于 2020 年 1 月《中关村》

下篇

做社会智库

第三章
社会智库推动新经济与新治理

中国之治——智库与咨询

2019年12月5日，我受邀参加了中国科学技术发展战略研究院组织的首届“科技中国”智库联席会议，本次会议有近百家智库单位参与，我在会上做了“中国之治——智库与咨询”的演讲，主要包括3个方面：第一，中国崛起中咨询业的作用；第二，中国发展新经济中咨询业的作用；第三，中国咨询业面临的挑战与机遇。

我今天演讲的题目是“中国之治——智库与咨询”。党的十九届四中全会的重点内容是关于中国之治的，我觉得讨论中国之治的整体就是在总结中国崛起的经验，而我们正是中国崛起的参与者，在这个过程中智库和咨询业的作用不可忽视，所以我认为我们智库人更要参与经验总结，这是我今天演讲的题目的核心思想。

一、中国崛起中咨询业的作用

党的十九届四中全会重点讨论了中国之治，这引起了我的思考。我认为，中国40年的改革历程中有三股力量在起作用。第一股力量是变革式的政府，没有改革开放的政府，中国不可能走到现在。第二股力量是创业者和企业家，创业者和企业家也是中国之治的重要组成部分。第三股力量就是我们的智库与咨询。因为我们做的就是考虑社会和经济该怎么发展，我们的职业就是考虑如何出台文件、考虑土地如何规划、考虑城市如何发展，我认为我们是中国之治中的重要力量。

最近在中国之治的前提下，我越来越有种自豪感。如果中国能崛起，必定伴随着咨询业的崛起。从全世界大国崛起来看基本上都有这样的规律，英国崛起后有一大批英国咨询公司随之引领世界，如伦敦国际战略研究所；美国崛起后有一大批美国咨询公司随之引领世界，如麦肯锡与兰德；德国崛起后也有一大批德国咨询公司随之引领世界，如罗兰贝格。所以我认为中国崛起后一定会涌现出一大批能够引领世界的中国咨询公司。我希望中国崛起，也希望中国的咨询公司、中国的智库能引领世界。

二、中国发展新经济中咨询业的作用

当前中国的咨询市场三分天下：外资公司、国有公司和民营公司。长城所刚成立的时候，做过上市公司咨询、银行咨询、大型国有企业咨询等，还全力参与中国民生银行创建的整个策划过程，但是后来退出了这些领域。中国大型国有企业、银行等行业的上市咨询基本被外资咨询公司瓜分，国有智库则主要服务于国家各部委，剩下的市场才是民营咨询公司的。

这些年来民营咨询公司都在做什么呢？第一是创业咨询，中国的第一批创业者是我们的客户，现在我们也有很多人在做创业咨询。中国的本土咨询公司在创业咨询方面都很活跃，而外资咨询公司几乎不做创业咨询。第二是区域咨询，这是本土咨询公司很重要的领域。长城所业务的第一大领域就是高新区咨询，这是我们这20年来的主要市场。高新区咨询非常能代表中国之治的特点，因为高新区的关键领导者是管委会，大部分高新区的管委会隶属地方政府，但他们做的事和企业家差不多，即服务于社会经济发展。第三是IT咨询，中国出现了BAT以后，中国民营的IT咨询发挥了重要作用。

我认为中国本土民营咨询公司所从事的3种咨询，代表了新经济的咨询。

第一，创业咨询使中国的“双创”不知不觉走到了世界的前沿。现在到美国、欧洲讲创业咨询后，发现我们的水平已经远远超过他们。因为我们能够发展出独角兽企业，有一整套的方法和路线。同时由于发展“双创”，民营咨询公司还得到了更多的市场，各个高新区、各地政府都对创业咨询给予了很多支持。

第二，区域咨询代表了中国之治，是中国崛起的诀窍。中国崛起的一个标志就是中关村、深圳、张江等地区经济以20%～40%的速度实现快速增长。因此中国崛起最核心的诀窍就是区域咨询。区域是民营咨询公司发展的主要市场，同时在这个过程中，也不知不觉和中国之治高度融合在一起。为什么这么说呢？通过区域的发展，地方政府工作人员快速成长，中国有相当多的省长、书记都有在基层的实战经验，这些实战经验就是从高新区和地方县市中一步一步发展而来的。在中国崛起过程中，他们的作用不同于传统的政府管理，而是与企业家差不多，是持续不断地改革的，这也表明了中国之治的合理性。

第三，IT咨询实现了弯道超车。为什么IT咨询是中国最厉害？中国最厉害的标志就是BAT的“去IOE”运动，其中的“I”是指IBM，“O”是指Oracle，“E”是指EMC。中国现在的“双11”完全不会宕机是因为用了分布式，任何一个点不可能达到无限大，大到一定程度就会分点分拆，但是如果用IBM的大计算机肯定会宕机。基于这种发展模式，现在的中国IT已经很厉害了，而且中国在大数据方面的咨询也在引领全球，比美国要强得多。

新经济咨询有3个核心：创业、科技园区和IT。其中还有一些更深的内涵，也是长城所近几年所做的事。第一个是企业非线性成长，主要指瞪羚企业、独角兽企业，我们每年都要发布《全球独角兽报告》，这是新经济发展最主要的成果，即新经济企业成为瞪羚企业、独角兽企业。第二个是产业的跨界融合。中国最初是靠产业链的分解进入全球市场的，由于分解，外国企业把很多工厂都搬到中国来；在20年前出现了产业融合，有很多融合性的产业项目开始上市；现在进入了产业跨界的发展阶段，因为产业跨界，全球出现了460家独角兽企业，其中在中国的有202家。中国改革开放以来，全球的产业不断进行分解、融合、跨界。在产业分解的阶段，中国找到了自己的位置参与进来了；在产业融合的阶段，中国出现一些上市公司，但还是以学习模仿为主；到了产业跨界的现阶段，中国才终于有了自己的原创。我为什么总是对中国保持乐观？就是因为我天天都在和独角兽企业与潜在独角兽企业打交道，我知道他们做的事都是世界上没有的，他们要做原创的东西，所以我往往信心十足。第三个是场景。目前场景在各个城市，尤其是北京、上海、深圳和成都，都是重点发展的领域，科技部在中长期规划中也开始关注场景。我希望我们智库的领导们多关注各地场景创新，原因有三。首先，场景一定是靠想象力做出来的，而不是靠需求驱动。其次，场景一定是伟大创业者做出来的，不是政府的需求触发的，但场景一定要靠各地各级政府的力量联合支持。中国现在是世界上最大的场景创新中心，很多世界上没有的场景开始在中国出现。最后，因为我们是做科技咨询的，科技咨询在新经济时代的咨询产品有两个主题，即赛道和场景。赛道就是创业领域，场景就是把技术、人才和改变世界的梦想集中起来变成现实。

三、中国咨询业面临的挑战与机遇

现在本土咨询公司正面临挑战。中国的发展之路和其他发达国家不一样，最大的不一样就是政府，尤其是地方政府在经济发展中的引领作用。现在有三大问题摆在中国眼前。第一，新旧动能怎么转换？第二，有没有可能全面发展？第三，怎样尽到大国责任？如何成为一个人类命运共同体的实践者？这些都要求我们的智库和咨询公司去创造自己的理论和方法论，去总结中国的经验和模式，这做起来很难。

第一个挑战是对我们原创能力的挑战，也为中国咨询公司的升级带来机遇。具体的发展路径有3个：一是智库引领；二是数据驱动；三是咨询公司走向平台化和生态化。我认为西方的经济学主要是工业经济所衍生出来的经济学，现在中国要走一条独特的路，就一定要做新经济。从全球形势看现在的新经济发展，中国和美国的独角兽企业数量最多，其他国家都很少。为什么独角兽企业重要？因为新经济就是产业跨界、平台就是场景。

第二个挑战是我们本土咨询公司的崛起要大量汲取中国传统文化的内容。中国崛起有自身的文化因素。100 年以前有一个传教士叫卫礼贤，他在青岛传教时翻译了《易经》，为他写序的人是弗洛伊德的学生荣格，写的序比《易经》还要厚。他们学习中国文化后认为中国人和西方人不一样，不一样的重点在于中国人有相当多的潜意识，是与生俱来的直觉，中国人综合能力很强，同时潜意识里的综合能力更强，而这些东西恰恰是现在新经济时代需要的。《庄子》《老子》《周易》这 3 本书被称为“三玄”，我认为“三玄”能够锻炼中国人的潜意识和洞见力，在新经济时代它们更有价值。《周易》对规律的认识、《老子》对洞见的理解、《庄子》对想象力的锻炼，都是传统文化给予我们创造新经济时代的宝贵财富。

面对这两个挑战，新经济时代给中国提出了新的人才要求，而咨询业的人才需要 3 个能力：想象力、洞见力和行动力。一是想象力，越年轻的人，时代越要求其具有想象力，包括从事咨询业的人员。在新经济的环境下做场景，不是对过去做法的升级，而是需要通过全新的想象力获取动力。二是洞见力。在新经济时代背景下，要求长城所的咨询顾问能够通过时代的变迁对新的发展趋势做出准确、迅速的判断，以帮助客户抓住机会。三是行动力。做智库的不能只研究政策而没有实践能力，时代要求我们不但要研究政策，还要到当地委办局去执行政策，在新经济时代执行政策比研究政策还重要，而且政策越大，执行起来越有意思，政策成功落实下来，我们就是伟大的改变者。

也可以看出，在当代中国的发展中，创业是主要的。但创业在欧洲的文化中，仅仅是在工商管理层面，只讲创业的技术，没有讲如何管理。但中国人对创业的理解比他们深得多，所谓“天地之大德曰生”，意思是天地之间最大的道德就是孕育生命，对应的就是创业。这种概念是欧洲人永远想不到的，而中国人天生就有创业精神。由此可以看出，中国传统文化中有很多营养需要我们去汲取，也是为了中国的崛起中能有更多的文化自信和自觉，谢谢大家。

——2019 年 12 月王德禄在首届“科技中国”智库联席会议上的发言

民间智库：新经济与中国梦

2013 年 6 月 30 日，我应邀参加了“2013 智库筑基中国梦：中国智库国际学术研讨会”，在会上我做了“民间智库：新经济与中国梦”的演讲，我主要讲了 7 个方面，分别是作为新经济智库的长城所、具有影响力的报告和对政府决策的影响、中国改革开放后的两个 30 年、中国新经济之路、中国新经济的短板、未来 30 年增长路径、我的中国梦。

一、作为新经济智库的长城所

1993 年我下海创业成立长城所，注册的是民办非企业单位，今年正好是长城所成立 20 周年，已经发展到 300 人的规模。20 年来，我们始终坚持的原则是独立、科学、低调，和布鲁金斯学会的高调完全相反，因为我认为中国还没有形成适合智库生长的条件，所以我下海做智库就要低调。现在我们的合作方很多都是科技园区的管理部门，尤其是国家高新区管委会等。

在 20 年的实践中，我们形成了四大业务板块：一是创新创业；二是瞪羚企业，所谓瞪羚企业就是成长得非常快、非常好的企业，我参与了中国许多第一代民营企业家成长的全过程；三是高新区的客户，中国 105 个国家级高新区中有 60 多个是我们的客户；四是产业咨询。

二、具有影响力的报告和对政府决策的影响

去年在华盛顿考察，拜访了布鲁金斯学会和兰德公司，他们都反复强调智库和非智库之间最大的区别在于发表的报告。长城所在这方面可以说达到了智库的标准。长城所基本每个月都会出版一期前沿研究报告，包括企业研究报告、专题研究报告、创新中国系列丛书和长城所电子期刊，都具有相当的影响力。

我们参与很多对决策有影响的研究项目，这里讲 4 个案例。一是跨国公司 R&D 研究，这是国内最早针对跨国公司 R&D 研究的课题之一，直接推动了科技部和北京市跨国公司 R&D 政策的出台。二是中国制造系列研究，2002 年我们发布了国内第一份“中国制造”综合研究报告，该报告一出，路透社等世界各大通讯社都做了报道，现在中国制造产生的影响和这个报告有很大的关系。三是参与国家中长期科学和技术

发展规划战略研究，我是国家中长期科学和技术发展规划战略研究十六专题组的副组长。四是参与中关村国家自主创新示范区发展建设规划，该规划由国家发展改革委牵头，几十个部委参与，长城所作为这项工作的支撑单位做了大量工作。

三、中国改革开放后的两个 30 年

我认为，在改革开放后的第一个 30 年中国工业经济在全球崛起。20 世纪 80 年代人们思想解放，20 世纪 90 年代知识分子下海创业，中国民营企业崛起，21 世纪 00 年代中国制造在全球崛起。这 30 年中国是跟随性创新，先行的发达国家承担创新风险，中国享受跟随战略的收益，其间计划经济向市场经济转变。此时的人口红利是大量廉价劳动力带来的。

在改革开放后的第二个 30 年中国创新经济崛起。这 30 年注重原始创新，研发出重大的原创技术，诞生能够改变人类生产与生活方式的新产业，出现具有国际竞争力的大企业。此时的人口红利是创新人才带来的。

去年在硅谷和纽约，我分别做了两次千人级的演讲，发布了这个观点。那么新经济之路应该怎么走？我认为就应该是创业、孵化、瞪羚企业、集群。

四、中国新经济之路

中国的新经济之路，重点是让自主创新成为中国的主旋律，在中国要出现改变世界的大企业，要形成原创新兴产业，最终是要将中国建成创新型国家。

新经济就是要强调创意、创业、创新；新经济三定律是创业、孵化、集群。在新经济条件下，企业发展呈现出新的 4 个阶段，即想法、创业、瞪羚企业、大公司。

现在中国在创业和瞪羚企业方面的发展已经相当好，中关村已成为世界第二大高新区，仅次于美国硅谷。在创业方面，中国的创业企业数量居世界第一。据统计，中国 2010 年创办各类企业 176 万家，2011 年超过 200 万家，而美国 2010 年是 78 万家。在瞪羚企业方面，中国已成为全球瞪羚企业数量最多的国家。2008—2011 年中关村 IPO 企业达 96 家，而硅谷只有 36 家，2008—2011 年中国企业在纳斯达克上市 145 家，而美国是 105 家。从这些数据可以看出，中国的发展远超美国，这些都是好的方面。

五、中国新经济的短板

中国新经济也有短板，即没有出现改变世界的大公司，没有出现原创新兴产

业。我认为主要原因有以下3个：一是创新思想不活跃；二是天使投资不发达；三是知识产权保护不健全。这3个方面将是中国改革的3个中心问题，如果能把这3个问题解决了，可以助力中国崛起，实现中国梦。

六、未来30年增长路径

中国未来30年的增长在于新经济的发展，要走的路就是从原创想法到瞪羚企业到高科技大公司，最后形成原创新兴产业。中国新经济的本质就是原创产业。原创产业形成的标志就是出现改变世界的大公司，大公司从有原创的想法开始，创新思想是产生原创想法的根源，天使投资帮助挖掘和实现原创想法。

七、我的中国梦

最后我想谈谈我对于“中国梦”的理解，我认为中国梦包含3个要素：天道酬勤、创新思想、机会均等。天道酬勤是中国自古以来就认同的价值观念，创新思想是创意、创新、创造的最基本保障，而机会均等则是每个人奋斗和拼搏的条件。

——2013年6月王德禄在2013智库筑基中国梦：中国智库国际学术研讨会上的发言

中国智库须把握新经济创新驱动的核心方法

“新经济是以知识和思想为基础的经济，在这一经济中，创造就业和提高生活水平的关键是体现在服务和制造业产品中的创新思维和技术。在这一经济中，风险、不确定性和持续的变革是法则，不是例外。”1999 年，美国进步政策研究所在《新经济指数——了解美国经济的变革》报告中指出，经济发展的动力和决定竞争胜败的关键均在于创新。在经历了 2008 年美国金融危机之后，以创新为核心的新经济开始在全世界扩散。可以预见的是，新经济不仅是一种单纯的经济形态，它将会成为未来全球社会文明的主流形态。中国智库只有把握新经济特点，在决策咨询方法论上有所创新，才能变革旧的观念和体系，才能激活新的思维模式。

新经济由于其独特的诞生背景和发展要求，呈现出一系列不同于工业经济的、崭新的经济发展现象与运行模式，而隐藏在这些现象和模式背后的，则是驱动其持续发展的两个关键作用力——科技创新和经济全球化。

一方面，科技创新不断创造出解决新问题和提高效率的新方法、新技术、新工艺、新模式，为新经济持续向前发展提供了不竭动力。据统计，科技要素对经济增长的贡献率在 20 世纪后半叶飞速上升，在 20 世纪 50 年代仅为 20%，到 20 世纪 90 年代已高达 70% 左右。

另一方面，经济全球化为科技创新和新兴产业发展提供了可供优化配置的资源、广阔的市场、充分的竞争、高效的合作，从而为新经济的蓬勃发展创造了有利条件。经济全球化的本质是资本、技术、信息、人才等要素在全球范围内流动和转移，这种资源要素的频繁流动极大地促进了国际化分工与协作发展，并导致产业链、价值链的不断分解、融合与业态创新。目前，贸易全球化和制造业全球化已基本完成，世界经济正步入创新全球化的新阶段。

一、新经济的基本范式：创业—孵化—集群

①创业是新经济的“动力学”。在新经济时代，最有价值的企业不再是“百年老店”，而是新崛起的创业企业。“百年老店”是工业经济追求的目标，而新经济的要求则是创业、创业、再创业。如今，除资本要素外，技术替代手工、创意主导技术已先后成为创业发展的关键要素。从效果来看，新经济中创业最大的成功之处就

是为人类提供全新的产品、生活方式、生存模式。在此驱动下，变革型创业取代求生存创业、求发展创业，成为创业大军的新潮流。在源源不断的新思想、新创意的刺激之下，创业成为新经济最重要的原动力，推动着新经济不断向前发展。

②孵化是新经济的“生物学”。孵化是全社会共同为创业者提供创业所需全要素的服务，其意义在于降低创业者的创业成本，提高创业成功率。各种各样的新创意、新思想、新商业模式、新技术经过孵化过程，从原始概念转变为具有经济价值的新产品、新服务，实现了从想法到公司的创业。在新经济时代，孵化服务已经演化成一种独立、完整的经济形态。孵化器和风险资本成为推动创新创业最主要的孵化力量，将创业企业群体打造成为具有高成长性的瞪羚企业。大量的瞪羚企业从孵化体系中孕育而出，成为新兴产业发展的核心力量。

③集群是新经济的“生态学”。新经济的“集群”不同于工业经济时代产业在空间上的物理叠加，而是产业链上各个环节企业的生态共存，多种业态的企业在集群中形成多物种生态链，共同形成同生共进的生态圈。新经济条件下，集群内部具备优胜劣汰、适者生存的生态环境，促使在竞争中通过企业试错、产业试错，筛选出最优良的企业群体。集群使区域经济有了生命力，也使全球经济发展呈现生态集群特征。

二、新经济咨询的3个核心方法

①“80/20/4”创意法则。“80/20”法则是源于西方统计学的定量分析，核心理念是追求效率的最大化。“80/20/4”创意法则是“80/20”法则的延伸，不仅仅有统计学的分析，还加入了东方哲学“觉悟”的理念，是新经济的创意哲学。其中的“4”本质上是非线性科学中的拐点，有可能会带来非线性的突变和放大，所以“4”是重要所在，是基于“80/20”法则的有效创意，它不是模仿，而是原创，具有突变性和颠覆性，是事物的核心要义。

②长板理论。相对于传统的木桶原则（又称“短板原则”），长板理论更符合当今时代发展的新趋势。从背景来看，木桶原则适用于企业与市场边界恒定的传统工业经济时代。但伴随新经济时代网络型组织的出现，企业和市场的边界变得灵活，在产业组织创新不断涌现的情况下，长板理论能够发挥其最大的价值。从思维方式来看，木桶原则是病理学上的“头痛医头，脚痛医脚”治病论，长板理论则是发育学的成长论；从本质上来看，木桶原则追求的是均衡发展，长板理论则追求个性化发展。长板理论可用“伞”形来表示，长板拉得越长，其构成的伞形结构所能涵盖的资源也就越多，通过外包的方式，可以源源不断地整合其他资源为我所用。

③外脑式头脑风暴法。该方法来源于东西方在思维方式上的巨大差异：针对同一件事，东方人善于内省和自悟，西方人善于交流和碰撞。外脑式头脑风暴法是为中国人量身打造的东方式头脑风暴法，强调通过外部力量推动新思想的产生，紧紧抓住每一个人头脑中隐性知识的价值，打破原来的思维定式，这是生发4%原创创意的基础所在。

三、三方法的内在逻辑

新经济咨询的三方法是新一代咨询人认识新经济、把握新经济的一种方法论。这3个方法共同构成了创新驱动的方法体系：首先，需要依靠外脑式头脑风暴法来打开思路，群策群力，激发无限的自由创意；其次，通过“80/20/4”创意法则聚焦事物和问题的关键，抓住具有核心价值的4%原创创意；最后，利用长板理论将4%原创创意作为长板来培育和拉伸，促进原始创新，塑造个性化优势，推动中国制造转变为中国创造。

新经济咨询的三方法不仅是咨询方法，而且对高新区的发展具有深刻的影响。

第一，“80/20/4”创意法则有助于对高新区产业结构调整的把握。“80”意味着大量的基础性产业，“20”意味着服务业、高端制造业，“4”意味着原创性新兴产业。产业的战略结构不一样，其价值也就会发生变化，“80”是基础，“20”是方向，“4”是高新区的未来所在。

第二，长板理论决定了高新区的区域个性、产业选择和发展模式。一个区域的资源、区位、文化、产业基础等构成了该区域长板的基础，但这个长板应是不同区域比较之后的选择，否则就有可能“长板不长”。例如，中关村、中国光谷、中国电谷等在塑造区域个性的核心时不仅依托区域的长板，而且选择了路径迥异的发展模式。中关村强调内生增长、成果转化、创新创业；中国光谷强调光电子产业在全球的影响力和话语权；中国电谷则依托华北电力大学、英利、天威等资源打造在新能源领域的影响力。

第三，外脑式头脑风暴法将影响高新区管理机构的工作方式。高新区的工作与一般行政机构不同，不按部就班，它是错综复杂的，这更加需要创新的思维和观念。针对园区发展中的重大发展机遇和重大突发事项，通过召开各方人员参与的头脑风暴会，更大程度地激发出有创意的想法，更大程度、更高效率地解决问题。

——王德禄发表于2013年9月《科技日报》

北京软科学：智库与创新驱动

现在创新的形势从外部到内部都在发生巨大变化：外部是创新全球化和社交化的到来，内部是研发本身发生重大变化（从外包到众包）。现在全世界最新的研发平台是众包平台，科学家、工程师都上网。

众包就是在网上发布需求，在全世界征询方案。原来自己的问题，依靠组建研究中心来解决，后来变成外包出去，让自己知道的合适的组织去解决；现在走上更高的一步，让自己不知道的合适的人来解决，让科学家们、工程师们、粉丝们来解决。去年全中国在众包平台上悬赏的资金已达 47 亿元。

出现从外包到众包，实际上说明我们的经济已经进入了一个全新的阶段，这个阶段就是创新全球化阶段，就是社交化阶段。在这个阶段，主要特征是人和人的交往方式更加开放、要素围绕高水平创业流动。在这个阶段，除了创业非常重要之外，瞪羚企业也非常重要。瞪羚企业已经成为产业的引领者，原来的跨国公司和大型企业如果不改革，不成为平台，那么就有被淘汰的风险。

这种形势下，我们应该如何治理创新？我认为要从 3 个方面着手：一是治理结构；二是以创业为核心的创新政策；三是发展智库。

创新是全面的，不是一个职能部门的事情。例如，美国采用的就是总统科学顾问办公室制度。它一共有 4 个工作标准：消灭不好的主意；利用专业知识应对危机；提出重大政策；促进和协调不同机构的科技活动。泰国采用的是科技领导小组制度，组长是总理，办公室设在科技政策研究中心。科技政策研究中心支撑科技领导小组。

创新治理要建立开放的创新体系。如果科技不是一个开放的系统，迟早会被淘汰。北京作为全球创新中心之一，要做的第一件事就是研发体系要足够开放，不仅向各个委办局开放，向各个区县开放，还要向创业者、瞪羚企业、外资企业全面开放；不仅向全国开放，而且向全球开放。

中国的科技创新政策经历了 3 个阶段：20 年前是以支持大企业为主的创新，10 年前是以支持中小企业为主的创新，近年来是以支持创业企业为主的创新。现在技术转移、产业集群、原创产业发展的起点和源头都靠创业。中国从开始重视中小企业到把“双创”提到了一个非常高的高度，这个演变就是从科技政策到创新政策，创新政策惠及方从大企业到中小企业，现在演变到创业政策。

对北京来说更重要的是打好中关村这张牌。现在全球只有 3 个以创业为主的创新中心，即美国硅谷、中国中关村、以色列。从这个意义上来说，把北京打造成全球创新中心，一定要以中关村为核心，以创业为核心。

我认为，创新治理要发展智库。软科学应该恢复它原来面向全市的架构。创新治理的核心就是发展智库，不是搞事业单位式研究院、研究所，组织一批人专门做研究。为什么呢？因为创新治理的核心是开放，开放就需要有独立的判断、科学的判断、有影响力的判断。凡是智库都有 3 个准则：第一，必须独立；第二，必须科学；第三，必须有影响力。智库首先必须是独立的，其次要有科学的方法体系，形成科学的意见。而判断意见是否有影响力，就要看能否形成决策。智库说得再好，不能形成决策也不行。

美国的智库都是以工业经济为主的发展模式，后来在硅谷出现了新经济。但是华盛顿、波士顿、纽约，以及占主导思想的华尔街，都是工业经济思想。在这个意义上，我们中国的智库应该探索出比美国智库更领先的方法、思想。

北京下一步的任务是建立全球创新中心、京津冀“破题”、发展改变世界的创业和原创新兴产业。

——王德禄发表于 2015 年 4 月《中关村》

民间智库在创新驱动战略中的重要作用

一、中国民间智库的崛起

（一）民间智库的核心价值是独立、科学、责任

自古以来，中国就有幕僚传统，食客、幕僚、师爷从古至今从未消失。但这些机构和人员不能被称作现代意义上的智库，智库是工业革命与现代化的产物。目前，学术界对民间智库的分类尚未有统一标准，本文认为民间智库包括企业型智库和民办非企业单位法人型智库。企业型智库主要是指那些专门从事政策研究和咨询工作、以企业身份注册的法人机构。民办非企业单位法人型智库是指由民间出资组织、专门从事政策研究和咨询工作的民办非企业单位法人。民间智库的3个核心价值是独立、科学和责任，从中国优秀传统文化的角度说就是“究天人之际，通古今之变，成一家之言”。2013年笔者赴美国考察智库，同布鲁金斯学会、兰德公司等国际智库的研究人员和管理者座谈，大家一致认为独立、科学和责任是民间智库的核心内涵和根本价值追求。在智库的3个核心价值中，独立是智库的生命线。独立包括两个方面：一是要经济独立，智库应该靠市场来养活自己，通过招投标、基金资助等方式获得资金；二是思想独立，智库要为国家、社会、公众利益服务，需要站在客观的立场上看待事物。在智库与咨询的关系上，“智库咨询并不相同，但在中国，二者之间有交叉”[①]。

（二）中国民间智库伴随着改革开放历程逐渐成长起来

改革开放以前，我国并不存在真正意义上的民间智库。从20世纪80年代开始，随着官方智库快速发展，民间智库开始起步。1986年，万里同志在全国软科学研究工作座谈会上作了《决策民主化和科学化是政治体制改革的一个重要课题》的报告，提出了软科学发展应为决策民主化、科学化服务，开启了智库尤其是官方智库发展的黄金时期。1992年，邓小平南方谈话后，全国出现了知识分子下海的高潮，一些从政府部门和官方智库走出来且获得了一定声誉的专家，脱离原来的单位，创办了研究机构，如北京市长城企业战略研究所、世界与中国研究所等，这是

① 王德禄.要着力提高民间智库的影响力[J].人力资源，2009，8：22–23.

民间智库发展的第一阶段。进入21世纪以后，随着我国经济实力的快速提升，为适应日益激烈的国际战略竞争的需要，政府对智库所发挥的作用也越来越重视。特别是2012年以来，国内外环境急剧变化，经济发展方式和社会治理方式的重大变化使智库迫切需要走上创新驱动的轨道，一些以研究为基础、以咨询为支撑的民间智库，提出了一系列新的理论和判断，迸发出强大的市场活力和决策影响力。

（三）发展民间智库是创新驱动发展战略的关键要素

中国创新驱动发展战略的核心是开放，开放就需要有独立的判断、科学的判断、有影响力的判断，这一切都需要通过发展智库和进行头脑风暴来获得。凡是民间智库都有3个准则：第一，必须独立；第二，必须科学；第三，必须有影响力。民间智库首先必须是独立的，其次要有科学的方法体系，形成科学的意见。而判断意见是否有影响力，就要看能否形成决策。事实上，建立在独立基础上的民间智库，充分把握和吸收各方面的信息和意见，通过科学的方法，形成科学的、有建设性的、符合实际的意见和建议，进而影响并形成科学决策，这也是国际智库发展的基本逻辑。新的竞争态势下，中国实施创新驱动发展战略，使全世界的智库资源都应该为我所用，全世界的思想都应该为我所用。从这个意义上讲，发展民间智库是创新驱动发展战略的关键要素。

二、民间智库是创新驱动的强大助推力量

（一）思想市场呼唤民间智库

诺贝尔经济学奖得主罗纳德·哈里·科斯认为，中国改革开放的前30年，商品市场已经非常发达，下一个30年要想取得更大的成就就必须培育思想市场，需要有更多的新观念。新经济时代，知识经济成为创新发展的源泉，国家间的竞争从“产品市场竞争”过渡到“思想市场竞争”，从“技术领先”转换为“观念领先”，从“抓产品”转换为“抓机会”。一个国家崛起，战争扩张的道路不应该是最优选择，需要通过发挥智库尤其是民间智库的作用，通过超前的、符合客观规律和趋势的思想观念的引领实现和平崛起，这也是“弯道超车”的核心思想。因此，中国在寻求和平崛起的道路上，“吸取人类历史和文化中的和平智慧显得尤为重要”①，繁荣“思想市场”成为新经济时代实现中国崛起的核心。民间智库作为市场经济最活跃的参与者，以其敏锐的感知力和洞察力，紧紧抓住时代变化的趋势和机会，以建设性思

① 刘志光. 旧邦新命和平发展：浅论中国文化的和平智慧及其影响[J]. 中国文化坛，2007，1：125.

维指导创新，以“思想产品”参与市场竞争，成为新经济时代“思想市场”的重要贡献者。事实上，民间智库的最大活力和生命力在于对新思想的认识和把握，并且能把新的思想系统化，最终为社会所接受，并升华成为一种社会文化，这也是民间智库的核心价值所在，是其生存的能力所在。以长城所为例，在产业集群发展领域，长城所总结了产业分解—集聚—融合—业态创新的基本逻辑，提出了新经济产业四大规律，即产业成长规律、产业价值规律、产业组织规律、产业原创规律，认为产业价值链不断分解和集聚将形成越来越多专业化的空间与业态，未来将进入以产业集群发展为核心的区域个性化发展时代，步入“产业集聚—创新型集群—产业生态”这一发展路径。长城所结合对原创新兴产业的研究，提出了原创新兴产业的发展路径，即重大技术突破催生的新兴产业、价值链分解与产业融合发展产生的新兴产业、内需市场扩容和消费结构升级产生的新兴产业、规制变化和政策引导催生的新兴产业。在此基础上，长城所出版了《中国增长极：高新区产业组织创新》等多部专著，相关概念“创业苗圃”“产业组织者”“连续创业者”“众创空间”“概念验证”等均得到了社会的广泛认同，并与国内超过 80 家国家级高新区达成了共识，在一定范围内形成了科学决策，指导我国区域经济和高新技术产业的蓬勃发展。在知识管理领域，1996 年长城所在中国率先提出了“中关村已经出现了基于网络形态的知识经济的萌芽”论断，发表的《知识经济与中关村》长篇理论文章在国内引起了强烈反响，1997 年长城所就从知识经济视角总结了中关村十年之路。20 多年来，长城所先后自主研发了中国知识管理系统，组织召开了“知识经济与中国”“知识管理理论与实践”学术讨论会，陆续出版了《知识管理：竞争力之源》《知识管理的 IT 实现：朴素的知识管理》等一系列知识经济与知识管理书籍，有力推动了国内知识管理理论的发展和实践，使“知识管理”与“知识经济”思想在当代中国得到普遍接受和认可，也为中国思想市场的繁荣贡献了自己的力量。

（二）创新驱动与全面改革对民间智库提出强大需求

作为一项全面的系统工程，创新驱动与全面改革不是一个单独职能部门的事情，这意味着在各个领域、各个方面都需要进行系统性、整体性的创新和改革，涉及政府部门、企业、各类社会组织及公民个人在内的几乎所有主体，涵盖经济、社会、体制等的未来发展过程。与此相关的问题主要涉及创新改革的对象有哪些新的变化特点、创新改革行为有哪些表现形式和变化趋势、各类不同的创新改革主体又有哪些变化、他们彼此间相互作用的新机制需要哪些合理的制度安排、政府如何制定激励持续创新改革的政策和法规等。上述一系列问题均需要在坚实的理论研究基础之上，充分吸收各个方面意见，发挥民间智库在信息搜集、市场感知、科学分析、协同创新等方面的独特优势，集中智慧，进行思想的交锋和融合，把握事物的规律和可能的走向。因此，在创新全球化的新经济时代，创新的核心“不再是物质产品，而是建立在知识基础上的创新要素”①，需要用知识和思想的集成，发挥智库的作用来推动创新驱动和全面改革。从实践的角度看，近年来随着创新驱动与全面改革的实施，对智库的需求越来越大，高水平的民间智库也得到了发展。2015年，中共中央办公厅、国务院办公厅联合印发的《关于加强中国特色新型智库建设的意见》明确指出，随着形势发展，智库建设跟不上、不适应的问题也越来越突出，主要表现在：智库的重要地位没有受到普遍重视，具有较大影响力和国际知名度的高质量智库缺乏，需要“完善社会智库产品供给机制”。另据宾夕法尼亚大学智库报告，2013 年国内没有民间智库入选全球 175 强智库，而到 2015 年中国共有 9 家智库进入全球 175 强智库，其中民间智库达到 3 家。

（三）创新治理需要民间智库提供支撑

国家治理体系和治理能力现代化需要前瞻性思维和科学决策。官方智库作为政府体系的一部分，直接为政府决策服务，在提供信息和政策分析的同时，更加强调标准化、制度化、流程化，这由行政管理的特点所决定，具有其内在合理性。但是，这种特点在保持稳定性的同时会产生路径依赖现象，也在一定程度上限制了其创造性的发挥。在新经济时代背景下的中国，民间智库始终站在新经济发展的最前沿，通过敏锐的触角、战略新思维、深入的观察和坚实的前瞻性理论研究，提出适合新经济时代的新思想、新观点、新理念，引领新经济发展，为科学决策提供坚实的支撑。例如，1997—1998 年，长城所开展“跨国公司在华 R&D 投资案例调研”，完成《跨国公司在华 R&D 投资分析报告》。在此基础上，有关部门研究制定了鼓励跨国公司和国内企业在京进行 R&D 投资的专门政策《北京市鼓励在京设立科技研究开发机构的暂行规定》，将跨国公司在京 R&D 机构纳入科技管理体系。

国家治理体系和治理能力现代化需要优化治理结构。一个良好的治理结构需要政府、社会、个人之间的充分交流和互动，民间智库作为非营利社会性组织，本身就是治理结构的一个组成部分。同时。良好的治理结构需要吸纳社会各个利益阶层，考虑各个社会阶层的利益诉求，实行广泛的“协商民主”，将社会各个阶层利益纳入整体治理格局，形成具有建设性的方案。创新驱动与全面改革作为一项系统

① 邵翔，田甜．全球链接、跨区域创业与创新全球化 [J]. 中国经贸，2011，7：48.

性、整体性、复杂性任务，需要进一步发挥民间智库的专业性和独立性优势，通过民间智库，切实增强协商实效性，规范协商内容，提高协商能力，强化协商成果运用，更好地展现社会主义协商民主的优势和价值。

国家治理体系和治理能力现代化需要大力倡导创新创业。更加完善的社会主义市场经济体制是国家治理体系和治理能力现代化的重要内容和根本保障，核心在于围绕创新创业破除体制机制障碍，让一切劳动、知识、技术、管理、资本的活力竞相迸发，让一切创造社会财富的源泉充分涌流。改革开放以来，中国的科技创新政策经历了3个阶段：20年前是以支持大企业为主的创新；10年前是以支持中小企业为主的创新；近年来是以支持创业企业为主的创新①。伴随着每一次创新创业浪潮，国家治理体系和治理能力均有大幅提升。长城所在20世纪90年代末明确提出“创业是知识经济增长的原动力”，认为“跳跃式发展是新经济时代成长路径主旋律”。“创业、瞪羚企业和改变世界的大公司是经济发展的三种主要的力量”②，创业就是要发展瞪羚企业（快速成长的企业）和独角兽企业（爆发式成长的企业）。因此，新经济时代的智库需要更多地为创新创业、瞪羚企业、独角兽企业服务。20多年来，长城所通过持续开展瞪羚企业和独角兽企业研究，提出企业成长一般经历“创业企业—瞪羚企业—独角兽企业—龙企业”4个发展阶段的新理论，并以该理论基础为科技部火炬中心编写了《国家高新区瞪羚企业发展报告》。在企业成长理论的指导下，中关村、武汉、宁波、天津、惠州、大庆等地先后开展了瞪羚企业培育计划，发现并培育了一大批快速成长的瞪羚企业，长城所也长期为瞪羚企业提供商业模式、战略增长点等咨询服务，并于2016年与中关村管委会联合发布了国内第一个“2015年中关村独角兽企业榜单”，独角兽企业成为当前经济发展相对低迷状态中的一抹亮色，引起了广泛关注。

三、我国发展民间智库的路径选择

（一）探索建立智库能力评价标准

智库无官民，思想在市场。在创新驱动发展战略实施进程中，民间智库以独立的思想来启动创新思维、开展头脑风暴，通过不断推出高质量研究成果来影响政府决策和社会公众，推动和服务创新驱动。民间智库作为“思想市场”的积极贡献者，

① 王德禄.北京软科学：智库与创新驱动[J].中关村，2015，4：98.

② 王德禄.访美记：谈创业，论智库[J].中国经济报告，2013，2：119.

以影响力和成果质量作为评价标准，和官方智库共同接受思想市场的选择和考验。

（二）构建“政府—智库—社会”协同机制

民间智库作为创新驱动发展战略的积极参与者和建设性助推力量，政府可以探索采用PPP模式，构建“政府—智库—社会”协同机制，通过合资共建、委托研究、代理研究、官民并行研究等方式加强与民间智库的长期性、战略性合作，将智库研究项目纳入PPP项目库；在加大软科学投入的同时，完善第三方评估制度，将第三方评估作为管理创新、科学决策、解决发展中难题的重要途径。

（三）以“软实力”输出参与“一带一路”倡议

“一带一路”建设是我国主动应对全球化的重大战略安排，关键在于通过“软实力”输出构建合作生态。民间智库可以发挥自身优势，在“一带一路”“软实力”输出中发挥独特作用，包括推动我国与发展中国家共建科技园；发挥相关领域智库在战略规划、产业规划、政策法规研究等“软科学研究”援外项目中的特殊作用；加强智库国际交流，推动政府决策与智库研究的良性互动等。

（四）全面提升民间智库研究水平和全球影响力

民间智库，尤其是新经济智库持续关注民营经济、科技园区、瞪羚企业等，这是中国经济最具活力的部分，通过及时总结研究和咨询经验，提升理论研究水平，并适当创造机会，在与国际高端智库交流过程中提升中国智库国际影响力。

——王德禄、刘志光、邵翔、邓兴华发表于2016年8月《中国科学院院刊》

创新治理与民间智库

一、新经济对智库的呼唤

随着新经济时代的到来，智库对经济社会的影响越来越大，经济社会也需要智库的支持，新经济时代下的智库发展具备独有特征：一是经济发展形态决定智库发展方向；二是新经济时代思想、洞见的引领作用；三是洞见成为新经济智库的核心能力。

全球智库发展主要经历了 3 个历史阶段。第一个阶段是 19 世纪工业革命初期，起源于英国，以英国土木工程师协会为代表。这个时期的智库主要为殖民扩张提供咨询服务。第二个阶段是 20 世纪工业经济发达阶段，智库在美国迅速崛起，出现了兰德公司、布鲁金斯学会等一大批世界著名智库。这一时期的智库主要是为跨国公司和美国全球扩张服务。第三阶段则是 21 世纪，新经济时代的智库在硅谷和中关村兴起，其中硅谷的智库更多思考人类的未来。随着中国新经济的崛起，智库发展到了一个全新阶段，需要更多地为创新创业、瞪羚企业和独角兽企业等爆发式增长企业、区域崛起而服务。

新经济时代呼唤智库，而智库的建设离不开洞见能力。为什么洞见能力这么重要？拥有洞见能力，能看到的就不只是眼前的具体现象，可以洞见更长远的趋势与发展。以硅谷为例，硅谷的凯文 · 凯利（K.K.）和奇点大学都具有极强的洞见能力，能够精准预测未来。洞见能力已成为新经济智库的核心能力，有洞见能力的智库才能对最新发展趋势做出准确判断。

洞见能力体现在“三观”上，即微观、中观、宏观。微观上，企业着力进行商业模式创新；中观上，产业进行跨界、融合，出现新业态；宏观上，区域抓住瞬息万变的机会，变革催生出新经济。在新经济时代，每个地区、国家能不能抓住稍纵即逝的机会是根本。以企业为例，原来一个企业能干事是最重要的，现在变了，企业能否抓住机会最重要。所以说，洞见能力最重要的是能够精准抓住机会。

二、新经济的核心是创新增长方式

新经济时代下，中国经济高速发展的经验主要有两个：一是以创业为主的创新；二是中国改革开放的成功经验。

日本、欧洲都是以研发为主的创新，研发成本极大，以中国国情无法复制。而中国开启了一条以创业为主的创新之路，即创业为先，积累资金后再进行研发。深圳是中国创业经济启动最早的地方，也是目前中国研发最活跃的地方。

中国改革开放 30 年，有 4 个成功经验值得推广学习，即改革、开放、新技术革命、活力经济。中国的活力经济最厉害，改革开放以来中国出现了 5 轮创业高潮，包括乡镇企业创业、城市个体户创业、知识分子下海创业、留学生创业及全民创业。之所以接连出现创业高潮，在于中国有动员创业的能力。中国政府的动员能力有目共睹，一直有着“劝”的传统。在中国的传统历史上有两个“劝”，即劝农、劝学。在农业时代，衡量一个政治家是否优秀，就是看有没有劝农的能力，现在则是看有没有劝创业的能力。上述经验中，中国新经济发展的最大经验在于活力经济和劝创业的能力。

去年 9 月，在 G20 杭州峰会上中国提出要创新增长方式。为什么中国有这个底气？中国的基础设施、科技园区、科技创业领先于其他国家，电商、社交、直播 3 个产业也在全球领先。这些新型经济发展模式，引领了中国新经济的发展，成为新式创新增长方式的典范。

三、创新治理与民间智库

新经济时代的最大需求是呼唤思想。简单地说，创新治理意味着各个领域的创新。谁来想办法？民间智库。如何治理创新？就是要用民间智库。民间智库的特征主要有敏锐的触角、战略新思维、深入的观察力和坚实的前瞻性理论研究。官方智库作为政府体系的一部分，在提供信息和政策分析的同时，受行政管理特点的约束，在一定程度上限制了其创造性的发挥，只有民间智库才能真正提出创新的想法和新的政策。故而，创新智力亟须民间智库的智力支持和智慧贡献。

——王德禄发表于 2017 年 2 月《中关村》

新经济、新治理与社会智库

2020 年 11 月 2 日，我在中国科学院学术会堂参加了首届智库理论方法暨 DIIS 研讨会，并在会场上发表了《新经济、新治理与社会智库》主题演讲，主要提到 3 点：第一，社会智库的发展要从中国传统文化中汲取营养；第二，新经济的发展对社会智库提出了新要求；第三，社会创新治理需要社会智库的参与。

一、社会智库的发展要从中国传统文化中汲取营养

战国时期齐国的稷下学宫是中国社会早期智库的代表，其核心工作就是讨论如何治理社会与国家。从人类历史来看，大学与社会智库都是知识殿堂，二者有什么区别？大学强调知识的独立性，而智库强调知识的应用性，稷下学宫就应该是人类历史上最早的智库模式。对于中国传统文化来说，尽管其中科学性或许还有待讨论，但智库在其中的重要性是毋庸置疑的。智库在中国的历史上不仅受到重视，而且 2000 多年以来其发展从未中断。长城所在淄博设有稷下学宫研究院，专门研究其文化内涵。

所谓洞见，即中国文化中的“悟”。中国人对复杂事物的解决方案往往强调“悟”性。古有战国七雄，局势纷繁复杂，但总有优秀的人才出现，这与“悟”息息相关。当今社会人们的悟性还有提升的空间，面对这种情况，我们应该从中国文化和智慧中得到更多启示，事物越复杂就应该越强调“悟”性。

人类智库的产生就是为了应对复杂多变的整体环境，对产生的问题也要有足够的定力去研究解决。在中国源远流长的历史中，关于智库研究的方法论一直都有完整的记叙，例如，“文死谏、武死战”，意思是智者为了坚持理想而付出和牺牲。所谓公理，无论是中国文化所流传的，还是学习西方而来的，都应该考虑如何将中国文化与科学公理相结合，这也决定着当今的社会智库该如何发挥最大作用。

二、新经济的发展对社会智库提出了新要求

当今经济环境变化迅速，企业、产业不断成长，生产要素也在不断变化。企业成长路径从传统线性模式向高成长瞪羚企业、爆发成长独角兽企业方向转变。长城所常年观察并研究新经济现象，已连续 10 年发布《国家高新区瞪羚企业发展报告》，

连续5年发布《中国独角兽企业研究报告》，今年又发布了新的《中国哪吒企业研究报告》。这些企业都代表着新经济下的新物种，更是中国经济的新面孔。智库能不能对经济产生影响，取决于能否为社会带来新的认知和应用。在当今经济环境下，由独角兽企业开辟出了新场景与新赛道。新场景是可以改变世界的场景，新赛道使得原有产业出现了新的产业跨界。解释这类现象的本质也是智库的一次认知革命。场景应该如何总结？改变世界的场景应该怎么命名？这要求智库与合作企业参与其中并反复讨论。

智库的发展方向应该取决于经济社会需求，新经济社会要求更加多样化的智库服务。中国的新经济在全球处于领先位置。虽然全球各国都在努力发展新经济，但是除了中美以外，日本、韩国等主要发达国家的新经济发展都缺乏动力，这也从另一个方向印证了中国在新经济方面的探索非常成功。我曾经前往美国与其他智库和咨询公司重点探讨方法论，不管是麦肯锡、安达信，还是兰德公司，基本还是原来那一套服务于工业经济的旧方法，没有创新。美国的咨询公司在发展区域经济和产业经济方面缺乏经验，在国内竞标时往往处于下风，也从侧面证明了中国经济的发展模式和美国不一样，在组织方式上也不尽相同，智库需要研究的方法论应该是现代社会需要的。10年前国内掀起了去“IOE”行动，并建立了分布式服务器，分布式技术的广泛应用也保证了“双11”等高流量活动的流畅运行，去“IOE”的过程实际上就是中国IT崛起的象征之一。

三、社会创新治理需要社会智库的参与

发展中国智库，而且做一个新经济高端智库依然是长城所的重点。这要求我们不单单要为经济服务，还要为国家服务，因此不能按照西方的套路布局，而是要根据中国的新经济需求来发展。几个月前长城所与新华社做了深度交流，认为当今全球产业链的运动非常快，而中国由于整体市场环境稳定且新冠疫情控制得力而占有先机，产业链整合使得中国经济水平不断提高。中国很多城市在疫后打造高端生态，并通过下沉爆发来振兴产业，在疫后经济增长方面走在了前列。

社会治理需要社会智库的参与，智库产生的根本内因就是治理的需要。中国的经济政策不断地在宏观、中观与微观之间互补协调。应该看到的是，工业经济制度与新经济制度不可避免地会发生冲突，解决这个问题的关键要看智库，而智库更应研究其中的内因，所以洞见就成为新经济智库的核心竞争力。在经济活动中，智库不但要发声，还要参与到共治中的某一个方面或环节，参与到治理过程中去。智库

要参与到高新区产业共治中，与企业家、投资人和科学家一起协商讨论。越优质的项目越要有智库参与其中，协助多方优化治理结构。在这些方面，中央已多次对智库与咨询提供了政策支持。

中关村是中国新经济咨询的发源地，也是全球新经济智库的发源地。新冠疫情是一切变革的根源，特别在“十四五”时期，中国必将涌现出更好的新经济智库，能够在新治理方面发挥更大作用。面对百年未有之大变局，中国更要有定力，运用软实力构建起自身的新经济制度体系，这需要中国本土社会智库的积极参与和智慧贡献。

——2020 年 11 月王德禄在首届智库理论方法暨 DIIS 研讨会上的发言

新时代的科技智库应积极探索新研发制度

2021 年 7 月 3 日，我和王奋宇应邀参加了中国科协创新战略研究院“十四五”发展规划研讨会暨科技智库建设研讨会。会议由中国科协创新战略研究院院长任福君主持，我在会上主要讲了 4 个方面：一是全球化进入“春秋战国”时期，研究科技战略具有重大意义；二是科技智库要解决科研成果转化的根本性制度障碍；三是新经济时代的科技智库需要研究新研发的制度；四是未来世界需要新经济来驱动。

一、全球化进入“春秋战国”时期，研究科技战略具有重大意义

胡志坚在 20 多年前成立了一个团队来研究中国的科技战略问题，大约持续了 10 年。我一直希望有人能够再把团队组织起来，这次任福君率先把这个团队组织起来了，我感觉他的眼光十分超前。现在全球化进入了“春秋战国”时期，几乎所有的问题都有它强大的战略含义。在这个时候多做一些战略，多做一些科技战略，尤其有意义。

春秋战国时期，管仲辅佐齐桓公，提出尊王攘夷，成就齐桓公一代霸主。现阶段的中国，经济发展迅速，而且有强大的管理基础。改革开放以来，重点都放在了追求人类幸福上。而今在全球竞争中取得竞争优势，提出了“人类命运共同体”的理念，这个发展方式很对，包括扶贫、低碳等，中国都有能力做成。现在中国的目标是如何融入全球体系，包括全球治理等。中国目前的状态像春秋战国时期的秦国，如何处理与美国、欧洲、日本的关系，还有台湾问题，都需要很大的智慧。管仲那个时代，中国的智库人物居世界第一，而且那个时候的智库——稷下学宫也是世界第一。我希望我们的科技智库能召开一个研究春秋战国的会议，以春秋战国时期的政治来分析现在的国际政治形势，以及如何在激烈的国际竞争中取得更主动的地位。

二、科技智库要解决研究成果转化的根本性制度障碍

科技智库面临最大的问题是中国没办法效仿美国的《拜杜法案》。1980 年美国国会通过《拜杜法案》，明确了美国的大学、科研机构能够享有利用联邦资金获得科研技术创新 / 专利的所有权，这实质上是通过法案的方式解决了由公共财政投入

形成的科技成果“私有化”的问题，由此极大地解决了科研承担单位主体虽然研发成果丰硕，但无法顺畅市场商业化的问题，对美国的创新发展起到了很大的撬动作用。改革开放以来，我们针对科技成果转化花费了很多的时间和精力，包括出台《中华人民共和国促进科技成果转化法》等，但最终成效未达预期，原因在于将科研项目按国有资产管理。在我看来，科研项目经费是公共财政，而公共财政并不一定都要变成国有资产，即公共财政的支出，其性质不应等同于由此形成的可经营性资产（包括国有资产），科研项目也不应该是国有资产。如果对这两个概念定义不清，则激励院校加速成果转化的事就无法进行。改革开放以来，除了美国，中国的大学和科学家在世界上是最接近创新一线的。但现在的情况变成大学、研究院所都在搞审计，根源在于将科研项目作为国有资产。这是一个很重要的问题，我觉得我们智库要为此发声。

三、新经济时代的科技智库需要研究新研发的制度

工业经济时代，《拜杜法案》是美国引领全球的制度创新，现在进入新经济时代，要发展新经济的新研发制度，中国理应在世界领先，因为目前中国的一个核心竞争力是新经济。长城所已连续6年发布了反映新经济发展的《中国独角兽企业研究报告》，报告显示全世界独角兽企业、潜在独角兽企业、哪吒企业数量最多的都是中国。中国新经济为什么发展超前？因为中国的数据资源多，依靠数据发展的模式强。新冠疫情暴发前，长城所发布了中国改变世界的十大场景。受疫情影响，中国涌现出很多场景创新。我认为，现在科技智库的发展重点是新经济的新政策、新制度，其中核心是新研发的新制度。

新研发就是科学家、企业家、投资人共同参与到某一个细分产业的研发，是针对未来产业发展去做平台。如果说科技成果的转化是“上亿级”的规模，公司上市后做平台，要达到“十亿级”规模。而新研发目标就是“百亿级”的，因为新研发是围绕一个新产业做平台。例如，北京有十大高精尖产业，基本上每个产业都有一个基金、一个平台、一批新研发机构，这个平台基本上是“百亿级”的。最近我参加了中国光谷光电产业的会议，会上有六七个院士专家讲技术的创新趋势，有六七个企业家讲市场，有投资人说准备给这个产业投资200亿元，还有一批创业者讲创业的项目。这就是新研发。我认为，目前中国应该在新研发的制度上取得突破。

四、未来世界需要新经济来驱动

对于中美最大的分歧，我认为研究比较到位的是奇点大学的教授写的《富足：改变人类未来的 4 大力量》一书。这本书提到世界未来的 4 个驱动力：一是技术；二是 DIY 创新者；三是科技慈善家；四是崛起中的 10 亿人。书中的基本观点是，如果用新经济的方法，地球养活 100 亿人是没有问题的。美国最近几十年都会有类似的理论，说中国 14 亿人如果进入现代化，世界资源消耗之大就不能想象了，地球就会因资源不足而垮掉，因为全球现在中产阶级只有 15 亿人，地球资源已开始难以承受了。中国的目标是要建设富强、民主、文明的社会主义现代化国家，这就要用新经济的方法大幅提高现有资源的使用效能，养活多一倍的人。我建议科协邀请奇点大学这几个教授到中国来，让他们来讲讲新经济如何养活全球 100 亿人。

——2021 年 7 月王德禄在中国科协创新战略研究院“十四五”发展规划研讨会暨科技智库建设研讨会上的发言

第四章
探索民间智库发展之道

要着力提高民间智库的影响力

一、智库：独立、客观与影响力

2009年7月，全球智库峰会在北京举行。通过罗列各个媒体的报道发现，似乎中国的智库比任何其他国家都要多。但是，绝大多数的人对智库的界定和理解并不一致。什么才是真正的智库？

应该说，过去社会上对于智库的了解较少。从20世纪80年代开始，一些国内的学者，主要是研究科技政策的学者研究过美国的思想库；而20世纪90年代以后，中国出现了相应的组织，并着手研究智库。智库与咨询公司并不相同，但在中国，二者又有交叉。美国布鲁金斯学会主席约翰·桑顿提出智库的3个核心价值是独立、质量和影响。我们认为，智库有以下几个特点。

一是独立性。首先是经济独立，也就是生存基础的独立。这是区分智库和体制内研究支持机构的基本标准。智库的资金应该来自市场，通过招投标、基金资助等方式获得。

独立的经济保障决定了其独立的立场，但“独立”不等于“对立”，政府和民间智库是互补关系。在国外，政府的许多研究报告和数据来自民间公司，政府把研究项目作为劳务外包给了民间公司，使研究和获得数据更加低成本、高效率并且有专业水平，最重要的是引入第三方公正性，为政府公布（发布）的研究和数据带来社会公信力。

二是客观性。客观性主要指观点和数据的客观、公正。智库最重要的是站在客观的立场上看待事物，因为智库并不是为某个特定的机构或人群服务的，而是服务于社会的发展。这种客观性是建立在科学性和专业化的基础之上，尊重事实、规律，从而保障我们的研究观点和研究报告的客观公正。

三是影响力。西方智库很注重影响力，而中国内敛的文化特点使中国人在影响力方面更趋向于低调的表现。其实，智库的影响力和社会的民主化进程关系很大。一个社会的民主化程度越深，智库的声音就越具影响力；而智库所发出的独立、客观的声音，也是推动民主化进程的力量。当然，这种影响也必须适度和恰当。同时，智库在服务质量上的提升也是提升自身影响力的重要因素。

二、中国智库逐渐走向世界

21 世纪中国的崛起成为现实。这两年我因为各种缘由前往英国和美国，考察剑桥科技园区和硅谷等区域，以及伦敦证券交易所、伦敦金属交易所、剑桥大学圣约翰创新中心等机构，并与老虎基金、淡水河谷和 INCO 公司充分交流，给我感触最深的是，崛起的大国在发展过程中的全方位创新实践，为智库的发展提供了萌发的土壤。

中国智库的民主化进程有了很大的推进。2000 年时，我与一位中国台湾战略咨询师聊天，他看到长城所的发展非常羡慕。他说他在 20 世纪 70 年代初就想在中国台湾开辟战略咨询市场，但是失败了。之所以失败，主要是因为台湾太小了，不能让一个战略咨询公司成长起来。长城所之所以能够较好地成长，就是因为大陆人口多、地域广、需求多，这些为智库提供了立足之地和成长空间，也使得长城所能够与中国的经济共同成长。

中国智库也存在着一定不足。在今年初，美国宾夕法尼亚大学发布的《全球智库报告 2008》称，中国仅有 74 家智库被认可，而美国是 1777 家。英国人 Mark Leonard 曾是英国外交政策的智囊。有一次他拜访中国社科院，当他获知社科院有 50 个研究所、260 个研究室、4000 名全职人员时很吃惊。为什么数十万人在为政府决策做研究，他们的研究方法与结论却不为人知。于是他写了一本名为《中国怎么想?》的书，在西方世界畅销。有人这样说过，2000 家中国智库，抵不上一个兰德公司。智库的研究深度，往往也体现了一个国家的思考深度。中国能为政府决策思路和战略分析提供有效服务的智库还是太少，近年来中国智库在关键领域，特别是在此次金融危机和中国经济形势反转中表现得不尽如人意。在这种情况下，我认为对于中国智库来说，解决其独立性固然重要，但是亟须改进的还是影响力问题。

全球智库峰会上形成了需要更多民间智库的一致观点。中国特色的智库是由国家、地方和民间 3 支力量组成的。国家智库包括中国社科院、国务院发展研究中心、中国现代国际关系研究院等；北京市社会科学院、上海社会科学院等地方社会科学院，以及地方高校和其他研究机构组成的地方组织；同时还有一批诸如长城所的民办研究机构，代表民间的力量。从发展的角度看，中国仍然非常需要更多真正意义上的民间智库。

中国智库还要加强国际话语权，阐述我们自己的观点，这不仅仅是学科体系和科研方法创新的问题。30 年改革开放造就了“中国模式”或“北京经验”，中国人创造了诸多中国人的奇迹。我们要做的不是“谦言少语”，而是要加强话语权。中国文化呈现出的整体性在日本、韩国的崛起中产生了很大的作用和影响。当然，这也和中国人所特有的灵活性与适应性有很大的关系。战略上的整体性和战术上的灵活性是相辅相成的，只要中国人发挥出这两种特性，那么全球智库中最具影响力和竞争优势的必将是中国智库。

中国是一个拥有数千年文明的大国，有深厚的文化底蕴，智库的发生与发展亦可以从我们的典籍和实践中找到历史的延续性。在古代社会，作为智力与谋略的咨询活动已经存在于人类生活的方方面面。

古书《尧典》中称“咨亦谋也”，在中国历史上，最早从事职业性咨询活动的群体是士阶层，如夏商的家臣、西周的命士、战国的食客等；秦汉以来，在官僚体制中出现了具有专司咨询功能与部分咨询职能的职务和组织，如参军、军师、幕宾等，并产生了相应的幕僚机构。古代社会的咨询活动基本局限在政治军事谋略和福祸吉凶的预测等方面，有很强的政治依附性、随意性和非普遍性特点，区别于现代咨询活动是为解决经济、科技和社会发展等问题而进行的创造性智力活动。17 世纪初叶，具有组织化和制度化特征的咨询活动和机构产生，这种机制开始向资本主义的政治体制渗透，对西方的民主制度产生了较大的影响。

改革开放 30 年，在中国社会转型的过程中，官方智库或学者在其中发挥了重要作用。在面对诸多社会问题的今天，特别是在思考“第三个 30 年”的时候，显然需要有智库，特别是民间智库会发挥更大的作用。相信伴随着中国的崛起，未来中国会涌现出更多具有世界影响力的民间智库，在世界经济发展中占据一席之地。

——王德禄发表于 2009 年 8 月《人力资源》

智库：独立，在低调中前行

“我得养活百十来号人呢”。3 次搬家后的长城所办公面积越来越大了，员工越来越多了，而所长王德禄却越来越谨慎了。不久前，这个纯民间的企业战略研究所静悄悄地迎来了创办的第 16 个年头，没有庆祝，没有鲜花，不是王德禄没钱，也不是他没激情，而是经历告诉他，走民间智库这条路，低调才能生存。

一、编辑部主任“下海”

“下海”是 20 世纪 90 年代的流行语，1992 年邓小平南方谈话后，国内掀起一波“下海”热潮，第二年，还是《中国民办科技实业》杂志编辑部主任的王德禄，也成了“下海”潮中的一员。

当时的知识分子不太喜欢生产制造业，多数进入了房地产、证券、教育培训行业，而王德禄的“下海”选择显得有些另类，办了一家搞研究的企业——北京市长城企业战略研究所。20 世纪 90 年代初，“点子公司”对大众而言还是个新鲜事物，一家研究企业战略的公司则像个“怪物”。“你能赚到钱吗?”这是他面对的最多的疑问。

其实，王德禄也赶上了另外一波潮流——“出国潮”，当时能出国留学是件人人羡慕的事，“50 后”的知识分子成为“出国潮”的主体。王德禄那时想找个朋友聊聊都难，仿佛一夜间大家都出国了。

他也曾想过出国，从 1990 年开始，王德禄一直在思考自己下一步做什么。之前他接触的领域是物理学史、科技政策，属于纯粹的学者，与人交流都很少，更别说经商了，他甚至对商场上的一些人和事很反感。

1992 年到编辑部工作以后，他跟社会的接触面才广了些，因为要组稿子，就得和作者交流，后来杂志社体制改革，他又负责起了广告运营，直接关系到同事们的待遇好不好，这次“准下海”的成功经历让他对经商有了些好感。

更重要的是，在杂志社他认识了很多民营企业家，和他们交流得很融洽，有时企业家遇到问题时，王德禄开出的“诊断”往往都能见效，这也给了他很大的鼓励。

“我要在市场中探索一种知识分子的生活，发出知识分子独立的声音，而做咨询研究最像知识分子做的事情了。”“50 后”的王德禄身上有着一种很浓厚的知识分子情结，“下海”创办长城所既是他对未来发展的判断，也是对知识分子使命的追求。归根结底，王德禄认为，改革开放下中关村出现了民营企业，中国出现了乡镇企业，这是他“下海”的动力，他相信长城所会与它们共同成长。

二、起家中关村

被称为“中国硅谷”的中关村，是 1988 年 5 月经国务院批准建立的中国第一个国家级高新技术产业开发区，王德禄同中关村的渊源也自此开始。

尽管长城所的定位是为全国民营企业服务，而并非一个中关村，但是两者的关系非常密切，因为王德禄不论是在中国科学院，还是在后来的《中国民办科技实业》杂志编辑部，一直到办长城所，中关村都是一个绕不开的地方，长城所获得来自中关村的高科技企业客户，同这种日积月累的熟络不无关系。

“结果，我们为民营企业服务的理念打动了政府，有些部门看中了我们对企业的了解，还有理论研究的长处，也找到了我们。”中关村科技园区管委会成为长城所的第一个政府客户。

这一次接触让王德禄体会到了做企业战略研究要和政府保持良好沟通的必要性，之后长城所协助政府完成中关村“六化战略”（资本股份化、产业规模化、融资多元化、管理科学化、经营国际化、技术创新化）和中关村区域创新网络体系等课题研究，使长城所更加具备“民间智库”的特色，而不仅仅是一家咨询公司。

20 世纪 90 年代是中国经济的转型期，对于处于其中的企业来讲，最缺乏的是战略。长城所成立后的前 10 年，成为亿万富翁的民营企业家基本上都在王德禄的视野内，如今出现在富豪排行榜上的企业家很多他都不认识了，他最初的客户（如希望、方正和四通等）都已是国际知名的大企业了，这个变化也正契合了他当时的目标，促进中国企业的市场化、民营化，促进民营企业健康发展。

“我的理想是中关村比硅谷还好。”王德禄觉得，中国未来 30 年将涌现一大批位于世界前列的企业，任何一个领域都会有中国企业，这也是他努力的方向。

三、微妙公关

在十几年前那个潮起潮涌的年代，国内曾经有不少民间智库萌芽，但如今有的夭折，有的枯死，有的名存实亡，发展得好一点的寥寥可数。

想起这些曾经的同行者，王德禄表情凝重，“大浪淘沙，很多因为理念而亡，也有很多是因为能力不足。”

2009 年 7 月，首届全球智库峰会在北京举行，平时的会议王德禄都会做演讲，没有发言机会一般也就不参加了，这次虽然没有发言机会，但他欣然前往，因为这是一次全球智库峰会，而长城所是其中之一。他预感这次会议是中国智库进步的一个信号，怎能错过？

“现在经济进步，民营企业发挥了很大的作用。中国将进入更加健康的经济体制，民间智库会发挥更大的影响力。”

王德禄认为，在方法论上要把中国和欧美的方法更好地结合起来，充分挖掘中国人理解战略问题的方法论、思考问题的方法论，在世界最新领域有自己的声音。中国部分智库在做相关探索，但是同美国的智库还有一定距离，长城所会努力。

四、独立才能生存

想起创业的艰辛，今天的王德禄只是会心一笑，个中滋味难以用语言表达，不过最大的困难还是保持独立性。

美国布鲁金斯学会主席约翰·桑顿提出智库的 3 个核心价值是独立、质量和影响，王德禄认为在这三者中，独立是智库的生命。首先要经济独立，也就是生存基础的独立，这是区分智库和体制内研究支持机构的基本标准。

智库应该靠市场来养活自己，通过招投标、基金资助等方式获得资金。“独立的经济保障决定了其独立的立场，而只有拥有了独立的立场才能发出独立的声音。”王德禄说长城所拥有独立的经济保障，这是与需要国家拨款的体制内研究支持机构的根本区别。

智库最重要的是站在客观的立场上看待事物，因为智库并不是为某个特定的机构或人服务的，而是服务于社会发展。这种客观性建立在独立性的基础之上。正是由于长城所拥有独立的经济基础，才能不受外部环境影响，从而保障了观点和研究报告的客观性。

长城所的存在也是中国市场经济进程的例证。在韩国有研究院，但也需要国家拨款；在日本，智库隶属某些大企业，要为这个企业说话；在美国，虽然有很多智库，但是没有一家专门为硅谷服务。而在长城所，有 50 余人常年研究高新区，有 10 余人专门服务于中关村。

“长城所这样的民间机构在中国台湾和韩国、日本都很难发展起来，因为它们的版图太小，没有智库生存的空间。”王德禄很自豪地说。几年前，王德禄接待了来自韩国科技咨询中心的一位负责人，该中心多年以来都想做企业咨询，但是一直没有这个机会。

当然王德禄也有困惑的时候，“应该说现在企业战略时髦的事情都是我们发起的，但是一旦热闹起来了，我们就被边缘化了。比如说孵化器、跨国公司 R&D，一引起重视了就没我们什么事情了。”

“我们的国家很大，中国的崛起不能靠国外咨询公司，必须有自己的咨询公司，而且中国的体量也容得下不同的咨询公司，尤其能容得下我们这样的战略咨询公司。”王德禄的内心很快就恢复了平静。虽然民间智库的成长过程很曲折，但是终能实现自主发展。随着全球化的加深，国内企业和国际智库公司的合作可能会更多，但长城所始终站在中国的立场上不断前行。

——记者于娜发表于 2009 年 11 月第 11 期《投资家》

大力发展民间智库

所长专栏

2009 年 7 月，首届全球智库峰会在北京召开，“智库”这个词在中国受到各方的关注。中国自古以来就有幕僚的传统，如食客、幕僚、师爷，从古至今从未断过，但严格来说，这些机构不能叫智库。1971 年迪克逊（Dickson）发表了第一本研究美国智库发展的专著，提出智库是一种稳定的相对独立的政策研究机构，其研究人员运用科学的研究方法对广泛的政策问题进行跨学科研究。现代智库可以从兰德公司算起。布鲁金斯学会董事会主席约翰·桑顿认为，智库具有 3 个核心价值：质量、独立和影响力。

目前，中国各大媒体反复报道、提及的智库，大多指的是隶属党委和政府的研究室、研究中心等，而非民间智库。改革开放后，随着市场经济的发展，经济体制、政治体制改革为智库发展提供了土壤。像长城所这样的民间智库能够与中国一同进步，和中国的市场经济一同发展。中国独立的民间智库的进一步发展是社会经济发展的需要。

当前，中国民间智库发展的环境还不理想，在一定程度上影响了智库发展的步伐。例如，美国联邦政府专门设置一个国家科学基金会，每年拨款十几亿美元的资金，其中大多数用于资助各个智库，英国政府是英国智库 1/3 业务的雇主。比较而言，中国对智库的支持力度稍显不足。美国智库享有免交所得税和财产税的优惠政策，而中国还没有明确的非营利性组织的注册类别，也没有相应的税收优惠政策。因此，我们希望这份报告能够引起各界对中国民间智库发展的重视和支持。

一、智库的界定

（一）智库的内涵

智库（Think Tanks）也称“思想库”“智囊团”“脑库”等，最早出现在第二次世界大战时的美国，用以指称国防科学家和军事参谋人员在一起谋划军事战略的安全性很高的房间或环境。后来，智库一词用来描述专注于政策研究类型的组织①。目前，国外对智库的概念还没有一个统一的说法。1971年迪克逊（Dickson）发表了第一本研究美国智库发展的专著，他认为智库是一种稳定的相对独立的政策研究机构，其研究人员运用科学的研究方法对广泛的政策问题进行跨学科的研究，在与政府、企业及大众密切相关的政策问题上提供咨询②。兰德公司的创始人弗兰克·科尔博莫认为③，智库就是一个“思想工厂”，一个没有学生的大学，一个有着明确目标和坚定追求，但无拘无束、异想天开的“头脑风暴”中心，一个敢于超越一切现有智慧、敢于挑战和蔑视现有权威的“战略思想中心”。詹姆斯·麦肯(James G.McGann)④在《全球智库报告》中提出，智库是研究、分析公共政策，甚至参与公共政策制定的机构，其对国内、国际相关问题进行研究、分析并提出政策导向性建议，促使政策制定者及公众对公共政策问题更好地做决策。美国国际战略问题研究中心总裁约翰·哈姆雷（John Hamre）认为⑤，智库有很多种，有的是政府机构内部的，有的是大学附属的，有的是产生于民间的独立的政策研究机构，在美国所指的智库通常是民间智库。

基于中国的社会制度、法律法规及政策体系，中国的智库和西方意义上的智库是有差别的，针对中国的情况，国内学者根据自身研究结果提出了智库的定义。俞可平认为，智库是指由专家学者和知识分子组成的研究机构，它是现代决策体制的产物。在知识经济时代，它对社会生活的作用，特别是对政府决策的影响，正在变得更加重要⑥。薛澜认为，智库主要指以影响公共政策为宗旨的政策研究机构，智

① 唐纳德·E.埃布尔森.智库，能发挥作用吗？公共政策研究机构影响力之评估[M].扈喜林，译.上海：上海社会科学出版社，2010.

② PAUL D.Think Tanks[M]. New York:Atheneum，1971：47.

③ 李安方，王晓娟，张屹峰 . 中国智库竞争力建设方略 [M]. 上海：上海社会科学院出版社，2010：2.

④ 詹姆斯·麦肯是美国宾夕法尼亚大学教授，长期从事思想库方面的研究，2006年开始开展智库和公民社会研究项目，目前已发布 The Global “Go-To Think Tanks”（2009年、2010年、2011年）.

⑤ 王莉丽 . 旋转门：美国思想库研究 [M]. 北京：国家行政学院出版社，2010：15.

⑥ 张希敏 . 中国智库应具备七个要素 [J]. 政府法制，2009（22）：1.

库通过公开发表研究成果或其他与政策制定者有效沟通的方式来影响政策制定[①]。朱旭峰认为，智库是一种相对稳定的且独立运作的政策研究和咨询公司[②]。

结合研究分析及实地访谈结果，我们对智库进行简单剖析。从概念层面来看，智库必须有一个内涵和一个外延。处于内涵圈的机构（如兰德公司），无论如何评价，都是智库；而处于外延圈的机构，都不是智库；而内涵圈与外延圈之间的机构处于模糊地带，存在争议（图 1）。

从内涵上看，界定智库首先看其组织身份，它必须是一个研究机构，其次看其成立目标，目标必须是影响政策。我们认为智库是以影响政策为宗旨，由专家、研究人员组成的独立运作的公共政策研究和咨询公司。但是，目前中国的情况比较复杂，有些机构处于智库与非智库的模糊地带，如有些机构注册为企业，但是它不是为了盈利而注册为企业的，而是因为无法注册为非营利机构，所以不能说其盈利就不是智库；也有些智库虽然是以盈利为主的，但是对政策的影响是持续且强烈的。鉴于本报告的研究目的是了解北京有多少智库可以为政府提供服务，因此我们把某些处于模糊地带的有一定政策影响力的咨询公司列入智库研究范畴。

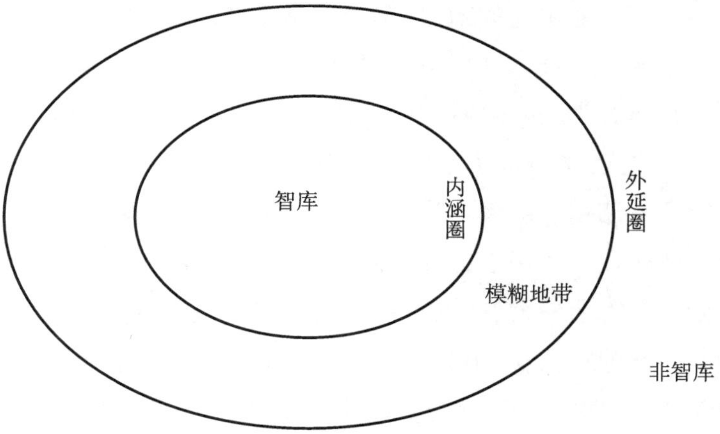

图 1　智库内涵

（二）智库的基本特点

根据对智库内涵的界定，智库具有以下 4 个基本特点：

① 薛澜．思想库的中国实践 [J]. 瞭望，2009（4）：4.

② 朱旭峰．中国思想库：政策过程中的影响力研究［M］．北京：清华大学出版社，2009：6.

智库是公共政策研究机构。智库首先应该具有稳定的组织结构、比较稳定的工作地点、长期的运作能力，而不是临时机构。同时，智库本质上是公共政策研究机构，具有一定的社会公共属性。第一，智库是一种组织，服务于政府、社会及整个国家，而不是某个决策者，它与“智囊”的细微差别在于：第一，“智囊”可能是单独的政策咨询专家或政府决策者（聘请的顾问个体，即古代的“幕僚”），“智囊”与决策者之间有着很强的依附性。第二，智库不是政府机构或其职能机构，并不直接制定相关政策，但影响相关政府机构或职能机构的政策制定。智库作为一种参与政策制定的研究机构，主要从事针对社会公众关心的或关乎国家安危的政策问题进行研究的工作，并向政府提供政策咨询。第三，智库不同于一般的协会、学会等学术团体，它不仅是学者们进行学术和思想交流的平台，还必须是智囊机构。当然，有的学会、协会的定位也是智库，它们也试图研究并影响政策，但是我们认为这类机构不能算作严格意义上的智库。由于学会、协会的成员大多只是在学会里面兼职，这种兼职并非其本职工作，为避免这种情况下重复计算，我们不把这类机构算作智库。当然此处必须提到中国国际经济交流中心，其注册的是社会团体，和上面提到的学会、协会一样；但是我们应该看到中国国际经济交流中心的特殊之处，它其实是一个类似于产业协会的团体，其成员都是单位不是个人，这些成员主要提供资金，这就和学会不一样，这算是一种组织创新，所以我们也认定它是智库。第四，智库不同于普通大学的一般研究所，智库开展研究的目的不仅在于探讨自然与社会发展的规律，更重要的是将之转化成有针对性、可操作的政府或企业决策建议，并试图影响政策制定与决策。第五，智库与一般商业咨询公司的差别在于，商业策略研究只占智库业务的很小部分，而且智库的策略咨询偏向宏观领域，它体现的是大时代背景下全行业的嬗变与利益格局的重新划分；而一般的商业咨询公司关注的是行业背景下个别企业的内部问题（比较具体），它们往往在研究宏观政策领域投入的精力较少，并很少去影响宏观政策决策层。

智库以影响政策为主要目标。智库存在的动力就是影响政策。智库的政治、经济与学术行为都是围绕其主要目标而存在的。智库总是寻求机会并建立渠道，向决策层、社会公众尽可能地输出并宣传它们的立场、观点，目标是要影响政策的制定、执行。例如，零点集团连续多年发布《中国公共服务公众评价指数调查》《中国居民生活质量指数报告》等调研报告，调研报告中反映了一些民生问题，如居民对生活质量的满意度、对政府的信任度等。零点集团希望通过这些报告来让政府更多关注民生问题，并制定相应的政策来提高居民生活质量。又如，世界与中国研究所出版《中国基层民主发展报告》和《中国城市社区直接选举改革》等报告，其目的在于希望通过调查研究，让政府高层充分认识到中国基层民主和选举问题，以此来推动基层民主和选举的改革。

智库具备独立运作的能力。智库应该追求独立性，确保能够独立运作，保障其不会因某些利益因素而导致研究受到政府等决策机构的影响，这是智库区别于其他政策研究机构的重要特征之一，是确保智库研究成果具有客观性的根本。智库的独立性不能以资金来源衡量，而是以是否独立运作、观点是否反映客观现实作为判断依据。独立运作是指智库可以决定自己研究什么问题，如中国社会科学院的大部分研究机构虽然接受政府的资助，但可以决定自己研究的问题。观点客观现实是指智库的研究咨询活动及研究成果是基于事实和客观而存在的，不受某些政府部门和领导的主观意见影响。有些智库虽然挂靠在政府之下，但是它们的课题研究及观点都表现出客观性、战略性和综合性。

智库具有专业化水准。作为智库，须组织专家进行知识、思想生产，开展政策研究等，必须具有专业化特性。专业力量决定了智库的影响力，是智库影响政府、社会的关键。智库只有在发展过程中形成自己的专业性，方能真正保持其独立性。智库的专业性包括专业人才队伍的建设、智库专业特色的形成、智库咨询工作的专业特点等。国外知名智库均具有专业化水平。例如，布鲁金斯学会擅长中东问题；兰德公司擅长军事战略；美国外交关系协会擅长外交政策；美国战略与国际问题研究中心擅长国防政策；美国企业研究所擅长贸易、经济政策；胡佛研究所擅长美俄关系；卡内基基金会擅长核不扩散问题；欧洲政策研究中心擅长欧洲一体化研究；法国国际关系研究所擅长欧洲事务；斯德哥尔摩国际和平研究所擅长危机管理；亚当·斯密研究所擅长自由市场等。智库的专业性建设及充分发挥，要求有适应于本智库的有特色的管理方式来保障。

（三）智库分类

（1）国外的分类。目前学术界对智库的分类尚未有统一的标准。国外学者曾经对智库进行了不同维度的分类：从研究领域看，可以分为综合型和专业型；从规模上看，可以分为大、中、小型；从党派背景或政治倾向看，可以分为保守派、中间派和激进派。威佛根据智库的职能将智库分为 3 类[①]：以研究为导向的机构；以接受合同（委托）研究为主的研究机构 (contract research organizations)，又称“政府合

① 薛澜，朱旭峰．中国思想库：涵义、分类和研究展望 [J]. 科学学研究，2006，24（3）：321-327.

同的研究组织”(government research contractor)；倡导型智库 (advocacy tanks)。

詹姆斯·麦肯在《全球智库报告》中将智库划分为 5 类[①]。一是政策研究型，此类智库和政府拥有良好关系，研究扎实，也有极佳的公关能力，也比较了解政府需求，为政府提供政策建议，如美国兰德公司、加拿大公共政策研究学会等。二是政党代言型，此类智库具有比较清晰的意识形态，如偏左派或偏右派，多由政党的一些资深领导人组成，如美国传统基金会、英国市民社会研究所。三是政府代理人型，它们只有智库之名，却无其实，表面上具有非政府组织特点，但实际上是政府的左膀右臂，主要工作是为政策背书，如俄罗斯的民主与合作研究所、乌兹别克斯坦政治研究中心（CPS）。四是学者型，它们是智库界的骄子，具有主导议题及提议的能力，所提出的建议或意见经常被采纳，作为政策制定和协议起草的基础，如美国布鲁金斯学会、丹麦国际问题研究所。五是行动者型，此类智库不仅从事分析评论工作，还是政策倡导者，如美国的人权观察、南非的冲突研究中心。但仔细研究发现，国外的这些分类方式大都是基于西方的智库特点，不适用于对北京地区智库进行分类。

（2）国内的分类。根据调研的结果及研究分析，我们发现目前中国不同类型的智库适用不同的政府注册登记管理体系。例如，企业型智库需在各级工商行政管理机关登记注册，民办非企业型智库需在科技部或民政部登记，事业单位型智库则按照级别在不同级别的政府主管部门登记，大学下属智库则不用单独注册。我们依据资金来源及智库的组织属性，将北京地区智库分为官方智库、学术型智库和民间智库 3 类（图 2）。

①官方智库：政府下属的决策研究类事业单位，是指具备法人条件的事业单位，专门从事政策研究和咨询工作的机构。在计划经济时代，它们通常直属于政府部门，改革开放以后，普遍进行事业单位改革。根据《事业单位登记管理暂行条例》（1998 年）的规定，事业单位是指国家为了社会公益目的，由国家机关举办或者其他组织利用国有资产举办的，从事教育、科技、文化、卫生等活动的社会服务组织。在符合条件的事业单位法人中，将专门从事政策研究和咨询工作的机构纳入智库范畴。这类机构的主要职责是为国家相关部门提供决策咨询和支持，其主要经费来源于国家财政拨款。比较典型的事业单位法人型智库是国务院发展研究中心、中国社会科学院下属的各个专业的研究所（中国社会科学院也是事业单位）、中国

① The leading public poliay research organizations in the world. The Global “Go-To Think Tanks”. [R/OL][2016-03-05].http:www.doc88.com/p.707872943852.htm.

科学技术发展战略研究院、中国科学院科技政策与管理科学研究所等。这类智库是国家主要的决策咨询公司，也是北京地区智库最普遍的存在形式。

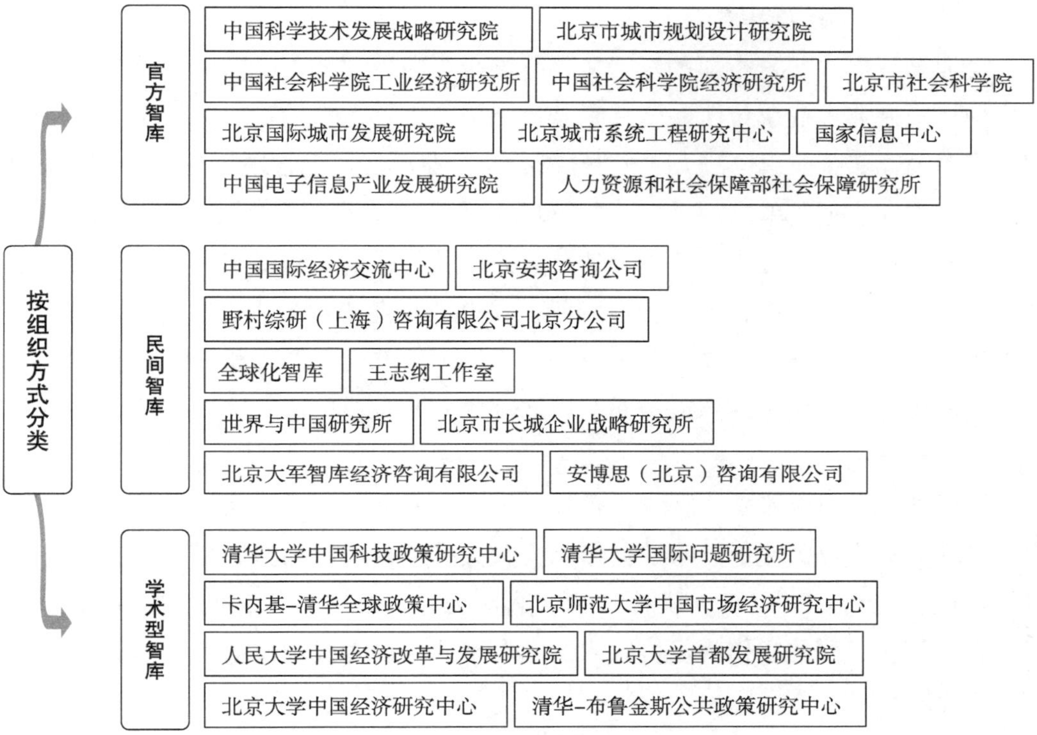

图 2　智库类别

②学术型智库：隶属大学的从事政策研究和咨询的组织。这类智库是由大学在其他机构、团体的协助下创建的，其经费来源为校方拨款和基金会、公司的资助或私人捐助，研究人员大多是校内各学科的学者和从其他大学、研究机构聘用的研究员，其服务对象和研究课题相当广泛。这些智库广泛存在于国内研究型的知名大学中，它们除了承担一定的理论研究和教学任务外，还要从事政策问题研究、向政府部门汇报研究成果、公开发表文章、出版著作等工作。由于这些机构通常直接挂靠在大学之下，可以广泛利用学术资源，在研究深度与研究广度上都有较大的发挥空间，其提供的研究结论也更具科学性。与官方智库不同的是它们没有权力和校外的独立法人签订合同，财务上不能独立核算。由于这类智库数量较多，且也不在国家任何行政管理部门登记并接受管理，所以学术型智库的数量比较难估计。中国的学术型智库之所以不设立为独立法人，主要是因为这样方便高校统一管理。目前这类

智库中比较有影响的有北京大学中国经济研究中心、清华大学国情研究院等。

③民间智库：是指企业型智库和民办非企业单位法人型智库等。目前，民间智库有几种形式：企业型智库、民办非企业单位法人型智库、社团性质智库，还有一些不具备法人资格的智库。

企业型智库主要是指那些专门从事政策研究和咨询工作、以企业身份注册的法人机构。民办非企业单位法人型智库是指由民间出资组织，专门从事政策研究和咨询工作的民办非企业单位法人。根据《民办非企业单位登记管理暂行条例》（1998年）的规定，民办非企业单位（在该条例颁布前，我们将此类组织称为“民办事业单位”）是指企业事业单位、社会团体和其他社会力量及公民个人利用非国有资产举办的，从事非营利性社会服务活动的社会组织。民办非企业单位分为法人、合伙和个人3种类型。而根据该条例，民办非企业法人是经国务院民政部门和县级以上地方各级人民政府民政部门登记注册或备案，领取《民办非企业单位（法人）登记证书》的各类民办非企业单位。

民间智库的研究经费主要来自市场，即来自所承担课题的项目经费。一方面，它们选取社会广泛关注的、对社会影响力较大的项目进行相关研究，形成相关研究成果后向社会公布，以扩大机构的社会影响力；另一方面，它们通常承接政府部门、企业等相关课题，作为机构收入的主要来源。这类机构包括零点集团、世界与中国研究所等。

二、国际智库发展现状及趋势分析

（一）国际智库发展概况

进入20世纪90年代后，伴随着冷战的结束和经济全球化不断向纵深推进，人类发展面临的全球性问题日益突出；与此同时世界各国的发展也面临更多的政策挑战，以影响政府决策为目标的智库不得不重新确定其研究内容并进行组织结构的调整，研究范围也不仅限于战略、军事、国际关系等，还包括当代政治、经济、社会等方面的问题，智库在世界各国政府决策过程中不可或缺。

根据美国宾夕法尼亚大学智库和公民社会研究项目主任詹姆斯·麦肯所编写的《全球智库报告2010》，截至2010年7月，全球共有智库6480个，其中北美洲最多，共1913个，占30%；欧洲1757个，占27%；亚洲1200个，占19%。智库数量最多的7个国家分别是美国、中国、印度、英国、德国、法国、阿根廷（图3）。

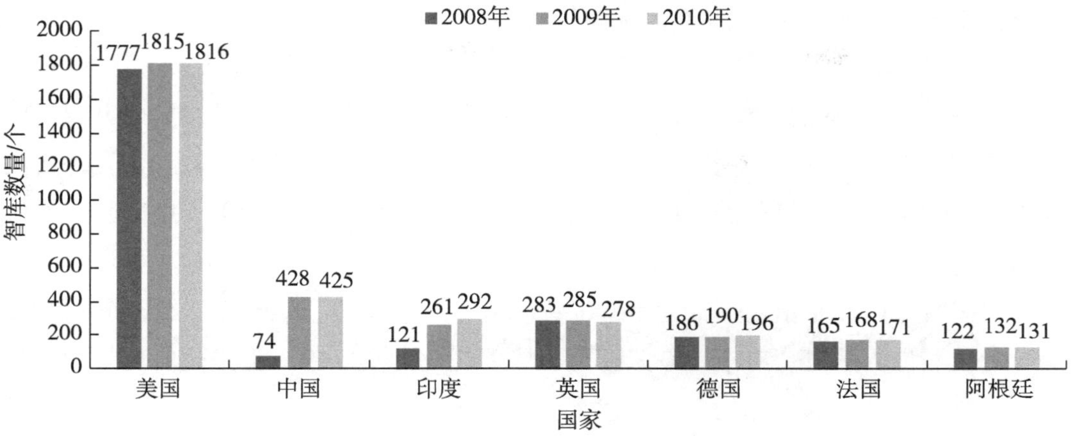

图 3 世界主要国家智库数量

（资料来源:《全球智库报告 2010》）

（二）主要发达国家的智库发展特点

美国智库发展迅速，数量跃居世界首位，实力雄厚，既依托政府又独立于政府，拥有良好的社会经济基础、人才优势及规范的行业管理制度，有很强的国际影响力。据统计，2010 年美国共有 1816 个智库，其中 90% 以上是 1951 年后建立的，超过 50% 的智库是在过去 25 年内建立的。在美国，智库多受政府重视，经费充足、人才集中，经常从事全局性、战略性、综合性的课题研究。其对美国决策的影响举足轻重，能在相当程度上左右美国政治、经济、军事、外交等一系列重大决策。其中，布鲁金斯学会、美国外交关系委员会、卡内基国际和平基金会、兰德公司、传统基金会、伍德罗 · 威尔逊国际学者中心、美国战略与国际问题研究中心、美国企业研究所、加图研究所、胡佛研究所，以及巴特尔纪念研究所、克林顿与美国进步政策研究所、麻省理工学院国际研究中心等，是美国最具影响力的智库。

英国智库历史悠久，经验丰富，组织严密，获得社会支持力度较大，具有较强的国际影响力。英国被认为是欧洲智库的创始国，经过两个多世纪的发展，英国的智库发展已经形成了一个规模较大、行业发展较成熟的体系。随着研究能力的不断提高，英国智库已得到社会的充分尊重，咨询业属于高水平的知识行业。据统计，当前英国有近 300 个智库，大约可分为三大类：第一类是工程咨询方面的智库，它们起步很早，适应于早期工程发展的需要而发展迅速；第二类是技术服务咨询方面的智库，主要以提供新技术、新知识为业务方向，服务项目包括设计新产品、对产品进行技术评定、对企业进行新技术改造、培训新技术人才、提供新技术咨询等；

第三类是管理咨询公司，服务范围很广，包括财政管理与行政管理、生产管理与人力资源管理、市场调研与产品营销、情报提供与程序设计等各个方面的咨询。最具影响力的有4家：查塔姆研究所、伦敦国际战略研究所、海外发展研究院、亚当·斯密研究所。其中，伦敦国际战略研究所久负盛名，最具国际特色，几任所长都是国际知名人士，该所经常聘请来自包括美国、澳大利亚、印度、中国、日本等国的研究人员。

德国智库以满足市场需求为宗旨，智库行业迅速发展。据统计，2010年德国智库数量位居世界第五，有近200家智库，主要分为4类。第一类是政府决策的咨询公司，主要为政府部门提供新兴技术和行业发展方向等方面的咨询报告，对一些重大课题进行技术经济论证，同时将科研部门的研究成果向企业推广转让。第二类是兼有投资功能的咨询公司，它们属于集团性的咨询公司，常常以协会或科技部门为后盾，一方面为企业提供各种咨询活动；另一方面对有发展前景的企业提供资金，扮演投资人角色。第三类是以技术转让为主的咨询公司，它们将科研部门和大学院校的最新科研成果及时而有效地向企业推广，促进科研成果快速产业化。第四类是纯盈利性咨询公司，主要是为企业服务，帮助企业研究产品促销、预测市场发展、探索新技术发展方向、协助企业提高管理水平等。德国智库的主要特点为：智库的发展速度快于经济的增长速度，十分重视人才的质量，咨询公司对咨询顾问的素质要求很严格；智库主要充分发挥行业组织的积极作用，非常重视咨询的规范性和咨询活动与新技术的结合，以科学规范的咨询程序保证高水平的咨询结果。德国最有影响力的智库是德国系统工程与技术革新研究所（ISI），这个研究所是德国半官方咨询公司，隶属弗朗霍夫协会，研究所的咨询课题始终坚持科技与经济、社会发展的密切联系，尽可能适应德国工业企业快速发展的需要，深受工业企业界的欢迎。

与欧美等国家的自由市场经济体制不同，日本的智库是伴随咨询行业发展而发展的，并且是在以政府主导的有计划的市场经济体制基础上迅速发展。日本不同于欧美等国，实行有计划的市场经济体制，政府计划干预对市场自发调节发挥了显著的辅助作用。日本政策咨询市场的发展与当时社会经济、技术发展相适应。在经济恢复时期，日本智库处于模仿阶段，主要借鉴美国经验。从20世纪50年代中期开始，日本经济进入高速增长时期，这一时期日本开放市场，经济发展与贸易自由化，促使咨询市场不断拓展；反过来智库的发展也使经济、贸易进一步自由化。这一时期日本智库主要为企业的经营发展提供诊断意见，更多的是以咨询公司的形式出现。这一时期咨询公司数量增长较快，1978年平均每年以6.3%的速度增长。20

世纪 60 年代后半期，日本咨询行业进入稳定发展时期，这一时期智库开始发展，研究领域趋向综合化。20 世纪 70 年代，“咨询热”席卷日本列岛，到 1978 年咨询公司达 1570 余家，仅“企业诊断”咨询业的从业人员就达 5 万余人。1970 年前后是咨询业的大发展时期，也是智库蓬勃发展的时期。一批综合性强、声望高、实力大的智库就创办于此时期，如 1962 年成立了日本经济调查协议会，1963 年成立了日本经济研究中心，1965 年成立了野村综合研究所，1966 年成立了日本能源经济研究所，1967 年成立了三井情报开发株式会社，1969 年成立了社会工程学研究所，1970 年成立了三菱综合研究所，1971 年成立了未来工程学研究所和政策科学研究所，1973 年成立了社会开发综合研究所等。

三、国内智库发展概况及特点

（一）发展历程

自 20 世纪 80 年代以来，随着改革开放政策的实施和改革的不断深入，智库在国家和地方政府决策过程中发挥的作用不断增强。从资料考察及调研分析的情况来看，中国智库的发展大致可划分为以下 4 个阶段。

改革开放以前，没有真正意义上的智库。改革开放以前，受特定历史条件和体制的限制，北京地区智库主要集中于体制内部。除少数国有事业型研究机构外，只有少量高等院校会参与部分政治决策的研究。受当时国内大环境影响，这些智库的研究工作主要是为党和政府的政策提供宣传与理论解释，而非提供政策预案或参与决策支持，因而并不能把这些机构称为真正意义上的智库。例如，1956 年成立的中国科学技术信息研究所，早先的工作只是为政府收集整理国外相关领域的信息情报，并把国外的相关情况提供给政府做借鉴之用。

20 世纪 80 年代，官方智库快速发展，民间智库开始起步。1986 年，万里同志在全国软科学研究工作座谈会上作了《决策民主化和科学化是政治体制改革的一个重要课题》的报告，提出了软科学发展应为决策民主化科学化服务。这一时期是北京地区智库尤其是官方智库发展的黄金时期，民间智库也得到一定程度的发展。20 世纪 80 年代末，处于多元化趋势中的智库发展一度停滞，但这一时期也为智库未来的发展奠定了坚实基础。

随着中国社会经济的发展，处于改革开放初期的政府决策机构面临的决策环境的复杂性和决策的难度也不断增加，因此中央和地方各级决策机构制定决策方案时，需要大量的研究者和研究机构提供智力支持，这是中国智库发展的第一个“活跃期”。国务院先后成立 4 个研究中心，分别是国务院经济研究中心、国务院技术经济研究中心、国务院价格研究中心和国务院农村发展研究中心。1985 年国务院将国务院经济研究中心、国务院技术经济研究中心、国务院价格研究中心三家合并，组建国务院发展研究中心，1990 年国务院农村发展研究中心的部分人员也被纳入国务院发展研究中心。同一时期，中国科学院哲学社会科学部从中国科学院分出单独建立中国社会科学院，一些应用领域的研究也开始发挥政策决策咨询作用。

这一时期，中国智库发展的政策环境相对宽松，政府对智库参与决策的需求也相对迫切。党的十一届三中全会后，党和政府的重大方针及决策方案一般都是在广泛征求专家学者、党外人士意见的基础上，经过认真的调研、反复的科学论证后而出台的。可以说，20 世纪 80 年代是中国政策咨询最活跃、取得成效最大的黄金时期，为之后智库建设和发展积累了宝贵的经验，也为今天智库的发展奠定了良好的基础。

20 世纪 90 年代，智库朝多元化方向发展。进入 20 世纪 90 年代，中国智库发展进入第二个“活跃期”。中国的改革开放进入了攻坚阶段，对政策研究的需求也不断增加，从而推动智库发展进入第二个“活跃期”。这时的智库不仅仅关注国家重大方针政策的研究，进入了多元化和多领域的发展阶段，研究内容涉及学术研究、政策分析、企业咨询、城市规划等。中国智库的体制类型也开始进入多元化发展阶段，大致形成了官方、高校附属和民间智库三大类。

随着第二次“下海潮”的出现，民间智库及高校附属型智库得到实质性发展。在第二次“下海潮”的推动下，从政府部门和官方智库走出来一批获得一定成就的专家，他们脱离原来单位创办了属于自己的研究机构。例如，世界与中国研究所、零点集团等。同期，随着教育部“211 工程”和“985 工程”的启动，高校的政策研究机构也开始高速发展。清华大学、北京大学等主要研究型高校纷纷成立各类研究中心，从海外引进各种学科人才，通过研究政策问题、向政府部门汇报研究成果、公开发表言论及出版著作，积极推动高校智库在国家和社会层面发挥决策影响力，如北京大学中国经济研究中心、清华大学国际问题研究所等。

总体上看，这一时期的智库更具独立性、影响力和国际视野。虽然大部分机构的研究经费主要来自政府，但是专家敢于表达不同于政府的观点。例如，世界与中国研究所就在推进中国民主化进程中，提出了自己独到的观点。同时，不同智库对一些政策问题也会持有不同观点，并利用相关途径进行激烈的讨论。例如，针对中国能源安全政策问题很多单位都持有各自意见，为推动达成能源利用与保护的共识，包括国务院发展研究中心、中国国际问题研究院及北大、清华等知名智库的专家均参与到了中国能源安全问题的大讨论之中。

21 世纪以来，智库发展进入“黄金时代”。进入 21 世纪后，随着中国国家经济实力的快速提升，为适应日益激烈的国际战略竞争的需要，中国政府越来越重视智库所发挥的作用。特别是近几年，国内外环境急剧变化，国民经济高速增长，贫富差距拉大而造成的社会矛盾日益凸显，因此迫切需要智库为国家的各项政策提供智力支持。

2004 年 1 月，《中共中央关于进一步繁荣发展哲学社会科学的意见》明确指出，“使哲学社会科学界成为党和政府工作的‘思想库’和‘智囊团’”。2005 年 5 月，胡锦涛总书记主持中共中央政治局常委会议，听取了中国社会科学院的工作汇报，强调要进一步办好中国社会科学院。2007 年 12 月，为了深入服务改革创新，中国科学技术促进发展研究中心进行结构调整，重组更名为中国科学技术发展战略研究院。2009 年 6 月，国务院总理温家宝在国务院常务会议上明确要求，根据国内外经济形势变化和中长期发展需要，加强储备性政策的研究，提高宏观调控的前瞻性和针对性。而于 2009 年 3 月成立的中国国际经济交流中心被认为是当代中国智库发展的排头兵，被称为中国的“超级智库”。同时，原有的政策研究机构，如中国科学院、中国社会科学院，以及高校研究机构、民间研究机构，也都开始把加强自身的智库影响力作为努力的方向。

这一时期，无论是政治环境、舆论环境、人才资源、资金保障还是社会需求都是北京地区智库发展的“黄金时代”。尤其是 2009 年以来，随着和谐社会、法治社会、民主参政等理念的形成，中国国际经济交流中心等智库的成立，以及众多知名民间智库的成熟和壮大，北京地区智库逐渐成为政治决策、思想传播、公共外交中的重要力量。

（二）中国智库发展情况

智库数量发展迅速。根据宾夕法尼亚大学《全球智库报告》公布的数据，截至 2010 年底，中国被国外普遍认知的智库有 425 家。而实际上，由于统计口径的不统一，中国的智库数量远超过 425 家。科技部办公厅调研室、中国科学技术发展战略研究院发布的《2009—2010 年度全国软科学研究机构统计调查报告》显示，截至 2010 年底，全国共有软科学研究机构 2408 家，比 2006 年增加 1075 家，即增加 80.6%。本次统计的软科学研究机构从机构性质上分为企业法人、事业法人、社团法人、非国有非企业法人（民办非企业法人）、非独立法人、机关法人 6 类。根据本报告的界定，机关法人（约占全国软科学研究机构的 8%）及社团法人（约占全国软科学研究机构的 5%) 绝大部分不属于智库范畴。因此，可以算入智库范畴的软科学研究机构约为 2100 家。统计数据显示，机关法人及社团法人在软科学研究人员、经费总数和承担课题等方面占比较小，而且部分企业法人软科学研究机构未纳入统计体系，本报告下文将以软科学研究总体情况来粗略估计智库的总体发展情况。

智库总体情况发展良好，政策影响力初步显露。2009—2010 年，软科学研究机构经费总数为 239.7 亿元，其中来自政府的经费占 66.5%，约为 159.4 亿元，是同期政府研发投入的 13.4%。从事软科学活动人员共计 8.4 万人，比 2006 年底增加 4.8 万人，增长 137.5%，约为同年全国研发人员的 4%。在软科学活动经费支出方面，2009—2010 年全国软科学活动经费支出为 41.8 亿元，比 2006 年底增加 36.2 亿元，增长 6 倍多。2009—2010 年，全国共完成软科学课题 20 708 项，正在进行课题 14 334 项，课题平均经费支出 11.7 万元；课题总投入人力 8.3 万人年，课题平均人力投入 2.3 人年。获得领导批示 5551 次，参加政府咨询会 10 020 余次，学术论文被核心期刊引用近 10 万次，观点被媒体引用 3 万多次，产生了一定的政策影响及社会影响。

智库发展不平衡。东部地区研究力量强于中西部地区。从软科学研究机构的地区分布来看，东部地区的软科学研究机构为 1198 家，占全国软科学研究机构的一半；中部地区为 670 家，占全国的 28%；西部地区为 540 家，占全国的 22%。软科学研究机构的地区分布依然不均，东部地区软科学研究机构力量明显强于中西部地区。

官方智库占重要地位，民间智库力量微弱。统计显示，中国的 2408 家软科学研究机构中，事业法人、高校下属软科学研究机构及机关法人所占比例超过了 90%，企业法人及民办非企业法人所占比例约为 5%。从事软科学活动的 8.3 万人中，部委所属研究机构 8555 人，约占总数的 10%；地方政府所属研究机构 2.7 万人，约占总数的 33%；高校软科学研究机构 4.7 万人，约占总数的 57%，企业及民办非企业软科学研究人员不足 1%。在软科学活动经费支出方面，2009—2010 年全国软科学活动经费支出 41.8 亿元，其中部委所属研究机构支出 16 亿元，占总数的 38.3%；地方政府所属研究机构支出 15.3 亿元，占总数的 36.6%；高校软科学研究机构支出 10.5 亿元，占总数的 25.1%；企业及民办非企业机构支出 0.3 亿元，占总数的 0.7%。从软科学研究课题来看，2009—2010 年来自民办非企业法人及企业法人的软科学研究课题为 768 项，占总数 35 724 项的 2.1%，产出的学术论文、出版专著、内部报告、领导批示及成果的引用数量相对于政府下属机构及高校下属机构几乎是微乎其微。

学术型智库初具规模。中国的综合性大学高层次人才密集，学科优势明显，馆藏资料丰富，学术研究氛围浓厚，为学术型智库的发展提供了良好的环境。资料显示，高等学校内的软科学研究机构是我国软科学研究的主要力量，占全国软科学研究机构总数的近一半。截至 2010 年底，非独立法人软科学研究机构占总数的 43.4%，而高等学校内的软科学研究机构占全部非独立法人软科学研究机构的 88.7%，占软科学研究机构总数的 38.5%。2009—2010 年全国软科学研究机构共承担软科学研究课题 35 724 项，其中非独立法人软科学研究机构承担课题 16 024 项，占比为 44.9%，科学活动经费支出 9.3 亿元，占总活动经费支出的 22.2%，投入人力 4.1 万人年，占总人力投入的 49.6%。2009—2010 年度全国软科学研究获奖课题 4831 项，占同期完成课题的 23.33%，其中非独立法人软科学研究机构完成获奖课题 2390 项，占比为 49.47%。在学术论文产出方面，高校软科学研究机构学术论文占全部学术论文的 64.3%，与此同时，高校的学术专著占软科学研究机构专著总数的 62%。在软科学研究成果的社会影响方面，2009—2010 年度非独立法人机构学术论文被核心期刊引用次数为 57 957 次，占比为 60.84%；接受媒体采访 3550 次，占比为 35.11%；观点被媒体引用 14 955 次，占比为 47.81%。虽然以上数据仅为高校内软科学研究机构的相关数据，而且高校内软科学研究机构未必都是智库，但也从侧面反映出学术型智库的发展空间和发展势头。

北京、上海、武汉、南京等地的研究型大学纷纷成立专门的政策研究机构，如北京大学国家发展研究院、中国人民大学软科学研究所、复旦大学发展研究院等，既作为政策理论研究的基地，也围绕国家现代化和社会进步的重大课题进行调研，义不容辞地担负起给各级政府和企业决策者充当“智库”的重任。与此同时，各级政府也越来越重视发挥大学附属型智库的作用：一方面，不少高等学府的著名学者以顾问形式，成为各级政府的智囊；另一方面，各级政府也注意就一些重大问题的决策向大学附属型智库进行咨询。

研究方向更具综合性和现实性。随着中国社会的不断发展，中国智库的研究内容及角度也发生了一定的转变。新中国成立初期，受苏联模式影响，很多智库机构都是由原来的情报部门转变而来，而该时期的研究课题也大多以国防安全、军备发展、世界军事热点分析、世界政治热点分析、政治军事危机的处理等国家战略问题为主。20 世纪 80 年代以后，随着决策科学化和民主化进程的加速、改革开放的推进，智库研究的重心也逐渐由原来的军事、政治向重大社会、经济、科技、发展战略研究领域转变。智库研究的内容开始涉及重大经济体制和社会发展战略的研究和制定，关注国与国关系，研究政府对重大国际政治问题应采取的立场和保持的姿态。进入20世纪90年代，随着工业化发展和城市化进程带来的一系列社会问题，如何建立新的社会创新开发体制，如何解决环境污染、资源短缺、人口老龄化等问题，以及如何减轻社会福利负担成为智库的新课题。进入21世纪以来，智库围绕西部大开发、人口与社会可持续发展、高技术产业发展、科学教育提出了一系列咨询报告呈送国务院及政府有关部门，为国家制定相关政策提供了具有重要参考价值的科学依据。

（三）北京智库发展现状

与北京作为国家政治经济决策中心地位一致，北京是全国软科学研究机构最为集中的地区，也是软科学研究规模最大、质量最好、影响力最强的地区，由于本报告中用软科学研究机构的基本情况概述智库的基本情况，由此也反映出北京智库的发展情况。

北京是全国智力资源最密集的地区，也是智库最密集的地区。统计数据显示，北京是全国软科学研究机构及研究人员最密集的地区。截至2009年底，北京共有政府属科研院所353家（民间机构）、高等院校87家，共有2310家企事业单位开展了研究活动，参与研究活动的人员达到25.3万人。截至2010年，北京共有软科学研究机构258家，位居全国第一，占全国的10.7%；从事软科学活动人员数为10 616人，占全国软科学研究人员的12.7%，比位居第二的山东多4572人，其中拥有博士学位人数共3564人，占全国的20.3%。在所有参与软科学研究的人员中，为政府决策与管理进行咨询投入的人员为2070.4人年，占全国的17.5%（表1）。

表1　北京软科学研究机构及研究人员数量

类别	北京	全国	北京占全国比例
软科学研究机构数 / 家	258	2408	10.7%
从事软科学活动人员数 / 人	10 616	83 768	12.7%
拥有博士学位人数 / 人	3564	17 583	20.3%
为政府决策与管理进行咨询投入的人员 / 人年	2070.4	11 857.9	17.5%

资料来源：《2009—2010年度全国软科学研究机构统计调查报告》。

北京地区智库的研究规模、研究质量为全国之最，其他地区望尘莫及。2009年，北京地区软科学研究机构共承担课题8076项，占全国总数的22.6%，比位居第二的浙江多近3000项。软科学研究机构经费总额为81.51亿元，占全国软科学研究机构经费总额的34.0%，其中为政府决策与管理进行咨询投入的经费为40 623.6万元，占全国的39.7%，软科学研究课题经费为21.9亿元，占全国的52.3%；软科学研究机构总支出77.28亿元，占全国的36.7%；在研究产出方面，发表学术论文数量、国内外合作项目等均为全国第一。2009—2010年，北京软科学研究发表学术论文27 442篇，占全国的17.7%；其中在国外发表学术论文1580篇，占全国的24.0%，内部研究报告或内参3310篇，占全国的13.5%。出版软科学研究著作3038种，占全国的28.0%；国内合作项目1425项，占全国的14.3%；国际合作项目221项，占全国的12.4%（表2）。

表2 北京软科学研究机构投入产出情况

类别	北京	全国	北京占全国比例
经费总额 / 万元	815 106.4	2 396 591.7	34.0%
支出 / 万元	772 862	2 104 773.8	36.7%
软科学课题数 / 项	8076	35 724	22.6%
软科学研究课题经费 / 万元	218 782	417 978.3	52.3%
发表学术论文总数 / 篇	27 442	154 876	17.7%
在国外发表学术论文总数 / 篇	1580	6596	24.0%
出版软科学研究著作总数 / 种	3038	10 866	28.0%
译成外文的研究著作 / 种	55	268	20.5%
发表的会议论文 / 篇	3600	26 996	13.3%
在国外发表的会议论文数 / 篇	1025	7895	13.0%
内部研究报告或内参 / 篇	3310	24 483	13.5%
国内合作项目 / 项	1425	9951	14.3%
参加国内会议 / 次	4518	26 266	17.2%
国际合作项目 / 项	221	1782	12.4%

资料来源：《2009—2010年度全国软科学研究机构统计调查报告》。

北京智库的社会影响力在全国最为突出。智库的影响力是指智库通过可以观察到的行为，直接或间接使政策过程或政策决策者的观点发生改变，从而做出智库希望得到的政策决策的能力①。影响力是一种软的权力，它不同于行政命令可以直接制定政策、做出决定，它是一种暗含的权力，这里主要用决策影响力、学术影响力及社会影响力进行考量。其中，决策影响力主要用领导批示数量、参加政府咨询会次数进行衡量；学术影响力主要用学术论文被核心期刊引用情况、举办国内会议及国际会议进行衡量；社会影响力主要用接受媒体专访数和观点被媒体引用次数来考量。从这个衡量体系来看，北京软科学研究机构除了学术论文被核心期刊引用情况方面落后于重庆和江苏，领导批示数量落后于广东、湖北、河北，其他方面均为全国第一。决策影响力方面，2009—2010 年北京软科学研究机构参加政府咨询会 1849 次，占全国的 18.5%。学术影响力方面，2009—2010 年北京软科学研究机构举办国内会议 855 次，占全国的 23.5%，举办国际会议 240 次，占全国的 27.7%。社会影响力方面在全国的地位尤其突出，如接受媒体专访数 1476 次，占全国的 14.6%，观点被媒体引用 11 263 次，占全国的 36.0%（表 3）。

表 3　北京软科学研究机构影响力情况

类别	北京	全国	北京占全国比例
领导批示 / 篇	445	5551	8.0%
参加政府咨询会 / 次	1849	10 020	18.5%
学术论文被核心期刊引用情况 / 次	9745	95 257	10.2%
举办国内会议 / 次	855	3634	23.5%
举办国际会议 / 次	240	865	27.7%
接受媒体专访数 / 次	1476	10 112	14.6%
观点被媒体引用 / 次	11 263	31 277	36.0%

资料来源：《2009—2010 年度全国软科学研究机构统计调查报告》。

随着改革开放的深入推进，决策支持及咨询领域逐渐向市场开放，决策咨询公司也由计划向市场方向发展。不同组织形式不同领域的智库，其发展的模式有所不同。我们从市场化程度和研究领域两个维度，结合调研分析的结果，把北京智库的发展模式归纳为以下 5 种。

① 朱旭峰 . 中国思想库：政策过程中的影响力研究 [M]. 北京：清华大学出版社，2009：6.

（1）政府主导，以支持政府决策为核心业务的稳定发展模式。这类智库一般是带有较强计划性和行政指令性的事业单位，机构研究人员通常来源于体制内，与相关政府部门保持良好的沟通，机构的主要日常运行经费由财政拨付，主要任务是承担相关政府部门交付的研究项目，较少主动到市场上寻找研究项目。研究领域涉及宏观领域，也涉及微观领域。

该类智库直属于各个政府部门，成立的初衷是为所属政府部门服务，从成立到发展，主要的推动力为政府，虽然在20世纪90年代末的体制改革浪潮中受到一定的影响，面临着市场竞争的压力，但是由于目前政府决策支持的需求越来越大，其发展势头依然比较好，比较典型的有国务院发展研究中心、中国科学技术发展战略研究院、中国科学技术信息研究所、北京市城市规划设计研究院等。

（2）依靠品牌优势和雄厚的研究实力不断成长的发展模式。这类机构主要以中国社会科学院、中国科学院，以及高校科研院所和研究中心为典型代表，如中国社会科学院城市发展与环境研究所、中国科学院科技政策与管理科学研究所、北京大学中国经济研究中心、清华大学中国科技政策研究中心、清华大学国际问题研究所等。这些机构研究领域大多集中在宏观领域，理论性研究相对较多，主要针对当前社会发展的热点经济、政治、科技、思想文化等问题展开研究。相对而言，高校在研究方向上更为主动和自由，而中国科学院、中国社会科学院在研究方向上更具针对性。

这类研究机构作为北京研究实力最为雄厚的智库，对决策和社会的影响日益增强。一方面，这类机构背靠科研院所及高校，研究氛围浓厚，研究人员相对稳定；另一方面，这类机构通常属于事业单位，享有国家财政支持，研究人员能够长期、相对独立自主地开展某个领域的研究，其研究水平相对较高。因此，此类智库在争取研究项目的时候具有很好的优势。随着科研院所改革及高校的日益开放，此类智库借助院所及高校的品牌优势，凭借其自身深厚的研究实力，发展势头良好。

（3）充分利用体制内资源在市场上快速扩张的发展模式。这类智库核心部门形式上依然保持事业单位编制，机构部门负责人还保留行政级别，但是这类机构的大部分非核心部门已经逐步改制为企业或公司。这类机构通常既承担主管单位委托的研究课题，为相关领域的发展编制行业准则和规范，也广泛承担社会委托的相关研究课题。在研究领域上，这类机构一个较为明显的特点是涉及宏观研究领域的核心部门，多保留事业编制；涉及微观研究领域的相关部门，多改制成为挂靠核心部门的企业或公司。

这类智库本身来源于体制内，难免带有一定的行政性指令性特点；随着改革开放的深入推进，这类机构根据自身的特点，在改制过程中逐渐市场化，非核心的部门逐渐改制为企业、公司等组织形式。传统的部门主要承担主管单位委托的研究项目，享受主管单位的财政拨款；相对而言，改制后的相关企业和公司则主要承担市场委托的研究项目，按照市场化的规则来运营，支撑自身的建设和发展。一方面，核心部门与政府部门依然保持较好的沟通渠道，直接服务于政府，对决策有一定影响力，仍掌握相关领域丰富的研究资源，信息沟通渠道比较畅通；另一方面，由于其社会的认可程度比较高，这类机构的社会委托任务比较充足，在走向市场化的过程发展比较顺利，在社会上的影响力较大，主要有中国电子信息产业发展研究院等。

（4）以公益研究为主，市场化运作的发展模式。这类智库属于民间研究机构，可能注册为公司，也可能以社会团体的形式存在。其主要发起人一般来自体制内，出于发起人的个人爱好和其他方面的原因，这类智库的主要研究领域集中在宏观发展领域，包含政治、经济、思想文化等方面，在这些领域也具有深厚的积累。

这类智库的发展具有一些典型的特征：一是主要发起人一般都来自体制内，除少数主要负责人员外，多采用外聘专家方式；二是这类研究机构的发起人和研究人员往往带有很强的学者气息和理想主义精神，自愿从事相关工作，并不以此为生，所以往往有多份兼职；三是主要依靠个人关系、研究报告及定期举办研讨会等形式影响决策及社会公众；四是这类研究机构在国内发展前景不太乐观，面临诸多困难。一方面，由于这类机构研究的领域主要涉及政治、经济、思想文化等宏观领域，没有特定的服务对象，其成果属于公益性质，缺乏相应的社会资金支持；另一方面，这类机构作为民间机构，很难获得来自政府的稳定的课题和经费支持，因此资金问题成为制约这类研究机构发展的主要障碍。

（5）以产业或市场研究为主，商业化运作的平稳发展模式。此类智库主要以咨询公司的形式存在，普遍专注政府微观管理、产业发展、企业战略等微观研究领域。这类研究机构完全采取市场化的运作方式，自筹资金、自负盈亏，全靠自身研究能力发展。

随着社会的发展和公共治理的进步，这类研究机构参与公共事务的咨询越来越多，并且这一趋势不断加强。随着社会开放程度的加深、政府对决策科学化要求的加强，这类研究机构迎来很大的发展机遇。经过多年的积淀，这类研究机构在相关领域形成了比较好的发展优势，有比较充足的经费自主开展相关领域的前瞻性研究，同时逐渐将研究范围扩展到宏观战略研究领域，这为咨询公司真正发展为具有独立开展研究能力的民间智库开辟了一条新路，成为当前一种独特的发展模式。以这种模式发展起来的研究机构有零点集团、安邦咨询、北京市长城企业战略研究所等。

四、智库典型案例研究

（一）布鲁金斯学会

1. 简介

布鲁金斯学会（BI）总部在美国首都华盛顿，是一家研究公共政策的非营利组织。学会创办于 1927 年，由 1916 年成立的政治研究所、1922 年成立的经济研究所和 1924 年成立的罗伯特·布鲁金斯经济政治研究学院合并而成，取名于学会成立时的理事会副主席、圣路易斯市企业家、华盛顿大学董事会主席罗伯特·布鲁金斯。学会从第二任会长罗伯特·卡尔金斯时期开始从事政策研究，在第三任会长克米特·登任时期发展成为重要的政策研究机构。布鲁金斯学会遵循“独立、非党派、尊重事实”的研究精神，提供“不带任何意识形态色彩”的思想，旨在充当学术界与公众政策之间的桥梁，向决策者提供最新信息，向公众提供有深度的分析和观点。学会以其深厚的历史根基、严谨的研究功底、思想自由的学风、内外兼备的研究领域而独树一帜。同时，学会有浓重的民主党色彩，许多重要成员为民主党人，为民主党政府出谋划策，储备和提供人才。20 世纪 60 年代以来，其为每届新政府提供一份执政中面临主要问题的综合概述报告。截至 2009 年学会总人数近 300 人，学者共有 100 多名，其中高级研究员 75 人，从事近 85 个研究项目。学会于 1998 年成立了东北亚政策研究中心，于 2002 年成立了萨班中东政策研究中心，于 2004 年成立了美国与欧洲中心，于 2006 年成立了约翰·桑顿中国中心于 2007 年成立了布鲁金斯多哈中心。学会每年有经费 4000 万美元，其中大部分为基金会、大公司、个人、各国政府的资助及出版物的收入等。2009 年，学会的总资产为 3.48 亿美元。

2. 研究方向

学会作为美国著名的综合性政策研究机构，主要从事公共政策、国际安全、医疗保健等不同领域的政策研究。根据 2009 年 1 月的《外交政策》杂志发表的报告《智库索引》，布鲁金斯学会排名全球第一，为对公共政策辩论最有影响的智库、国际和安全事务第一智库、国家发展第一智库、国际经济政策第一智库、医疗保健政策第一智库、国内经济政策第一智库和社会政策第一智库。2009 年度，其主要的研究方向为外交政策、经济研究、全球经济、城市政策和治理研究。

3. 重要成果

首先是在经济学上的成就。该学会主要对金融、财政、经济的稳定政策，国际金融系统，以产业构造等较大的问题进行研究；对 20 世纪 70 年代西方国家世界性的通货膨胀进行研究，对发达国家的通货膨胀和经济增长因果关系进行剖析，从而提出采取控制通货膨胀的政策，如采取缩减预算的紧缩政策。它在产业问题方面以信息交流的研究为主。从根本上来说，该学会是赞成自由的资本主义政策；但是，关于政府在解决失业问题上的政策，该学会也提出了一系列的建议，强调国家对经济的调节作用。

其次是政府领域的研究。它的研究范围非常广泛，既有对行政官厅、议会、司法厅等政府机构功能的研究，也有对政府补助金发放的研究。该学会研究政府领域的问题，目的是促进政府朝着高效高能的方向发展。

最后是该学会在外交政策研究方面成绩突出。一方面，课题广泛，包括国家安全保障、国际经济问题、美国周边关系及各国的多边关系，将对外的政治、经济政策联合起来研究。为此，该学会不仅动员自己内部的研究人员，而且联合外部的专家学者组成了研究小组，为取得良好成绩给予了人力资源的保证。

4. 主要活动

学会每年出 4 期《布鲁金斯公报》，在上面发表若干很有价值的文章。另外还定期出版《布鲁金斯经济论文集》等很有参考价值的文集，受到人们的关注。至今，它已经做出了成千上万的论文、出版了众多书籍。它每年在各地召开 100 多次研讨会，加强和各界的联系。由学会的理事长召开的每月一次的形势研究会经常有政府首脑参加，一起探讨国际国内的形势和相关的问题，对政府政策制定的作用非同寻常。

5. 最新观点

现在布鲁金斯学会重点关注能源与环境、全球变化、创新增长、机会与幸福 4 个领域。

能源与环境：能源安全与环境变化问题涉及经济、国家安全、环境和政府等多方面问题，并对国家、城市、居民、税收政策等产生影响。

全球变化：活跃的经济增长在一些主要国家正在改变着国际安全和外交的性质。如果美国等国家可以积极改革国际机构并根据需要建立新的国际机构，那么活跃的经济增长将为其带来更大的好处。

创新增长：在全球经济衰退期，公共和私人部门真正需要的改变是推进创新，进而过渡到以信息为基础的经济发展模式。这无疑需要短期的干预和长期的计划。

机会与幸福：是否具有为社会提供健康、教育及市民幸福感的能力，尤其对于那些脆弱群体，是一个政府执政能力的体现，关注的内容包括对国家健康和教育系统的改革、对当地交通方案的设计等。

6. 著名专家

约翰·桑顿，布鲁金斯学会董事会主席，1954 年出生于纽约，先后就读于哈佛大学、牛津大学、耶鲁大学，分别获得了历史学士、法律硕士和管理学硕士学位。他 1980 年进入高盛公司并购部，1983 年创建高盛伦敦办事处，1996 年任高盛亚洲区总裁，1999 年任高盛公司总裁兼首席运营官，2003 年从高盛退休，应聘于清华大学，主持清华 EMBA 的“全球领导力”项目。2003—2008 年，桑顿在清华大学连续举办了 6 期“全球领导力”课程，教过的学员有 300 人，桑顿开设这门课程，旨在与学员探讨传统的和最前沿的领导学理念，将其应用于中国的商业和社会实践，同时发现并培养世界新经济体制下中国未来的行业领导者。另外，桑顿担任多家公司董事职务，包括福特汽车公司、中国工商银行、英特尔、新闻集团和中国网通集团等。他还是美国对外关系委员会成员，以及多家机构和组织的理事或顾问委员会委员，如亚洲协会、华美协进社、中国证监会、中国改革论坛、美中关系全国委员会，以及纳尔逊·曼德拉遗产基金会、清华大学经济管理学院、耶鲁大学管理学院等。

斯特普·塔尔博特，布鲁金斯学会主席，美国国务院外交事务政策委员会主席。他曾担任耶鲁全球化研究中心主任、副国务卿（1994—2001 年）、国务卿新州特使兼特别顾问（1993—1994 年）、《时代》杂志自由撰稿人兼外交事务专栏作家(1989—1992 年）等职务，职业生涯跨越了新闻、政府服务、学术等领域，是美国外交政策方面的专家，尤其擅长欧洲、俄罗斯、南亚和核武器控制事务。塔尔博特在担任克林顿政府的副国务卿期间，曾深入参与过实施美国对外政策，以及参与管理行政部门与国会间的关系。他著作等身，著作有《快进：全球变暖时代的道德与政治》《俄罗斯之手：总统外交备忘录》《恐怖时代：美国与世界》《在最高层：冷战结束的幕后》等数十本。

杰弗里·贝德，美国布鲁金斯学会高级研究员，国际外交专家。他 1967 年毕业于耶鲁大学，1975 年获哥伦比亚大学博士学位。2009 年 1 月—2011 年 4 月担任美国国家安全委员会亚洲事务主任，此前担任布鲁金斯学会约翰·桑顿中国中心首位主任，1999—2000年任美国驻纳米比亚共和国大使，最新著作为《奥巴马与中国的崛起》。

苏珊·赖斯，美国斯坦福大学博士，曾担任非洲事务助理国务卿，是美国现任常驻联合国代表。他1986年毕业于斯坦福大学，1988年和1990年在牛津大学分别获得了哲学硕士和博士学位，1993—1997年在美国国家安全委员会工作，1997—2001年任负责非洲事务的助理国务卿，2002年加入布鲁斯金斯学会，在外交政策及全球经济与发展部门当资深研究员。

（二）兰德公司

1. 简介

兰德公司（Research and Development，RAND），美国非营利性的研究和咨询服务机构，主要对国家安全和公共福利方面的各种问题进行系统的跨学科分析研究。兰德公司成立于1948年11月，总部设在美国加利福尼亚州的圣莫尼卡，在华盛顿设有办事处，负责与政府联系，是美国著名智库，也是美国最重要的以军事为主的综合性战略研究机构，它先以研究军事尖端科学技术和重大军事战略著称于世，继而又扩展到国内外政策各方面，逐渐发展成为一个研究政治、军事、经济、科技、社会等各方面的综合性思想库，被誉为现代智囊的“大脑集中营”“超级军事学院”“美国政府第一智囊”，以及“世界智囊团”的开创者和代言人。它可以说是当今美国乃至世界最负盛名的决策咨询公司。

兰德公司现有1700名员工，其中有950名左右的专业研究人员。兰德公司除自身的高素质人员结构之外，还向社会聘用了约600名全国有名望的知名教授和各类高级专家，作为自己的特约顾问和研究员。他们的主要任务是参加兰德的高层管理，对重大课题进行研究分析和成果论证，以确保研究质量及研究成果的权威性。

2. 研究方向

兰德公司对世界范围内的社会、经济和一系列有关国家安全的重大问题提供客观的分析和有效的解决方案。该公司的研究范围涉及美国国家安全、公共福利、电子计算机学、经济学、工程学、环境学、管理学、数学、物理、资源分析、社会学和制度学。大致可以分为四大领域：①国际关系，其中包括世界大多数地区的政治、经济和安全形势；②美国的国家安全问题，其中包括军事力量的配置、装备、经费和作战计划、战略和战术力量、指挥和控制系统、后勤管理；③当代美国国内的社会问题，如公共福利、教育、运输、通信、种族歧视、贫困、住房和环境污染；④政府在公共服务、科学、技术和方法论方面所起的作用，其中包括数学、电子计算机学、经济学、物理和生物、社会学、制度学、管理学、资源分析和工程学等。

现在，兰德公司仍在不断开辟新的研究领域，与公共部门和私人机构的决策人共同商讨解决当今社会中重要的难点、热点问题的办法。

3. 重要成果

兰德公司的研究成果举世瞩目。已发表研究报告 18 000 多篇，在期刊上发表论文 3100 篇，出版了近 200 部著作。在每年的几百篇研究报告中，5% 是机密的，95% 是公开的，而这 5% 的保密报告随着时间的推移也在不断解密。这些报告中，有“中国 21 世纪的空军”“中国的汽车工业”“日本的防御计划”“日本的高技术”“俄罗斯的核力量”“数字化战场上的美国快速反应部队”等重大课题。兰德公司被誉为美国的“思想库”“大脑集中营”，它影响和左右着美国的政治、经济、军事、外交等一系列重大事务的决策。

在为美国政府及军队提供决策服务的同时，兰德公司利用旗下大批世界级的智囊人物，为商业企业提供广泛的决策咨询服务，并以“企业诊断”的准确性、权威性而享誉全球。兰德分析家认为，世界上每 100 家破产倒闭的大企业中，85% 是企业管理者决策不慎造成的。随着全球商业化竞争的加剧，一个企业管理者决策能力的高低，在很大程度上决定了企业的前途和命运。

4. 最新观点

兰德公司最新发布了《教育与亚洲之崛起》，报告中认为：在产业集聚转型和社会快速变革的过程中，中国和印度在教育方面的处境和所面临的挑战十分相似。然而，由于政策、战略及历史环境的不同，两国教育体制的构建思路截然不同。中国和印度在各自教育体制建设中的成就及所面临的挑战，为中印两国和全世界其他发展中国家提供了宝贵的经验启示。

James T. Bartis 的《生产替代燃料的机遇》论述了替代燃料的战略重要性，评估了短期内可投入生产的最佳候选方案和替代燃料生产的障碍，并勾画出一系列为培育替代燃料产业美国国会可采取的相应措施。

5. 著名专家

托马斯·克罗姆比·谢林（Thomas Crombie Schelling），美国著名学者、经济学家，外交事务、国家安全、核战略及军备控制方面的研究专家，也是有限战争理论的奠基人之一，2005 年诺贝尔经济学奖获得者。其主要著作包括：《冲突的战略》（1960 年出版）、《战略与军控》（与摩尔顿·H. 哈尔佩林合著，1961 年出版）、《武器与影响力》（1966 年出版）和《微观动机与宏观行为》（1978 年出版）。最新著作为 2006 年出版的《承诺的策略》。1981—1983 年，谢林担任美国国家科学院二氧化碳评估委员会委员，并且是《气候变化：对福利和政策的影响》的作者。

康多莉扎·赖斯（Condoleezza Rice），美国政治家、前美国国务卿。赖斯是美国历史上就任此职的第一位非洲裔女性，她是继克林顿政府的马德琳·奥尔布赖特之后美国历史上第二位女国务卿。赖斯能讲流利的俄语，是俄罗斯（苏联）武器控制问题的专家。

肯尼斯·约瑟夫·阿罗（Kenneth J. Arrow），美国经济学家，1972 年因在一般均衡理论方面的突出贡献与约翰·希克斯共同荣获诺贝尔经济学奖。肯尼斯·约瑟夫·阿罗在微观经济学、社会选择等方面卓有成就，被认为是战后新古典经济学的开创者之一。除了在一般均衡领域的成就之外，阿罗还在风险决策、组织经济学、信息经济学、福利经济学和政治民主理论方面进行了创造性的工作。其主要著作有:《社会选择与个人价值》《存货与生产的数学理论研究》《公共投资、报酬率和最优财政政策》《组织的极限》等。

唐纳德·亨利·拉姆斯菲尔德（Donald Henry Rumsfeld），美国前国防部部长，曾是美国最具影响力的政治家和军事战略家。拉姆斯菲尔德早在年轻时就已加入美国国防部工作，专责海军事务，并取得军衔，1975 年被当时美国总统福特委任国防部部长，是历届内阁最年轻的国防部部长。下台后仍留在国防部工作，并担任多项与国防有关的公职。当乔治·布什当选为美国第 43 任总统时，拉姆斯菲尔德再次出任国防部部长，成为历届内阁最年长的国防部部长。

（三）北京市长城企业战略研究所

1. 简介

北京市长城企业战略研究所（简称“长城所”）成立于 1993 年 8 月 26 日，是中国最早从事战略咨询的民营咨询公司。作为专业的战略与管理综合性咨询公司，长城所形成了以“战略咨询”为核心，“管理咨询”“信息化咨询”为两翼的咨询业务结构，为客户提供全面的咨询服务。多年来成功为众多的企业、政府及公共组织提供了大量的咨询服务。成立 19 年来，长城所始终坚持“与中国企业共同成长，合作创新增值!”的宗旨。

2. 研究方向

长城所研究方向涉及企业战略、高成长企业管理、企业运营管理、区域战略规划、高科技园区发展、产业发展战略、信息化规划与电子政务、循环经济研究等方面。近年来，长城所专注于新经济咨询领域，形成了以企业、产业和政府 3 种组织为主体的咨询方法，特别是在新经济、创业孵化、瞪羚成长、集群园区领域具有重大理论创新。

3. 重要成果

在企业咨询方面，长城所代表性客户有北大方正、中国恩菲、中材高新、珠江地产、中远关西、宁波轿辰、山西汾酒、北京市商业银行（现北京银行）、国家开发银行等。长城所的特色业务“瞪羚成长咨询”主要为处于快速成长阶段的企业提供综合性咨询服务，先后帮助新希望、宁波神化、湖北劲酒等企业从创业企业发展为年收入达数十亿元的企业集团。

在区域咨询方面，长城所参与了北京城市总体规划修编、长株潭发展规划、环首都经济圈发展规划、重庆都市圈规划等一批重要区域规划。长城所的特色业务“高新区咨询”主要为中国高新区提供规划制定和实施咨询。长城所承担了北京中关村和武汉东湖两个国家自主创新示范区规划编制，并且为包括上海张江高新区、深圳高新区、大庆高新区在内的数十家国家高新区和众多省市级高新区提供了服务。从 1994 年为北京新技术试验区服务开始，十几年来为中关村科技园区的发展提供了有力的智力支持。从 1994 年开始，共完成相关课题研究数十项，内容涉及二次创业、一区多园发展模式、区域创新、知识管理等多方面。长城所与国内的多家高技术园区建立了合作关系，为张江高科技园区提供张江科技城的规划研究、与深圳高新区共同研究关于深圳高新区建设世界一流科技园区的方案、对中国光谷——武汉东湖高新区的现有产业进行梳理和分析，寻找新的产业增长点。

在科技咨询方面，长城所是唯一一家参与国家中长期科技规划的民营机构，承担了科技部集成电路配套材料、平板显示、现代服务业、科技服务业等重大项目的战略研究课题。长城所还是国内最早对跨国公司在华 R&D 机构、企业加速器、产业技术联盟、产业技术研究院等进行研究的机构之一，形成了若干影响政府决策的成果。长城所还参与中关村国家自主创新示范区科技成果处置权改革、科技经费使用范式改革、科技型企业税收优惠等先行先试政策的研究。2002 年，长城所深入研究中国制造业的发展，在对国内外发展形势和中国经济走向的审视基础上，提出了“中国制造”所面临的根本性挑战和存在问题，并创造性地提出了促进“中国制造”到“中国创造”提升的四大通道，这也成为在改革开放中对产业理论的重大理论创新。

在循环经济咨询方面，长城所为区域低碳发展、生态工业园建设等提供整体规划、解决方案、建设实施指导、效果评估等方面的服务，先后承担北京市海淀区、昌平区、房山区、怀柔区及天津泰达等循环经济咨询项目。长城所参与了北京市节能环保规划、固体废弃物处理规划、“绿色北京”行动计划的编制，并且是北京市节能减排相关专项工作实施的重要支撑单位。

除了提供咨询服务之外，长城所还更加直接地参与到新兴产业发展和企业服务当中。长城所是中关村下一代互联网产业联盟、中关村物联网产业联盟的发起单位和秘书处所在，也是中关村“十百千”工程的支撑单位。

4. 最新观点

2011 年 4 月，在“下一代互联网与物联网高峰论坛上”，长城所发布了《物联网产业发展研究（2010）》报告。该报告指出了我国物联网产业发展的四大关键环节、三大发展阶段，并预测我国物联网产业 2020 年市场规模将超 5 万亿元。

2011 年，长城所所长王德禄撰写的《中关村应大力发展原创性新兴产业》得到了中央政治局委员、北京市委书记刘淇的批示。文章中指出，第一，北京应将生物医药研发外包（CRO）作为生物产业的突破口给予重点支持；第二，以中关村物联网产业联盟为平台，围绕关键技术研发、重大科技成果产业化、示范应用，积极探索产学研协同创新新模式；第三，设立北京市移动互联网产业发展专项资金，3 年给予 3 亿元的资金支持，重点支持移动互联网领域具有改变世界梦想的创业团队；第四，依托中关村建立发掘具有改变世界梦想的创业者和创业团队的工作机制，发掘美、日、欧及本土的世界一流创业者。

5. 著名专家

王德禄，北京市长城企业战略研究所所长。1982 年毕业于中国石油大学。20 世纪 80 年代在《自然辩证法通讯》杂志社担任编辑，从事科学史和科学社会学研究。1993 年创办北京市长城企业战略研究所并任所长，是企业战略、区域创新、产业规划、科技政策、知识管理领域资深咨询专家。

武文生，北京市长城企业战略研究所副所长，企业管理咨询、区域发展战略及信息化咨询专家。曾主持完成了 100 多项企业咨询和信息化咨询项目，包括希望集团、方正集团、科瑞集团、劲牌公司、泸天化集团等众多知名企业战略咨询，中关村科技园区、天津经济技术开发区等创新活跃区域发展咨询，对于企业管理、产业价值链、区域品牌塑造与推广、企业 IT 规划、制造业信息化、电子政府与区域信息化等有较深的研究。

赵慕兰，高级经济师，现任北京市长城企业战略研究所副所长。曾任中关村科技园区研究室主任。长期在政府政策研究部门工作，了解政府部门的运行及公共政策的研究制定；长期关注以中关村为代表的中国高新技术产业发展及相关区域经济发展，主持过多个新兴产业发展研究课题和技术创新体系建设战略研究与政策制定课题；关注以硅谷为代表的国际高技术产业集聚区发展，主持过数项国际比较研究项目。

（四）零点咨询

1. 简介

零点研究咨询集团是中国专业研究咨询市场的早期开拓者与当前领导者之一，其前身零点调查成立于1992年。公司于2000年进行结构调整，投资成立了前进策略（策略咨询）和指标数据（共享信息），是目前国内最大的提供专业策略性研究咨询服务的集团公司之一。前进策略咨询公司总部设于北京，在上海、广州设有分部，是零点研究咨询集团旗下的专业管理咨询公司。

2. 研究方向

前进策略的核心业务部门包括公共事务部、管理咨询部、汽车事业部等部门。其中，公共事务部是与政府及公众服务最为密切的业务部门，主要服务内容有政府管理（政策研究、投资评估、公共管理）、企业公益（公益战略、公益外包、公益活动策划）、NGO发展（发展规划、能力建设）等。

零点咨询的政府业务分为两个部分：一部分是政府直接委托；另一部分则是对于一些公众关注的热点问题，即使政府没有考虑做该项调研，零点咨询也会主动站出来进行调研，并把调研的成果免费提供给政府参考，不少政府官员在对调研结果表示满意后，随即便会委托零点咨询在相关方面开展更深入的调研。

3. 重要成果

零点咨询连续多年发布《中国公共服务公众评价指数调查》《中国居民生活质量指数报告》等调研报告。调研报告能够反映一些民生问题，如居民的生活质量满意度、政府公信度、对政府的信心度3个指标的下降。零点咨询的多项报告曾先后得到多位中央领导，以及北京市、上海市等地方领导的批示与肯定。

零点咨询在公共管理领域已构建了良好的业务基础。成功实施了公共服务满意度评估、公众需求与城市规划研究、公共项目和公共政策选择研究、公众安全感研究、公共政策和项目效果评估、公益项目效果评估、行政首长表现研究、社区管理研究、机构内部管理研究、社会群体发展研究、投资环境和商务环境评估、特定人群研究、产业与城市发展研究等项目。零点咨询与上海市政府的合作关系已长达9

年，合作期间参与了世博会的筹办工作等重大决策事项。零点咨询与天津的滨海新区也有10多年的合作历史，为滨海新区的建设做出了很多贡献。就北京来讲，零点咨询的合作单位已超过30家，包括第29届奥林匹克运动会组织委员会、北京市政府办公厅督察办、北京市发展和改革委员会、北京市经济和信息化委员会、北京市工商局、北京市财政局、北京市政法委、北京市外经贸委、中共北京市委和市政府信访办公室等。城管、信访等与民众接触最为紧密、公众压力最大的公共管理部门，是零点咨询最为良好的合作伙伴，因为零点咨询能够帮助这些单位快速解决它们管理服务中遇到的重大问题。

4. 主要活动

零点咨询已连续6年举办“中国公共服务国际研讨会”，并于近年创设“倾听民意奖”。倾听民意奖共分6个奖项：倾听民意积极进取奖、倾听民意持之以恒奖、倾听民意广纳百言奖、倾听民意实效为先奖、倾听民意锐意创新奖、倾听民意开诚布公奖，以此来促进和鼓励政府倾听民意、善用民意。经过评选，共有30个党政部门与公共组织由于其倾听民意的各种突出表现荣获首届“倾听民意奖”，前来领奖的18个党政部门与公共组织的代表中，很多人都非常激动，说：“这么多年，第一次有人给我们颁奖，这是对我们之前所做工作的肯定。”

5. 主要特色

零点咨询现在可以把信息收集、信息研究、行动策略、行动管理4个方面结合在一起，提供一套针对问题的全线解决方案。例如，零点咨询跟北京市政管委合作的城市管道通气补查的项目中，零点咨询能够普查清楚情况，提出解决方案，并对方案的可行性，如财务成本等进行评估，根据情况帮助构建融资渠道，即在调研的基础上，提出一种综合性的解决方案。

零点咨询在与政府合作时一直秉持3项原则：第一，与政府保持研究上的独立性，不偏不倚，保持中立。对零点咨询而言，政府是合作方，对于一些问题可以不说，但是绝不造假，不篡改数据。第二，绝不与政府发生任何回扣等事情。第三，按商业运营的方式与政府合作。对于那些民众最为关心的问题，零点咨询一般都是以解决问题为中心，寻求通过公共技术的改良来解决问题，不轻易提体制改革。

6. 最新成果

零点咨询的民调显示：2011年11月，市民消费信心指数3.29分（5分制下），比上年同期略有提升（3.25分），京蓉分值最高（3.59分、3.55分），上海仅为3.1分，上海居民对消费时机最不认可（2.58分）。消费信心回暖并未带动消费预期提升：

未来一年 10 个市中有 7 个市市民更倾向“尽量增加储蓄减少消费和投资”。

7. 著名专家

袁岳，集团董事长兼总裁、零点青年公益创业发展中心理事长、零点跨国投资研究院院长。北京大学社会学博士，哈佛大学肯尼迪政府学院 MPA，西南政法大学法学硕士，2007 年耶鲁世界学者。中国市场信息调查业协会副会长，北京科技咨询业协会副理事长，欧洲民意与市场研究协会（ESOMAR）前中国区代表，国际管理咨询公司协会 AMCF 前副主席兼中国区代表，北京留学生商会副会长，哈佛校友会理事，世界园艺博览会文化艺术委员会委员，公益基金会中心与友成企业家扶贫基金会顾问。

张军，集团业务总裁（COO）。美国乔治·华盛顿大学工商管理硕士（市场营销专业），中国人民大学经济学硕士。欧洲民意与市场研究协会（ESOMAR）中国区代表，美国市场营销协会（AMA）会员，中国市场营销协会（CMA）会员，注册咨询师。

冯晞，集团副总裁、北京前进策略公司总经理、零点跨国投资研究院副院长。美国杨百翰大学博士，美国犹他大学 MBA，西安外国语大学英语文学硕士。

（五）世界与中国研究所

1. 简介

世界与中国研究所（简称“世界所”）成立于 1993 年，是一个非营利的社会组织。办所初衷是成为推进中国政治制度改良和中国民主进步的民间智库。近 20 年来，也一直往这个方向努力。目前，世界所共有专职工作人员 8 人，并且有一个稳定的顾问团体。世界所主要的资金来源为国内外各类基金会及相关地方政府项目。

2. 研究方向

聚焦中国基层民主及公共预算改革等社会政治改革前沿问题。从 2000 年开始，世界所开始关注农村和城市社区的直接选举，在许多地方对农村选举进行了现场观摩，并参与地方政府所组织的城市选举制度的改革。随着公众对于公共预算问题关注度的提升，世界所从 2003 年开始逐渐关注公共预算改革，并为部分地方政府提供预算改革方案。通过推动试点工作，逐步推进中国的公共预算改革。在这个领域，世界所与国务院发展研究中心、中国经济体制改革研究会等机构保持合作研究关系。

主要从技术层面帮助基层实现改革。世界所不参与基层改革的决定，不管是乡镇直选改革还是公共预算改革，改革的决定本身由地方政府做出，世界所只是从技术层面辅助其完成改革，包括方案、流程设计，以及现场执行的监督咨询等。

持续关注中国社会民主改革。作为中国政治改革领域的知名智库，世界所目前在基层民主和财政改革等方面的研究成果受到了外界包括上级领导的关注。未来，世界所的主要关注点依然是中国社会民主改革中的关键问题。

3. 重要成果

1998 年年底，世界所介入四川遂宁市步云乡乡长直选的准备和组织工作，并对中国乡镇选举进行了深入的研究，出版了《创新与发展——乡镇长选举制度改革》《乘风而来》等书，这些工作对中国的政治改革和民主发展产生了重大的影响。

通过实践和对各地基层民主发展的调查，世界所从 2000 年开始出版《中国基层民主发展报告》《中国城市社区直接选举改革》等研究成果。

4. 著名专家

李凡，1985 年在美国学政治学，曾任职于国务院国际问题研究中心，做中美关系和海峡两岸关系研究，后离职并于 1993 年成立“世界与中国研究所”。

——北京市长城企业战略研究所发表于 2012 年 11 月企业研究报告《中国智库发展研究》

智库、智库学与智库文化

最近20年，中国的智库文化萌发，近10年关于中国智库发展的学术讨论开始兴起，智库的评比和排名也开始被关注，智库和智库学的名字频频出现在业内文章中。在国家实现建设一批具有较大影响力与国际知名度的高端智库的战略目标过程中，对智库进行系列基础研究，是必要且有意义的。

一、智库的概念内涵

目前学界对智库没有统一的确切定义，但基本共识是，智库是为了弥补社会知识与公共政策的裂隙，对社会公共事务策略问题进行研究的机构，其研究结果是为了帮助政府实现决策过程的科学化和不断完善公共政策。

（一）智库的分类

在西方社会，智库基本上都是独立于政府的“外脑型”智库，几乎都为非政府组织（NGO），类型单一。对智库的分类，多按研究问题的地域（国际、区域、国内）和学术领域（卫生、环保、安全、经济、社会、科技、管理等）进行，而中国的智库类型较多，分类问题也就相对复杂一点。目前学界对中国智库分类，多以智库的隶属关系和行业归属为标准，常见的有3种：①三类分类法，即政府智库、科研院所和高校智库、民间智库[1]；②四类分类法，即党政军智库、高校智库、地方科研院所智库、社会智库[2]；③七类分类法，即党政部门智库、社科院智库、党校行政学院智库、高校智库、军队智库、科研院所和企业智库、社会智库[3]。这些智库分类标准是否定位准确，还值得商榷。如果可以划分出来社会科学院智库，那么就有理由划分出来（自然）科学院智库与之对应，同理，还要划分出来非党校行政学院智库、非高校智库、非军队智库、非科研院所和非企业智库。目前，智库分类无定论，有些分类常常因智库研究问题跨界和领域转移，或因行业归属的调整而不断变化，致使智库身份定位含糊不定。智库分类似乎没有必要太细太复杂，简便和实用是首要考虑因素。按照智库的资产权归属划分不失为一种好方法，采用三类分类标准，分为官方智库、半官方智库、非官方智库也就足以。

（二）智库与咨询公司的界定

智库与咨询公司的社会经济行业性质十分接近，都是第三产业，同属服务行业。按照国家标准《国民经济行业分类》（GB/T 4754—2011）中的4级划分原则，咨询公司被定位于租赁商业服务行业门类（第7门类）中的商业服务行业（第2大类），在其中又被归类于咨询与调查（第3中类），最后落到社会经济咨询（第3小类），分类编号为7233。社会经济咨询的行业分类到此还不算完，下面又发展出来一支，叫管理咨询，而管理咨询中有一项业务叫作公共管理咨询，这个末节的划分才将咨询公司与智库并为同族兄弟，所以广义上讲，它们是一回事。

智库在社会经济行业中常常挂着研究机构、基金会和协会等牌子，与公共管理咨询公司十分相像。目前学界普遍认为，它们最大的区别在于营利性。咨询公司属于营利组织，而智库是非营利组织（NPO）。虽然智库有时也会盈利，但不是营利，没有逐利性，不以营利为主要目标，这是对智库的狭义界定。

如果把智库比作科学理论，公共管理咨询公司就可比作工程技术，科学发现与技术发明不一样；如果把咨询公司比作产科医生，那么智库就可比作生殖科学家，接生与助孕也不在同一个科技层面上，它们思想创新的能动性差别也较大。

中国的基金会制度和社会捐助制度远不够完善，很难完全套用西方国家的智库界定标准。一般认为：无论是财政按“人头事业经费”拨款运作的研究公司，还是公共咨询公司，只要是从事政策性研究，直接或间接为政府政策服务的，都可算为广义上的智库。

（三）智库研究报告与咨询报告的界定

狭义上来说，智库与咨询公司的产品特点和用途不同。智库研究报告的特点是学术性较强，思想的开发性、创新性、前瞻性突出，目的在于改善现行的公共政策，或提出超前的政策设想，对不特定公众的责任心高于对合同客户的责任心；而公共管理咨询报告的实用性和操作性较强，目的在于为公共政策发挥支撑、解读和宣传作用，首先要对合同委托客户负责任。一般情况下，咨询报告仅仅对委托客户的某一具体事项做研究，以委托客户满意为准则，没有义务超出委托合同范围，去研究、归纳和创新更宽层面的思想理论，对公共政策较少评价、评估，因而在学术刊物上较难公开发表。所以，这两类报告的主要区分依据是看其能否在学术刊物上公开发表。

所有智库几乎都自称“独立、公正、客观”，但是这在实际中很难判定。在美国，智库研究的资金大都来源于基金会、社会各界无条件捐助、会员费、研究结果出版物收入等，但有不少智库研究课题来自政府和企业的委托合同，纵有严格的课题执行和结果审查制度，由于与咨询公司有相近的商业模式，要保障智库思想产品完全不受课题委托方的影响是很难的，这也是智库有时与咨询公司交互渗透、难以区分的原因。

（四）智库学者与公共知识分子的界定

智库学者是智库一员，但是在现实社会中还有与智库学者“近缘”的一类人群——公共知识分子（简称“公知”），其精确定义是就公共事务面向社会公众发表意见的具有学术背景和专业素质的知识者。公知由有关媒体策划或推举产生，有两个特点：一是关注社会、政治、文化、教育、环境等公共问题；二是注重对当前社会公共问题的阐释、评价和批评。公知常以社会评论家的身份出场，具有批判精神和道义担当，扮演着“忧国忧民”“忠诚异见者”的角色。在西方社会，公知是社会历史发展的产物，而在中国，随着社会价值体系的演进和经济水平的发展，公知概念开始出现。公知虽然也涉及公共事务，影响公共政策，但是他们采用的方式是以个人身份发表时政和社会评论，而不是发表研究报告。有的公知本身也是智库学者，也有智库经常邀请公知参与智库报告的研究写作。

二、智库学与智库评价

智库学的意思是关于智库的学问，总体上应该包含研究智库组织和智库研究报告两大方面。它们在学科分类上究竟占有什么地位？

（一）研究智库组织的学科分类地位

智库是一个社会组织，研究这个组织的学问，应包含对智库的建设、结构、目标、运行、管理、沟通、发展等问题的研究。国家对学科的认定文件是国家标准《学科分类与代码》（GB/T 13745—2009），据此研究智库组织属于人文与社会科学，其一级学科为社会学，二级学科为组织社会学（代码：840.61）。除了国家标准《学科分类与代码》外，教育部基于自己的教育科技管理需求，颁布了“准部颁标准”《学位授予和人才培养学科目录（2011年）》，可是这个目录没有研究社会组织的学科。

（二）智库研究报告的学科分类地位

智库要产出影响公共政策的研究报告，那么智库产品应该纳入公共政策学的范畴。依照国家标准《学科分类与代码》，公共政策学最贴近的学科是人文与社会科学门类中一级学科政治学下面的二级学科行政学（代码：810.30）。还有两个学科也涉足公共政策：一是同门类中社会学（一级学科）下文化社会学（二级学科）的知识社会学（三级学科，代码：840.3720）；二是工程与技术科学门类中一级学科管理学下面的二级学科公共管理学（代码：630.44）。按照教育部《学科分类目录》，公共政策应该有两个归属地位：一是法学门类中一级学科政治学下面的二级学科政治学理论（代码：030201）；二是管理学门类中一级学科公共管理学下面的二级学科行政管理学（代码：120401）。

（三）智库学的学科建制

国内有学者提出要构建智库学[4]，认为“智库学虽然是一门新兴学科，但一定会成为一门永远值得重视的学科”，并乐观估计“不久的将来，就会有智库学的硕士点、博士点出现”。智库学能否成长为一门成熟的学科？这要看其内涵是否有独立的框架，看其研究是否有系统的方法，看其是否有代表性学者、经常性学术活动、固定周期的学术期刊、稳定活跃的学术团体，而最终是看其是否已经纳入高校课程教学计划和获得国家教育部门的认可。

对某项专题的研究可以称为“某某学”，但是在其获得科学认证和登上学府讲堂之前只能算作一门潜学科。在智库比较发达的西方国家，迄今还没有出现一个“智库学”的专门名词。

智库学要从潜学科羽化成熟为显学科，尚需要大量的基础和系统研究结果支撑，这包括智库的定义和特征，智库的功能、机制、分类，智库研究方法，智库评价体系，智库史学（纵向），国内外智库现状（横向），智库发展战略（未来）等，并要对这些研究成果取得较为一致的学术认同。因此，智库学的学科建制目前状况大致是：必要性有，急迫性无，可行性不足。

（四）智库学的主流产品

目前，业内关于智库学的研究文章大都集中在智库行业调查报告、智库建设发展报告、智库评比结果等表浅层面，而且有同质化现象，而对智库本身的基本理论研究和智库研究报告相对较少。资料[5]显示，智库建设和评价的文章占比约58%，智库理论研究文章占比约17%，而智库案例分析文章仅占25%。虽然研究智库组织的文章对发展智库很有意义，但从智库存在的意义上看，智库产品——智库研究报告和案例分析，对公共政策更有直接意义，这在智库学内容上恰恰应该占有主要位置。

1. 智库影响力的分类

目前对智库评价指标虽然没有统一标准，但基本都指向了智库产品对政府做出决策和修正政策的贡献。智库产品的影响力一般认为主要表现在 3 个方面：一是学术分量，在智库和内参等刊物上发表，被业内学界关注；二是实际应用，被政府采纳、被部级以上领导批阅转发，用于颁发新政策和修订现政策；三是社会反响，在公众中传播引起共鸣。现在智库评价体系种类繁多，设计复杂，如[2]分项影响力、系统影响力、专业影响力等，其中又细化出决策影响力、学术影响力、社会影响力、国际影响力、智库能力，以及智库成长与营销能力 6 个维度。这些评价指标间的边界是否清晰、内容是否有交集、使用是否简便？有的将智库影响力[2]按照专业领域划分成经济建设、政治建设、文化建设、社会建设、生态建设、国际关系等领域。这些领域影响力划分的全面性和科学性都值得商榷。例如，智库对科技专业领域有没有影响力，如果有，放在哪里？

2. 智库排名的公信力

单纯采用智库研究报告数量评价，有失偏颇，而影响力本身就是个主观指标。例如，有 3 篇文章：一篇是上万字的数据翔实、思想观点新颖的学术报告，一篇是领导批示的两千字的内参建议，一篇是引起数十万上百万公众响应的思想文章，它们之间影响力的评分该如何量化和加权计算比较？现在对智库做出评价的项目机构也承认评价过程多以主观评价法为主，利用相对模糊的序数，参考个别定量指标。问题是既然使用的是相对模糊的序数[2]，那么最终结果是否也是模糊的？是否拼音排序的“知名影响力智库”比名次排序的“知名智库榜”更合适呢？还有对智库的评比排名该由谁来做？是否由智库和政府以外的第三方——媒体或专门研究智库的机构来做更为合适？智库参与对本身的评比排名，可能会导致公众对智库评价的标准、过程和结果出现较大的认同度差异，甚至缺乏公信力。

三、智库文化建设

智库文化的内涵是智库行业的核心价值观及其人文生态环境。前者由智库的职能决定了其独立性（客观）、科学性（高质量）和建设性（务实有效的影响力），后者由国家的社会经济发展阶段决定智库发展建设的类型、速度和政府对其接纳度。从中国智库组织的现状看，中国官方智库制度基本上都是类（准）政府机构制度，其组织形式和运行管理与智库的有效运行并不是很适应；而中国民间智库又被经济发展阶段和人文社会环境所限，加上自身的人才凝聚问题，也很难发挥作用。

（一）智库建设的特色与共同价值

我国在智库文化向现代化迈进中，提出了要建立一批具有较大影响与国际知名度的特色新型高端智库的战略目标，这为中国智库的发展鼓起了风帆。短期投资将官方智库规模扩大或许不难，但是要提高政策研究能力就不简单了。据《全球智库报告 2015》数据，2015 年，全球共有 6846 家智库，中国智库数量为 435 家，排名第二，可谓智库大国，但总体质量不高，在全球顶级前 50 位中，中国仅有 4 位，算不上智库强国。

智库人文环境需要长期建设，智库人才更需要长期培育。在智库如雨后春笋的发展形势下，提倡建设具有国际知名度的新型特色高端智库很有必要，问题是中国智库的特色怎样融合国际知名智库的某些共同价值准则，怎样创建智库特性而又不脱离智库基本属性？如果用智库以外机构的治理国家和管理社会的思想理念作为智库建设的指导原则，可能会导致“有库无智”或“智库变智枯”，难以打入国际智库学界。

（二）中国智库文化生态特点

对中国智库文化建设的学术探讨，分为智库外部文化和内部文化建设两个方面。目前智库外部文化建设问题都一致指向了政府要为智库建设创造良好的人文环境问题上；而对于内部文化建设问题，热点也大都集中在智库的内部管理制度、智库之间交流、智库成果转化问题上，而对智库本身的研究方向内容谈得较少。

种种迹象显示，在追逐智库的热潮中，业内似乎有一种一边倒的认识倾向，推崇“高大上”的智库研究，凡是涉及国际外交、宏观经济、国家战略的研究都是“阳春白雪”，凡是涉及微观经济、民生问题、社会制度改革的研究都是“下里巴人”。所以，目前中国智库研究内容出现了一种不平衡的学术生态特点：研究宏观的多，研究微观的少；研究前瞻的多，研究现实的少；研究发展规划的多，研究体制改革的少；研究工商经济的多，研究民生经济的少；研究国际外交的多，研究社会治理的少；研究可行性论证的多，研究不可行性论证的少。出现这种情况，似乎表明国家对智库建设有某种偏向性需求，其深层根源可能在于政策制定者对深化改革的公共政策有某种暂缓的思想。

（三）中国智库研究之路

中国处在社会经济转型和高速发展的深化改革中，各种深层社会矛盾激烈冲突，在国家治理的实践中，大量涉及千家万户的公共政策亟待改进、亟须完善，而体制的巨大惯性又使得这些人人都听得懂、看得见、摸得着，都能直接立刻获得红利的公共政策改革步履维艰，如医疗、教育、住房、户籍、养老等。储备性和前瞻性智库研究是必需的，现实性和回顾性智库研究同样是不可缺少的，社会基层问题是战略全局和高层宏观问题的缩影。

很多高端智库的成长发展之路往往都是从社会共同关注的“接地气”的公共政策起步，积累经验、积蓄人才、积淀文化。事实上，微观政策研究报告具有易于被政府接受、影响公共政策的可操作性更强、向社会公众传播范围更广的特点。微观政策研究多了，就能奠定宏观政策研究的基础；现行性公共政策研究多了，就能撑起前瞻性公共政策研究。

因此，高端智库应该理解为高端研究水平的智库，高端在于研究报告的内容数据翔实、结构完整、逻辑严谨、思想新颖、建言可操作，而不在于研究内容多么“高端、宏观”，也不在于智库规模的庞大。科学研究的动机不是为了获奖，同样智库建设的动机不应为了成名。如果说“标准”是少数企业的研制内容，那么也可以说 5 年、10 年开外的“高层、宏观”战略是少数智库的研究内容。对多数智库来说，脚踏实地产出高水平的学术研究报告，对公共政策做出贡献，积少成多、积小成大，或许是达到“建设一批具有较大影响力与国际知名度的高端智库”目标的切实道路。

四、结论

智库与公共咨询公司不尽相同，智库思想产品的独立性也是相对的。智库学在可预见的短期内难以建制学科。智库的影响力难有统一客观标准，其评价体系也难以健全，现有智库排名缺乏权威性和公信力。目前加强对智库的基础研究，提高智库研究报告的高质量和差异化的产出，比宣扬智库学学科、热捧智库排名更有利于智库的健康和可持续性发展。中国智库属于发展中的智库，要成长为成熟智库，应首先加大对国内基层和实际问题的研究，只有脚踏实地，才能高瞻远瞩，对国内问题研究水平高了，国际知名度自然也会上升。

参考文献：

［1］李凌 . 中国智库影响力的实证研究与政策建议［J］. 社会科学，2014（4）：4-21.
［2］上海社会科学院智库研究中心 .2015 年中国智库报告：影响力排名与政策建议［R/OL］.［2016-04-04］.http://www.sass.stc.sh.cn/eWebEditor/UploadFile/00n/ull/20160128161350250.pdf.

[3]《关于加强中国特色新型智库建设的意见》全文[EB/OL].[2016-04-01].
http://news.xinhuanet.com/zgjx/2015-01/21/c133934292.htm.
[4]朱有志,贺培育,刘助仁,等.智库学概论[M].北京:中共中央党校出版社,2015.
[5]唐果媛,吕青.我国智库研究文献的计量分析[J].智库理论与实践,2016,1(1):31-41.

——程宏、刘志光发表于2016年6月《智库理论与实践》

中国智库发展的文化与生态构建

近年来随着国家对智库建设的关注，中国智库建设出现了热潮。在智库建设发展的早期阶段，出于培育新生事物、引起社会关注、开创发展空间的需要，出现这种热潮较为合理。但在智库文化建设浪潮兴起之后，为了保持智库建设的可持续性发展，我们应该考虑智库建设需要构建什么文化氛围和生态环境。

一、解读智库基本名词的概念内涵

目前在中国智库建设追赶全球化进程中，大量具有中国特色的时髦新名词出现并被广泛传播和应用，而这些名词在国际业内鲜为使用。其内涵究竟是什么？业内众说纷纭，迄今仍然处于一种混沌状态。智库建设当以智库文化建设为先，无须回避，现代智库文化建设的过程主要是跨国智库文化的引进、消化和吸收过程，因此探讨智库文化的一些基本名词及内涵，对于智库文化建设的健康发展还是很有必要的。

（一）浅论狭义和广义智库

智库是个专业术语，但是业内尚未对其做出清晰、严格的界定，目前已经达成最简单的狭义共识：一个经过注册的 NPO（非营利组织），其核心产品是直接影响公共政策的智库研究报告。从广义上说，凡是为政府提出新政策建设意见的机构都可以称为智库，但这会产生一些似是而非的智库，因为提出新政策主张建议是智库的必要条件，但不是充分条件。这就是说，要成为智库，必须产出主张新政策的思想，但是提出新政策建议的机构不一定就是智库。

美国联邦政府各部门有 100 个左右的各种咨询委员会，设在白宫的总统咨询委员会有 7 个，在其他部门也有以冠总统名的各种委员会。以总统科技顾问委员会为例，其主席是专职的，其他委员不是专职的，他们没有任何薪水和咨询费，只能报销相关旅行等费用。有人认为，这些顾问委员会可以算作美国政府智库，但绝不是典型的智库。在中国，很多城市都有一个市政府专家顾问团或市政府咨询决策委员会。有人认为，这个机构类似于政府参事室，也算智库；但反对意见认为，它不具有智库的组织形式，没有产出可发表的智库研究报告等。为政协直接提交政策提案的各参政民主党派，为政府提供技术服务以间接影响公共政策的各类工程技术、经济法律等咨询公司，都具有智库功能，但很难算作智库。

（二）解读新型、高端、特色智库的概念内涵

1. 智库的分类

智库分类是研究智库的主要内容之一，这是一个迄今尚无统一结果的学术问题。分类可以按研究问题的地域（国际、区域、国内）分类，可以按学术领域（卫生、环保、安全、经济、社会、科技、管理）分类，可以按智库行业领域（党政机构、高校事业单位、企业、民办非企）分类，还可以按智库资产权性质（官方财政、半官方、民间社会）分类。不过智库分类，是一种从智库外向智库内的观察研究，不应该也不会影响智库的建设发展。智库分类的原则是实用、方便研究，一般情况下，官方、半官方和民间智库就已经够用，太多的细分既无必要，也很难做到科学性。

2. 新型智库

新型智库是相对于旧型（传统）而言的，中国现代智库建设正在起步，现代智库应该就是新型智库。虽然文化的交流传播不完全像重力场中水往低处流那样，但是基本上是新的、优秀的文化会向旧的、落后的文化扩散和传播。在国际智库文化交流场中，智库文化与文明的传播方向也大致如此，其中包括智库的内部运行机制和外部社会环境。业内集中研究西方发达国家现代智库，借鉴它们的成功经验，正说明所谓“新型智库”就是具有国际化视野的现代智库。

3. 特色智库

中国特色智库这一名词的政治属性较强，但至今尚未被赋予明确含义，大概可以参照中国特色社会主义理论体系来解读。其实任何国家的智库都有自己特色，这个特色就是要根据自己国家的制度特色，研究解决国家治理问题的新政策。大多数非政党智库没有太多政治色彩，中国特色智库的实质问题应该是怎样融合国际上现代智库的共同价值，怎样创建智库特色而又不脱离智库基本属性。这是值得业内深入思考的问题。如果失去思想独立性，智库最终可能会导致智枯。

4. 高端智库

高端智库这一称谓的媒体属性很强，从现有媒体宣传内容来看，这种称谓似乎是描述那些专门研究国家领导人层面关注问题的智库。可是在业内看来，一个真正高端智库的标准，首先应该与其研究报告的品质特征密切相关，这包括选题切合现实、数据翔实、逻辑严谨、思想独立、结论客观公正科学、建言可操作；其次研究

内容不局限于宏观、国际、高层问题。智库之间的竞争更要立足于观照现实问题，只有通过主张新政策和制度变革，解决好国家改革和治理中亟须解决的问题，才能铺好智库走向新型高端的道路。如果一个智库在所谓低端问题治理研究中都没有能力产出高品质产品，怎么可能走向高端？

二、构建智库生态文明的“共同价值”

中国智库建设发展需要一个良好的生态，当前主管部门对智库建设投了很多资金，但是从现有相关智库产品（文章）的分类上看，智库研究报告这个最主要的产品仍然十分匮乏，而智库建设和评价的文章略显产能过剩。现代智库建设发展是国家治理现代化的需要，因此构建智库生态的“共同价值”，对于最大化发挥智库功能和效用也非常必要。

（一）智库研究重于研究智库

智库研究的内容包括理论研究、方法论、智库研究报告等，研究智库的内容包括横向研究智库（国内外智库比较）、纵向研究智库（发展史、进展与趋势）、智库建设规划等。智库研究的对象是国家和社会的治理问题，研究智库的对象是智库本身的建设问题。智库研究的结果是智库研究报告，研究智库的结果是智库的建设方案、工作规划、案例分析、白皮书等。智库研究的目的是主张和影响公共政策，研究智库的目的是引导智库的发展方向和打造智库的生态环境。智库研究的主体是智库组织本身，研究智库的主体比较广泛，包括媒体、公众、社会和政治学者等。中国处在社会经济转型和高速发展中，大量公共政策落后于社会发展，亟待改进和完善。因而，目前中国智库建设发展中，鼓励智库研究报告产出，比研究智库论文更具有实际意义。

（二）看淡智库的评价排名

当前，怎样看待和进行智库评价排名，事关引导智库的建设发展方向。首先，我们要弄清楚力推智库评价排名的目的是什么。科学研究的动机不是为了获奖，同样智库建设的动机不应该是为了成名。智库评价排名可以起到吸引社会关注、鼓励智库竞争的作用，但是智库评价排名需要大量智库研究报告作基础。在推动国家治理现代化中真正发挥影响作用的是智库研究报告，而不是智库的数量和排名。一个明显的案例是，国家对科技成果评比奖励的重视程度远远大于对科研单位数量的重视程度，而且不搞科研单位排名。虽然美国在做智库排名，但是我们应该看到：一是全美国仅有宾夕法尼亚大学一个学术小组在做；二是美国现代智库已经有 70 多年的发展历史，宾夕法尼亚大学只不过是在十一二年前才开始做智库排名；三是美国是个智库大国，但智库排名结果似乎并未受到特殊追捧，相反业界十分关注智库产品的独立性、客观性及智库运行过程的透明度。相比之下，中国做智库排名的机构略显过多，并且缺少现代智库发展的积累这个条件。目前如果过度热捧智库评价排名，可能会产生一个副作用，那就是忽视了修炼内功的重要性，不利于智库建设的可持续发展。

其次，我们要冷静看待智库评价排名。据有关论述，中国智库 90% 以上是官方的，它们之间的竞争初始条件并不公平。当下中国智库影响力基本上取决于智库规模，而其规模又取决于国家的投资强度。因此对官方智库进行排名，结果与国家对智库投资强度的排序基本一致，并且长期难以改变。这样可能会引导智库竞争中轻视内涵式发展，重视外延式援助，将财政拨款作为智库建设发展的唯一道路。

（三）坚守智库的独立性

现代智库是决策科学化与民主化进程的产物，其最大特点是思想和学术的独立。自智库诞生以来，围绕着智库独立性问题的讨论就没有停止过，且今后也将是一个需要深入讨论的话题。智库的独立性虽然不是高质量智库研究报告产出的充分条件，却是其必要条件。智库守不住独立性，无论层级多么高端，都很难产出高水平的研究报告。思想学术独立不是要事事和政府的政策观点不一致，而是要树立质疑精神，善于发现问题，敢于提出独立的政策建议和新思想。所有的智库都会宣称自己思想独立，但是在国内评判智库独立性的主观因素过多，因此需要逐渐凝聚共识，建立一个共同认可的客观标准。另外，智库的独立性还体现为经济的独立。经济独立强调的是智库必须是独立的研究机构或法人实体，而且强调收入来源不能单一化。目前西方国家现代智库的常用做法是观察智库的透明度，由智库自己公布研究报告的来源背景、运作过程和财务状况，大致评判智库独立性。因此，开放性和公开性是智库坚守独立性的基本要点。

（四）智库改革从供给侧做起

目前中国智库数量不少，有专家批评当前智库状况是“有库无智”“库多智少”，这是否有些贬低中国智库，暂且不予置评，但存在两个基本事实：一是业内整体强调发展智库的外环境较多，如资助机制、信息数据开放机制、与政府沟通机制、旋转门机制等，而对提高智库研究人员素质的探讨不多；二是在智库市场及其产品中，核心产品产出比例太少，而边缘产品和外围产品则出现产能过剩。

目前中国智库学术生态呈现如下特点：研究宏观的多，研究微观的少；研究工商经济的多，研究民生经济的少；研究前瞻的多，研究现实的少；研究发展规划的多，研究体制改革的少；研究国际外交的多，研究社会治理的少；研究可行性论证的多，研究不可行性论证的少。实际上大量涉及千家万户的公共政策亟待改进和完善，而体制的巨大惯性又使得这些对国民来说听得懂看得见摸得着、能马上直接获益的公共政策改进举步维艰，如医疗、教育、住房、户籍、养老等。中国智库建设发展有供给侧和需求侧两个方面，其中供给侧的发展改革是智库自身的事情，是首先应该考虑的发展改革，这包括扩大智库产品范围、加大现实问题研究、提高智库核心产品的产能和质量。

（五）把握智库全球化的起点

现代智库的发展方向就是走向国际化与全球化。对此有学者解释，智库全球化的意思是现代智库研究需要用全球化视野和视角，此话颇有道理。但是怎样拥有“全球化视野和视角”却是个不轻松的问题。

在国际问题上，首先要拥有“地球村”的共同价值，以此促进人类和平事业发展。因此，即便是军事智库也逐渐从传统的“合纵连横”（伐谋）转变为和平发展合作战略，因为研究国际问题比拼的是站得高看得远的战略智慧。在国内问题上，要借鉴那些具有丰富社会治理成果的现代智库的经验，采用国际通用的研究方法和路线，做好国内治理研究。

当今世界各国面临着棘手的国内治理难题，各国智库要走向世界、参与全球治理研究、增加国际话语影响力，必须把握好出发点。中国智库参与全球化竞争，不仅要着眼于 TPP、南海、全球经济一体化等国际问题，更要立足于本国问题，只有通过主张新政策和制度变革，解决好国家治理问题，才能铺好中国智库走向国际化、全球化的道路。道理不复杂，如果一个智库在国内治理研究中没有突出表现，哪里有资格参与全球治理？

三、结论

一个国家是否需要智库、需要什么智库、需要多少智库，这大致上取决于本国的经济社会发展阶段、现代政治文明进程、经济总量、人口数量等因素。一般说来，智库都是大国的产物，智库数量多的国家可以叫智库大国，但是智库大国与大国智库是两个不同的概念，大国智库的首要特征是智库具有国际化视野，是现代智库的近义词。有关研究资料表明，中国智库数量位居世界第二，堪称智库大国，但是客观而言，这似乎没有多少值得骄傲的实质内容，因为我国智库产品的数量和质量与世界高水平一流智库还有很大差距。

高水平一流智库建设发展需要智库文化的长期积淀，需要健康生态环境的滋润培育。中国智库与国际现代智库存在诸多差距，最大的差距是智库核心产品的数量和质量差距，而智库核心产品的差距又是智库研究人员的思想素质差距。构建中国智库发展的文化与生态，首先要从思想文化建设开始，从融于现代智库的“共同价值”开始，这是一切智库具体建设的基础。

大多数情况下，公共政策的产出是一个逐渐改良的连续过程，因此智库不一定全是新政策的发明者和制造厂，但要成为现有政策的改造者和检修厂。这就要求智库专家具有较强的问题意识（质疑精神），能够观照现实，发掘细节问题，具有国际化视野，强化独立分析思考能力，不断产出科学、可行、高品质（有思想价值）的智库研究报告，最终使智库发展为现代高水平一流智库。这个过程中始终需要把握的方向是：智库发展目的——创新影响公共政策；智库发展目标——产出智库研究报告。

——程宏、刘志光、邓兴华发表于 2017 年 4 月《智库理论与实践》

对智库前瞻性研究的思考

——兼谈智库面临的一些问题

近 10 余年，在智库高速发展的过程中，智库研究除了保持独立性、科学性、实用性之外，站得高看得远的前瞻性和战略性成为智库研究追求的智慧高点。目前来看，业内对智库研究“前瞻性”概念的学术讨论极少，本文试对智库前瞻性的定义做如下论述，探索开拓智库的前瞻性研究途径。

一、前瞻性研究的内涵与意义

（一）前瞻性研究的内涵

前瞻性研究（foresighted/forward-looking research 或 prospective study），作为一种研究方法，在临床心理学领域已有明确定义，即先制定方案，再按照方案采集分析数据，以现在为起点追踪到将来，可弥补回顾性研究（retrospective study）的缺陷，但是应用有许多限制。

前瞻性研究作为对科学研究思维的特征属性的描述，在自然科学技术研究领域，全世界都没有明确的定义，讨论的文章不多。国家提倡的基础性、战略性、前瞻性研究[1]不是相互截然分离的，往往有重叠，所以前瞻性只是一个模糊的定性要求。自然科学和哲学社会科学是一个硬币的两个面，相辅相成，构成了人类的文化基石。这两大学界都涉及智库研究领域，有理由进行比较研究。在管理科学领域，智库比硬科学技术更多地强调前瞻性研究，但对其前瞻性研究的内涵的讨论却是少之又少。

在自然科学与技术研究领域，前瞻性研究主要是指，为了至少在 5 年甚至更长的时间内可能形成的新科学、新学科，或者颠覆性、换代性新产品（产业），而进行的目标导向的基础研究或应用研究。比较而言，在智库领域，前瞻性研究应该是指，为了此后几年可能形成的某个流派的学说或重大创新性影响公共政策的分析报告而进行的预测评估研究。

（二）前瞻性研究的意义

十几年来，中国智库在一些重大国际问题、经济问题的研究与评估预测中，出现了不少重大研判失误。缺少独立性前瞻性研究报告应该是重要原因之一。

思想独立性是个永远谈不完的话题。先说智库为什么要强调前瞻性研究。智库报告的初心是发现国家治理中的问题，对未来局势进行评估和研判，从而影响公共政策的制定和修正，所以前瞻性就成为智库研究报告应有的特质。反过来也容易理解，如果智库研究失去了前瞻性，那么研究报告对于政策制定者来说岂不成了“马后炮”！

在科学技术领域，很多研究都需要科学实验的支撑，先设计出来实验方案，之后经过实验验证，甚至是反复实验验证。但是在管理科学领域，智库研究报告是决策过程的产品，不容许在治理国家实践中用做实验的方法去检验智库研究报告的优劣，智库报告的结论必须是设计出的最接近成功的结果，因为如果政策决策者出台一个不科学的政策，往往会造成一些所谓“艰辛探索”！失败的代价可能十分高昂，严重时整个国家都承受不起，若干年都翻不过身来。

二、智库研究前瞻性的表现

通过对自然科学研究与智库研究的前瞻性比较，大致可以勾勒出前瞻性思维的表现。

（一）研究方向的前瞻性

在自然科学技术领域，研究方向上的前瞻性多指站在学科前沿，开阔人类的思想视野，引领探索新事物的方向，如量子通信、概念汽车等。在智库领域，研究方向上的前瞻性也与硬科学有不少共性：①“超越前人，开启后者”，提出前人没有发现和提出的问题，开辟前沿阵地，引导建树观点；②“立足当下，着眼未来”，研究一些当前不急需，但将来可能要研究的问题，提供储备性研究报告。

（二）研究内容的前瞻性

智库研究内容的前瞻性表现有 3 个方面：一是制定 5 ~ 10 年发展规划；二是针对时下公共政策实施过程中遇到的问题，研究提出公共政策修正调整的建议方案；三是对 5 ~ 10 年发展规划做出评估预测，提交“可行性”或“不可行性”研究报告。这 3 个方面在智库研究中重要性依次提高。

尤其是最后一个方面，对发展规划做出评估预测尤为重要。在实践中，出台什么样的规划，执行什么样的公共政策，就要评估预测可能出现什么样的局面结果，从而做出一些临界预警，如计划生育政策在多少年后会出现什么样的人口红利转折点，继而提出多种应对举措。这有点像设计一个棋谱，不能走一步看一步，至少要看两步，最好能看三步。

（三）研究成果的前瞻性

无论是科学技术还是社会科学研究，研究成果的前瞻性首先在于有所创新。创新的表现是，科学上要有新发现，技术上要有新发明，社会科学上要有新建树。当然这里说的创新一定是对社会的文明进步发展有益的创新，在科学技术中，像生化武器就不是有益的创新。在社科智库领域中，罔顾事实，抛弃常识常理，刻意为结论而设计指标的研究结论也不是有益的创新。

研究成果的前瞻性除了要有创新性建树外，还要具有“潜科学”性质，当前可能不为业内多数学者接受，但将来有可能为他们所接受，并且之后其先进性有较长的半衰期。

（四）前瞻性研究的时间前瞻量

智库前瞻性研究的各项内容都涉及一个前瞻时间的提前量问题，前瞻性一般不研究未来 10 年以后的具体事情（人口红利问题另说），如果前瞻时间太超前，观点和结论就可能成为海市蜃楼。例如，预测中国在 2049 年将会成为世界留学中心，这个结果和预测结论无法证实也无法证伪，其玄想成分十分明显。

三、对现代智库发展的思考

中国智库建设和研究的热潮持续了 10 年有余，但是仍处于培育成长阶段，而且这个过程不会太短，其中有很多现象和问题值得我们思考。理清智库的一些基本认知对智库的核心能力建设——前瞻性研究，应该很有裨益。

（一）对 TTCSP 的误解读

美国宾夕法尼亚大学智库与公民社会项目小组（Think Tank and Civil Societies Program，TTCSP）于 2006 年成立，自 2008 年起每年发布“20XX Global Go To Think Tank Index Reports”，这份报告被国内翻译成《全球智库报告 20XX》，且备受推崇。2018 年有些媒体对 TTCSP 及其报告还使用了“智库中的智库”“权威报告”等誉词[2]。

问题是：其一，TTCSP 是一个研究智库的团队，并非智库机构，在美国的学术影响力甚微，我们称其为“智库中的智库”是否过誉？其二，全美国研究智库的学术团队仅 TTCSP 一家为参照，别无同行，这能否算权威？其三，其年度报告中有两个词“Go To”和“Index”在翻译时被有意或无意省略了，这就误导了中国读者，将研究智库的报告与智库报告混为一谈。根据这份报告内容，业内有学者认为应该翻译为《全球跟踪智库索引报告 20XX》，尽管并非全球所有智库都能从中索引出来。至于有的媒体将 TTCSP 每年发布报告的日子称为“智库日”，显然不太严谨。

（二）智库为何不叫 Thought Tank？

众所周知，西方国家的智库（思想库）的原名是 Think Tank，鉴于“某某思想”的标准翻译为“某某 Thought”，于是人们不免会问思想库为何不用 Thought Tank？其实这不是语言习惯的问题，因为智库的价值就在于创造思想，Think 的含义具有动态的意思，需考虑客观环境的变化，不断思考，发现问题并提出解决问题的答案，而 Thought 的含义是已经定型的理论或思想逻辑。Think 不一定被约束于固定或单一的 Thought 中。这大概就是西方使用 Think Tank 的原因，看来用这个词来表达智库的内涵还是比较精准的。

有学者批评中国智库没有发挥真正的智库作用，“有库无智”“库多智少”，这有些言辞过甚，但细观中国许多智库，也确实存在一些 Think 不足、Thought 有余的问题。原因恐怕是对“思想统一”的片面理解。对“思想统一”的全面准确的理解应该为在国家和社会治理大方向上的目标统一，而不是在具体问题上的路径方法的统一。

（三）中国智库之问

在中国智库大发展的今天，对一些基本问题，我们仍然遗存一些值得思考的疑问。

①中国是智库大国吗？一般说来，智库发展阶段与国家的社会发展阶段大致成正比关系，虽然中国 GDP 总量已经是世界第 2 位，中国智库总数也排第 2 位（基于美国 TTCSP 的研究结果），但是我国的智库发展水平是否也能排全球第 2 位？

②研究国际外交、宏观经济，报告有上传渠道，能得到高层领导的批示，这是否是高端智库的标准？国外智库有著名和非著名之分，为何没有高低端之分？

③领导批示就是智库报告有影响力吗？不能否认智库报告的目的之一就是影响公共政策，但是领导人对智库报告的认知有差别，智库报告是否被批示，其中有很大因人而异的机遇因素，除此以外，还有需要考虑的问题，如批示的内容是什么？影响政策到什么程度？

④蓝皮书一类的综合概况的研究报告算智库研究报告吗？各种规划算智库研究报告吗？

⑤现实中有没有罔顾事实、违背常理的“奇葩创新”？

⑥智库联盟就能推动智库发展吗？行业协会一般都是在行业组织充分发达后才建立的。

（四）中国智库一些现象

客观说来，在中国智库研究的实践中，仍面临一些实际问题。

①解读诠释政策的智库多，发现分析问题的智库少，给出政策评估的智库更少。进行可行性研究的智库多，进行不可行性研究的智库少。总结成绩的智库多，反思失误的智库少。制定规划的智库多，评估预测的智库少。

②智库建设过度依赖外部条件，如财政资助、信息数据开放、与政府沟通等，忽视自身内部素质、研究能力、思想水平的建设。

③为建智库而建智库。智库的数量与智库报告的产出数量严重失衡。为发表智库研究文章而写文章，造成智库文章低水平与同质化。

④追捧智库排名，沾染功利色彩。

（五）问题意识是智库的原动力

科学价值在于发现自然规律，技术价值在于发明器物制造，那么智库价值在哪里？智库的基本功能是“咨政启民”，为了弥合社会与政府之间的知识裂隙，找出、分析和预测国家与社会治理的问题，提供影响公共政策的报告。由此看来，智库价值显然在于发现社会问题，寻求解决之道，问题意识应该是智库的原动力。

问题意识与知识结构有关，与智力水平有关，更与思想水平有关。培育问题意识，说起来容易做起来难，需要秉笔直言的求真精神。

（六）智库需要良好生态环境

智库的发育成长是与社会的发展阶段相适应的，国家提出加快智库建设的口号很正确。但迄今为止学界对智库没有一个权威的严谨定义，不同制度的国家对智库的认知标准也不一样。看西方发达国家智库的发展，所有知名智库几乎没有哪个是按照预先“设计”好的线路发展起来的。

现代智库的知名度依靠智库报告的水平与质量，刻意追求排名不是一种可持续发展的文化生态环境，会妨碍引领智库研究走向深谋远虑、高瞻远瞩境界的脚步。智库研究一旦染上功利色彩，就会走上斜路，甚至是邪路。

智库的出现是一种文化现象，虽然文化的交流传播不完全像重力场中水往低处流那样，但是基本上是新的、优秀的文化会向旧的、落后的文化扩散和传播。在国际智库文化场中，智库文化与文明的传播方向也大致如此。正是基于此，业内学者才大量研究西方发达国家现代智库的状况，借鉴其研究方法和研究成果，促进智库交流融合与智库文化传播，推动中国智库的发展[3]。

四、结束语

前瞻性研究是智库报告的精髓，其构成需要独立思想作基础、问题意识作支撑，或者说智库研究报告不仅是对现实问题的归纳总结，更要对其演绎推理，道理不复杂，归纳一般都能做，但是进一步地深思、推理、预测则不是轻松的事情。

一个成熟的理论或观点往往都是在前人长期研究的基础上逐步形成的，本文是对智库的前瞻性研究做的一点初步探讨，希望能起到抛砖引玉的作用。

中国智库建设热潮中，高端一流特色新型智库的说法很流行，笔者认为这些可以归为现代智库的范畴，因为建设现代化国家需要现代智库参与。对于当下中国智库存在的一些过热状况，笔者做了一些冷思考。智库的应用性大于理论性，因此我们的智库不仅要撸起袖子、扬起胳膊示人，更要脚踏大地、弯下身子实干。

参考文献：

[1] 李国杰 . 切实加强前瞻性研究［J］. 中国计算机学会通讯，2012，8（1）：6-11.
[2] 中国网 .《全球智库报告 2017》发布中国 7 家智库上榜世界百强榜单［EB/OL］.［2018-01-30］.https://news.qq.com/a/20180130/028408.htm.
[3] 程宏，刘志光，邓兴华 . 中国智库发展的文化与生态构建［J］. 社会科学文摘，2017（7）：11-14.

——程宏、刘志光发表于 2018 年 10 月《智库理论与实践》

省思中国智库建设中的知行关系

一、引言

从2013年4月中央批示启动智库顶层设计算起，中国智库快速发展已将近10年，美国宾夕法尼亚大学“智库与公民社会项目”公布的《全球智库报告2019》显示，美国智库有1871家，印度和中国分别有509家和507家，若按南京大学《2020 CTTI来源智库年度成果征集》，中国智库数量已达941家，可算世界智库大国了。可是中国智库的数量与其发挥的作用相比，社会大众总还是有些失配的感觉。这大概就是业内学者所称正逢“七年之痒”[1]，此时省思中国智库建设中的知行关系，对其进一步发展很有裨益。

二、智库研究对象的分类理念

由于智库始终没有形成一套独立的知识体系，没有“智库学”学科分类地位，所以业内许多研究对象的分类都在各自表述，没有统一的标准，似乎分类问题不值得做文章。但是，对研究对象的分类是所有科学的基础研究，是一个哲学问题，是一个科学研究范式问题。尽管智库不是一门学科，但也是一项科学活动，如果在基本问题上把握不住哲学原理，那么在进一步的深层问题的研究上，就会很难遵守科学研究范式，从而研究就会出现非科学的结论。

问题分类时，首先要建立相互“正交”独立的分类维度标准，其次维度数量要完备。这是说维度不能多余，也不能欠缺，分类结果既不能产生交集，致使某研究对象既可算A类又可算B类，也不能发生遗漏，导致某研究对象无类可归。

（一）智库种类的分类

国内有学者按照社会大领域将智库分为5类：经济发展、公共政策、社会发展、管理科学、学科战略等[2]。这种分类就有重叠交叉，公共政策涵盖了其他的4类，至于这5类是否完全覆盖全部社会领域还要另说。智库分类比较流行的方式还有党、政、军、科研院所、高校、企业、社会这7类智库，但这仅仅是官方考察和提到的7类，不能算是智库的学术分类标准。将党政军三位一体的智库分为3类智库似乎没有实质意义，科研院所和高校智库有时也难以区分。所以实际中，把智库运营资金来源性质作为分类标准似乎比较适用，将智库分为官方/财政、半官方/半财政、社会/非财政等3类，可满足一般研究的需要。

随着越来越多领域资本加入智库建设实践中，各智库名称加上了领域性标签，如外交智库、高校智库、科技智库、金融智库、媒体智库等。这使人产生了疑惑，它们究竟是研究外交、高校、科技、金融和媒体政策的智库，还是由这些领域机构投资运营管理的智库？给智库冠以领域名称不是不可以，但应看到，对于由领域机构投资运营管理的智库，其研究的内容往往不局限于本领域的政策。在研究智库整体发展状况时，按领域划分智库的学术价值和应用场所有待商榷。

此外，有一些非学术名词，如特色、一流、新型、高端智库等，也比较新潮流行。如果只是在媒体报道中为了建设智库而鼓鼓士气或无不可，但在学术文章中似乎不宜频繁使用。

（二）智库文章的分类

对智库文章分类讨论得较多，有学者将智库研究分为基础性、应用性和对策性[3]，还有的分类很复杂，有“回音壁”“进行时”“解读政策”“示警”“描述”“内参针砭”“建议评价”“拼凑行业报告”“大百科年度报告”等9类[4]。本文认为应该将智库文章的功能和作用作为分类维度标准。

第一类是智库实践文章（智库研究报告），其包含实证研究（政策比较研究、政策方案设计）和预评估报告（政策可行性和不可行性评估报告）。这类文章属于智库的主线核心产品，它决定了智库的基本影响力。如果辅以时间坐标轴划分，智库研究报告有3类，一是现在时态的政策修正和建议方案，二是将来时态的政策评估预判，三是过去时态的政策回顾性调查报告。

第二类是智库基本理论文章，其包含科学层面（调查、统计和分析方法等）和哲学层面（基本理念、定义、功能、伦理和公理化方法等）。这可以算是智库的半主线产品，由于智库报告中所使用的方法都是其他学科的方法，而且智库活动主要以实践为主，智库基本理论方法的研究文章不会成为“大宗产品”，短时期内难有较大突破。

第三类是研究智库的文章，包括智库建设政论文、工作汇报、经验总结、国外智库介绍（含中外智库比较）、智库史、智库索引报告、发展报告（白皮书）、评价报告、智库批评、智库相关（新闻）报道等。这类文章因其仅仅对建设智库有影响，而对国家治理没有直接影响，所以应该归于智库的副线产品。

（三）智库专家的分类

智库为公共政策服务，所以很多与公共管理和公共政策沾边搭界的人都泛称为智库专家学者。广义上讲是可以的，既然数学、哲学领域的学者是数学家、哲学家，智库领域的学者也有理由算智库专家。可是智库作为一种社会组织的实践活动，不同于纯学术研究，就像律师不同于法学家，作家不同于文学评论家，智库研究和研究评价智库也有所不同。狭义上讲，只有产出智库研究报告的才是智库专家(expert in the think-tanks)，而研究智库本身的历史、现状、未来及评价等的是研究智库的专家（expert on the think-tanks）。任何国家智库最急需的是狭义智库专家，他们才是智库领域的主力军。

（四）智库影响力的分类

目前业内有文章将智库影响力细化为：决策影响力、学术影响力、社会影响力、国际影响力、综合影响力、分项影响力、系统影响力、专业影响力、研究议题影响力、媒体影响力、智库成长能力等十几类[5]。

从智库的基本功能出发，其影响对象一是政府，二是社会。因此决策影响力和社会影响力就是智库的基本影响力。其他所有影响力，都是在这两个基本影响力上外延出来的，其中有些影响力并不单独成立，并且很令人费解，如媒体影响力、智库成长能力等，其影响对象是谁？影响了什么公共政策？

智库对政府和社会的影响力还可以按照影响程度分为显影响和潜影响。显影响是指对政府和社会产生了立竿见影的实时影响，决策者对智库报告马上做出反应，修改政策，引发了民众的赞同和拥护。潜影响是指对政府和社会产生了潜移默化的延时影响，引发了决策者和民众的深度思考，提高了他们的认知水平，决策者开始警觉和调整思路，民众学会放长眼光。智库思想就算产生不了实时显影响，只要能产生延时潜影响也算达到了目的。

三、智库的基本实践

（一）政策实证研究与问题意识

智库作为表现国家软实力和治理能力的一种组织形式，至今都没有统一的科学界定标准，大多时候被认为是个从事公共政策研究的机构（Public Policy Research Organization，PPRO），很多沾边公共政策的研究机构都可被称为和自称为智库，于是智库成了一个时髦标签。智库的实践性非常强，单纯的 PPRO 很难承担智库的功能。公共政策研究分为理论（theoretical）研究和实证（empirical）研究。智库属于政策实证研究，大多是从微观层面入手的问题导向型研究，解决公共政策实际问题的研究，而不是纯理论研究。

爱因斯坦曾说："提出一个问题，往往比解决一个问题更加重要。"因为解决问题也许仅是一个数学上或实验上的技能而已，而提出新的问题，却需要创造性的想象力和探索力，它是有限的知识能得以无限扩充进化的源泉，它标志着科学的真正进步。

智库实践性大于理论性的特点决定了智库产品应该从研究实际问题中来，到解决实际问题的方案结论中去。如果说科学的价值在于发现真理，技术的价值在于发明器物，那么智库的价值在于发现政策问题并提出对策方案。智库研究路径是以国家治理中的问题意识为导向，以对政策影响的局势进行评估和预判为方法，以做出前瞻性的研究报告为结果，去影响政策的制定和修正。

中国智库与西方发达国家智库的差别很多，如人员旋转门机制、管理运营模式、研究报告质量控制机制、社会捐款资助机制、院外游说机制、出版发行机制等，但是千差别、万差别，最大的差别恐怕还是智库的问题导向意识的差别。问题导向意识既是思想认识问题，也是工作方法、工作能力和工作水平的问题。问题导向意识是智库研究的要素，前瞻性结论是智库研究的成果，这两点构成了智库研究报告的起点与终点。

增强问题导向意识，说起来容易做起来难，这与智库专家学者的生活阅历、工作经历和个人性格有关系，更与智库文化生态环境因素有关系，这是一个长久的话题。

（二）智库思想传播的双通道

智库的宗旨之一是弥补政府和民众之间在国家治理问题上出现的知识裂隙。业内对智库功能有很多不同表述，却只有两个能达成共识：一是咨政，二是启民。实现这两个功能需要传播智库研究成果，但是传播不是简单宣传。宣传是宣布和传达的意思，是为特定事物而运用各种有意义的符号去反复强化一定的观念，以影响人们的思想立场，引导人们行动的一种信息扩散行为，它包括政治宣传、公益宣传和商业宣传等，宣传一般不太关注信息受众的反馈意见，其特性是：信息由上及下、有来无往地单向传输。智库传播自己的思想，应采用双通道模式。以智库为原点，智库思想传播可分为上下两区段，一是智库对决策者的上区段，二是智库对民众的下区段，每个区段都有上行和下行两条通道。在上区段中，上行通道是游说决策者，影响政策决策，下行通道是理解政策，储备研究问题资料。在下区段中，上行通道是收集民意，凝聚民众智慧，下行通道是诠释政策，用智库思想启发民众。

智库思想传播交流必须坚持双通道并行，否则既不能产出也无法传播科学民主决策的思想。例如，若上行通道堵塞仅下行通道畅通，智库就会成为决策者的代言人和推行者，提不出有水平的诤谏，影响不了政策决策，彰显不出智库的价值，从而国家治理也很难走向“政策颁布实施—政策评估评价—政策修正完善”的良性生态环境。

（三）智库话语权的实质意义

权力是平衡的力量和能力，广义的权力是指某种影响力、支配力和强制力，有国家权力和社会权力之分。社会权力明显地不可与国家三大权力相提并论。话语权，按照《现代汉语词典》的解释就是说话权，也即控制舆论的力量。话语权掌握在谁手里，谁就决定了社会舆论的走向。在当代社会思潮中，话语权又指影响社会发展方向的能力。因此，如果说智库话语权是指对政策、民众思想和社会舆论的影响力，也不妨大碍。但是应该明白的是：影响民众思想与引导舆论是两码事。智库、媒体和网络舆情民意联合起来，可以形成对国家三大权力机构的三股影响力，但影响力不等于权力。美国有学者将智库说成立法、司法、行政、媒体之外的“第五种权力”[6]，这在理论上是站不住的，在实际中也难以做到。如果越过边界，赋予智库过大的职能，对智库健康发展没有积极作用。

过分强调智库引导舆论容易失去与民众和学界交流的身份。如果智库一味追求舆论对政策的影响，就可能出现激发民粹主义，利用舆论绑架政策的现象，反之，如果智库一味追求政策对舆论的影响，则可能促使政策宣传压抑舆论，使科学民主治国的理念落空。

关于智库话语权的说法，频现于外交领域[7]。虽然智库专家在国际上提高声压级，大声说话，讲好故事，是在一定程度上为国争夺了话语权，参与了全球治理，引导了国际舆论，提升了中国国际地位。但是其实各国的话语权是各国政府之间以硬实力为主、以软实力为辅进行博弈的结果，与各国智库没有太大直接关系。外交智库只是本国外交政策咨询公司，只需利用时机释放本国外交政策信号，回收他国反应信息，探测国际问题风向，研究外交对策，给本国外交部门提供可行性建议方案即可，这也是外交智库的基本使命，而提高国际影响力则是本国政府的外交职责。

西方有不少智库专家潜心研究，提供政策咨询意见，极少出头露面，甚至周围朋友都不知道其具体工作。深厚睿智的智库思想才是智库话语权的实质。

四、中美智库行为理念比较

（一）研究智库的理念

美国的智库经历了第二次世界大战后的快速发展，但迄今能查到的有价值的研究智库基本理论的学术文章不多。有理由认为：其一，美国智库活动一直推崇实用性，一些智库书籍多为社会组织现象的综合论述，较少有深入性理论研究，整个智库界反倒是集中精力对国家和社会治理政策和策略进行有实质意义的实证研究；其二，美国智库是在无顶层设计倡导的状态下逐渐自然而然发展起来的，并且组织形态和运作机制也都比较成熟和固定了，智库本身的发展实在没有太多内容可研究。

国内研究智库基本理论的学术文章也不多，总结研究智库建设经验和工作汇报的文章却不少，不少文章频频使用一些观点，如智库的三大功能、四大功能、五大功能等，却很少论述其理论根据。

（二）评议评选智库成果的理念

美国对科技成果的认定标准主要是看在不同级别的专业期刊上的发表情况和学术界同行的公认程度，评奖也大多由民间专业学会之类组织进行，政府不参与，对人文科学成果的认定更是淡化得多，哲学、社会学和政治学的研究成果鲜有评奖的情况。智库研究属于公共管理和公共政策范畴，几乎没有对智库成果的评选评奖。可以这样理解：其一，智库研究报告的价值常常具有较大的时间滞后性，无论对决策者产生什么影响，都很难立即判断，需要等待实践验证；其二，智库研究报告成果是一个广泛的民主参与过程，上到决策者，下到民间智者，参与评议评定的人群如此广泛，难以组织起有公信力的评议机构，仅仅由智库业内同行组织评奖就会形成一个封闭的自己跟自己玩的小圈子；其三，智库研究报告的结论涉及不同人群所代表的不同利益，评定指标相对较软，观点立场分散，标准难以统一。总之，美国智库似乎不认可智库成果评选会有什么科学和积极的作用。

中国智库研究报告中评选出的成果数量不少，其中"批示崇拜"现象比较盛行，领导人对智库研究报告做出的批示，常被当作成果转化成功的标准，并视领导人行政级别而判定成果大小。实际上暂不说批示的内容是什么，先说不同领导对相同报告的认知不一样，同一领导在不同时期的认知也不一样，而且领导的批示往往是机密，就算是 100% 采纳了智库意见，也会变成官方语言，以红头文件、行政规章、法律法规的形式予以公布实施，不可能像学术文章列出参考文献那样列出有贡献的智库名单。

不少业内外人士已经觉察到很多智库成果水分较多，同质化严重，能否得到决策者的关注都是个问题，更不用说发挥启民的作用了。

（三）评价排名智库的理念

美国对智库评价排名似乎表现出一种漠然置之和不屑一顾的态度，全国仅仅有宾夕法尼亚大学的“智库与公民社会项目”小组在研究全球智库评价及排名，其智库排名结果在美国政学两界都没有被特别热捧，原因似乎可以这样解读：一是从学术上看，方法很难标准化和科学化，参评人员很难有代表性，也很难满足样本数量统计要求，因而评价排名的公信力、权威性不高，业内对此多有认识[8]。二是从吸引运营资金上看，美国社会对智库运营的资金投入和政府部门对产品的采购，基本上取决于对智库研究报告的兴趣，不会参照某个机构的评价排名。于是智库将注意力基本上都放在智库思想创新上，并不关注智库排名。

中国对智库排名表现出较高的热度，追捧推崇智库综合排名、顶级智库排名、最值得关注智库榜单、最佳政府智库榜单、杰出政策研究智库榜单、最佳国际经济政策智库榜单、最佳国际事务智库榜单、智库大数据影响力排名……除外还有对美国宾大《全球智库（索引）报告》名称的中文翻译问题，译者将原文中的 index（索引）一词省去，看起来像个智库研究报告，为自诩“智库中的智库”提供了包装，其实该报告最大价值仅仅是提供了智库索引信息而已。

智库评价对规范行业操行和提高产品质量有一定意义，评价应该是一种绝对指标的常模化考评，重在评价智库研究报告的质量，评价不等同于排名。如果评价机构过多，评价名目过滥，评价频率过快，则极易失去评价的原本意义，将智库导向庸俗浮华和记功取利的歧途。

（四）建设智库联盟的理念

美国结社没有主管部门，比较普遍、比较随意。在美国，各行各业的学会、协会和联盟很多，尤其是在科学、技术和商品生产行业多如牛毛，这些都是纯民间组织，政府不管，也管不了。在智库领域，业内没有“智库学家”“智库咨询师 / 分析师”之类的专业技术职称，这大概是没有成立智库学会、智库咨询师协会等的原因。同时，由于智库产品没有经济市场性质，所以智库同行之间没有资源交换、互助合作的基础，没有上下游产业链的关系，没有抢占市场的目的。这大概是没有智库行业协会、智库联盟之类团体会员机构的原因。虽然美国有名为某某联盟的智库，但那只是个别智库挂出的一个牌子名称而已，实质上并不是多家智库的联盟。

中国近年来，建立智库行业联盟的呼声出现。行业联盟属于行业社团，是一种行业间沟通、监督、公正、自律、协调的非政府组织。在中国，所有行业团体都要由政府相关部门或科协，或者文联和社科联（国家层面没有社科联）等党委序列的人民团体主管。中国常见的社会团体有 4 种：①学术性学会，如物理学会。②职业性协会，如律师协会。这两种都是以个体会员为主，具有非经济性质。其中，学会侧重以学术研究为导向，偏重理论和研究。职业性协会侧重以专业实践为导向，重视实践和应用，汇集具有明显职业背景的专业人才为社会提供服务。③行业性协会，如科技咨询协会。④联合性结盟，如大健康产业联盟等。这两种都是以团体会员为主，具有行业经济市场性质。其中，行业性协会侧重行业信息交流、行业发展规划、行业自律协调、共同权益维护等。联盟则侧重进行互补性资源交换，共担风险、共享利益，获得长期市场竞争优势。企业联盟既有同行间的联盟，也有产业链的上下游间联盟。

中国智库在走向现代化时，不是不可以创新国际上没有的东西，但是要提出必要性和可行性的论述。

五、中国智库的治理

智库是为国家治理服务的，但智库自身也是需要治理的。近些年，不少学者在智库热潮中[9]将中国智库治理问题提到明面上来了。

（一）智库国际化的起点

中国智库国际化已成为中国智库现代化建设中的努力方向，但是国际化理念似乎不太清晰。业内又有文章说智库的国际化是人才国际化、语言国际化、知识结构国际化、交流和传播方式国际化等[10]。的确，这都是智库国际化的一些内容，但是归根结底，要思想多元化，在研究选题、视野视角、方法理念和分析问题思维上，更多地从世界看中国，这才能触摸到现代智库的前沿，才是智库国际化的起点。

（二）智库研究去功利化

人类的生产和商业行为免不了功利性，会计算成本、注重实际效益和经济效果，但在科学领域，功利性容易导致急功近利和科学作伪行为。

功利行为的诱惑主要来自不切实际的倡导与考核机制。一般来说，在自上而下推行的大干快上项目上，在基础环境条件不具备，上不去还要硬上时，就极易诱发功利主义思潮。

智库研究格调应该是报忧而非报喜，谏言而非谄言，即便有获得决策者青睐的意愿，也不应有揣摩迎合决策者的行为。目前，不少智库研究报告呈现出低水平、同质化的现象，背后少不了功利主义作祟。由于中国智库运行模式的特色，功利主义一时难除，现实可行的是尽量减少智库报告的成果认定和评奖等炒作。

（三）智库研究去非科学化

智库高速发展建设中，智库文章中出现了一些非科学（unscientific）的东西。所谓非科学一般是指那些不同于科学或者没有按照科学范式的认识方式去认识事物，靠直觉、简单、偶然的观察，主观臆测，模糊概念，事实错误，任意联系，以及不合逻辑的归纳等推出的结论判断。例如，如果单纯将网络监测结果作为民意调查结果，就可能会导致其他客观真实民意被忽略。尽管非科学不都是伪科学（pseudo-science），其结论判断中也有正确的，但更多更普遍的情况是错误的。智库研究初始，应该站在对基本事实的全面认识的起点，接受科学共同体的基础范式是智库研究的必经之路。

（四）智库研究去泡沫化

智库文章每年数以十万计，内容明显偏向于那些专业性极强、数据密级很高、远非专业智库所能涉及的宏观经济、外交关系、发展规划等“高大上”问题，且不乏高谈阔论，较少给出解决问题的路径，其结论在若干年内难以证实或证伪。例如，说中国将在2049年建成世界留学中心。业内已有学者认为“中国智库建设出现了一定程度的泛化、泡沫化、低水平传播等倾向”[11]。实际上近年来，智库业内确实存在重数量、轻质量，重形式传播、轻内容创新问题，还有的流于搭台子、请名人、办论坛等形式主义的做法[12]。

中国智库的泡沫现象主要表现在智库主线产品的产量上，针对当前政策，以问题导向进行实证研究、制定前瞻性政策棋谱、提出针砭和修正政策的报告有待进一步加强。中国智库的运作经费大多是上级财政拨款，不少研究项目是命题作文，交差了事。

2019年各类智库成果142 900多项[13]，如果其中10%的智库成果具有深厚的创新思想，能够转化成有价值的政策建议并为决策者所吸纳，国家治理软实力将会极大提升。根据南京大学《2020 CTTI来源智库年度成果征集》，国内163家智库申报的成果类型中，咨询建议已经超过 30%。然而同时值得注意的是，申报的智库成果中“十四五”规划类占 88%，智库建设类占 12%。不管这些咨询建议是走一步看一步，还是走一步看两步、看三步，是否具有较强的实证性、创新性和前瞻性，总比空泛的智库建设工作经验报告前进了一大步。

对智库研究、评价和排名的机构过多也对智库泡沫化有推动作用。中国发表过研究评价智库报告的机构有十几家，而在全球智库最发达的美国，评价智库的团队只有麦甘团队比较知名，尽管没有确凿数据，推论全世界评价排名智库的机构总数之和不及中国的数量可能不为过。

六、结语

审视中国智库建设中的知行关系，有以下几个值得担忧的状况：①宣传诠释政策的多，评估修正政策的少；②研究发展规划的多，探讨改革治理的少；③研究宏观问题的多，研究微观问题的少[14]。如果智库研究停留在“纸上谈兵”[15]，智库的实战能力就会渐渐发生萎缩。除外，智库业内常常听不到圈外人对智库的负面评价，有人调侃智库业呈现新“三自一包”现象，即“自我封闭，自我欣赏，自我膨胀，包领导满意”，还有“中国智库除了‘高端智库’就是极力想攀上‘高端’的智库”这样阴阳怪气的语言。智库常常希望决策者善于听取逆耳的谏言，轮到智库，是不是也应该有气量地坚守我们的“三保持”精神——keep hungry、keep foolish、keep communication（保持求知若饥、保持虚心若愚、保持交流沟通），倾听一下这些对智库的讥讽？

朋友之间若在任何时候所有观点都保持一致，就会失去君子之交的思想价值。同理，智库若时时揣摩决策者意图，那也就违背了智库伦理，失去了智库的思想价值。中国智库处于现代智库的初级阶段，量大不等于强大，重量不等于质量，也不等于力量，智库高速发展应与智库治理并行。智库治理既有包括组织结构、运营模式、运营资金、沟通渠道、人员流通等的“硬治理”，更有包括思想多元化、方法科学化和成果无功利化等的“软治理”。

参考文献：

[1] 王文 . 新型智库的“七年之痒”：关于中国特色新型智库的阶段性评估与未来展望［J］. 智库理论与实践，2019，4（5）：1–7.

[2] 东北大学图书馆.《科学智库》数据库[EB/OL].(2019-06-17)[2021-01-20].http://www.sohu.com/a/321175901_720111.
[3] 薛澜.智库热的冷思考：破解中国特色智库发展之道[J].党政视野，2015(2)：51.
[4] 陈安，贾传玲，李鹏杰，等.智库报告类型和特征研究[J].智库理论与实践，2017，2(4)：43-51.
[5] 上海社会科学院发布《2018 中国智库报告》[J].国外社会科学前沿，2019(6)：85.
[6] 任晓，黄春宇."第五种权力"[N].文汇报，2016-01-15(W02).
[7] 毛跃.以智库建设提升国际话语权[N].中国社会科学报，2017-02-21(8).
[8] 吕青，蒋岩桦.构建中国特色新型智库评价体系的思考[J].智库理论与实践，2018，3(6)：20-24.
[9] 杨沐，邓淑宜."智库热"与政策思想市场[J].智库理论与实践，2016，1(5)：1-9.
[10] 吴田.中国智库国际化：主体分析与路径选择[N].中国社会科学报，2019-05-23(2).
[11] 王莉丽.中国智库建设面临的问题与建议[N].学习时报，2017-06-26(6).
[12] 习近平在哲学社会科学工作座谈会上的讲话[N].人民日报，2016-05-19(2).
[13] 光明网.2019 年 CTTI 来源智库"体检报告"[EB/OL].(2019-12-19)[2021-01-20].http://topics.gmw.cn/2019-12/20/content_33418426.htm.
[14] 程宏，刘志光.对智库前瞻性研究的思考：兼谈智库面临的一些问题[J].智库理论与实践，2018，3(5)：8-12.
[15] 温志强，朱晨迪，高静.智库研究成果的落地困境与质量提升路径[J].智库理论与实践，2018，3(3)：27-32.

——程宏、刘志光发表于 2021 年 2 月《智库理论与实践》

我国民间科技智库发展研究

【所长专栏】

新经济时代要发挥民间科技智库的独特作用

中国自古以来就有幕僚传统，如稷下学宫，但现代意义上的民间智库则是改革开放以后逐渐发展起来的。进入21世纪，新经济的出现为民间智库在科技决策层面的发展指明了方向。新经济时代，产业生态构筑“创业—瞪羚—独角兽”非线性成长，科技园区创新发展成为新经济时代全球创新增长新路径。在新经济时代的背景下，以构建思想市场生态、实现治理体系和治理能力现代化、推动区域经济崛起、提升政府科学决策能力为核心的创新治理客观上需要大力发挥民间科技智库的独特作用。

新经济时代，知识经济成为创新发展的源泉，民间科技智库作为市场经济最活跃的参与者，以其敏锐的感知力和洞察力，紧紧抓住时代变化的趋势和机会，以建设性思维指导创新，以“思想产品”参与市场竞争，成为新经济时代“思想市场”的重要贡献者。事实上，民间科技智库的最大活力和生命力在于对新思想的认识和把握，能够提出独立的观点，并能把新的思想系统化，最终在社会上传播并在一定程度上达成共识，这也是民间科技智库的核心价值所在，是其生存的能力所在。

新经济发展的深入也会带来越来越多的新治理问题，民间科技智库可以成为完善国家治理体系和实现治理能力现代化的重要一环，通过一系列制度性安排，使更多的民间科技智库参与新经济环境治理，发挥民间科技智库在市场感知、科学分析、系统创新等方面的优势，参与科技战略问题和公共政策研究，提升政府科学民主依法决策能力。

一、我国民间科技智库具体内涵

（一）我国科技智库的定义与职能

1. 科技智库的定义

科技智库是智库的一个重要的、具有专业性质的分支，是以科技战略政策研究和科技支撑服务公共政策制定为主要职能的专业政策研究和咨询公司。科技智库研究事关全局的重大科技战略问题，前瞻性思考世界科技发展趋势，开展科学评估，进行预测预判，对影响经济社会发展的重大科技创新问题提出前瞻性、建设性的建议，在国家科技战略、规划、布局和政策等方面发挥关键作用。

根据调研的结果及研究分析，我们发现目前我国不同类型智库的法人地位的获得适用不同的注册登记管理体系。例如，企业型智库需在各级工商行政管理机关登记注册，民办非企业型智库、基金会智库需在各级民政部门进行登记，事业单位型智库则按照级别高低需在不同级别的政府主管部门中进行登记并统一由国家编制委员会管理，大学下属的非独立法人智库则不用单独注册。我们依据资金来源及智库的组织属性，将智库分为官方智库、半官方智库和民间智库 3 类。

2. 科技智库的职能

围绕科技智库发展目标，民间科技智库主要承担以下 5 个方面职能：第一，服务国家科技战略和宏观决策，以及地方政府决策，为决策提供客观的科学依据和数据支撑；第二，引领创新方向，从科学理念、科学方法、科学文化方面影响社会公众，推动社会进步；第三，创新研究方法和工具，确保研究的科学性和权威性，得到智库同行的认同；第四，教育公众，向公众普及和解读国家政策，在一定程度上发挥政府和公众之间的桥梁纽带作用；第五，培养人才，以咨询论证任务为牵引，培养优秀的多学科交叉的复合型智库型人才。

（二）我国科技智库的分类

第一是官方科技智库，是指具备法人条件的专门从事科技政策研究和咨询工作的事业单位。在计划经济时代，他们通常隶属于政府部门，改革开放以后，普遍进行事业单位改革。根据《事业单位登记管理暂行条例》规定，事业单位是指国家为了社会公益目的，由国家机关举办或者其他组织利用国有资产举办的，从事教育、科技、文化、卫生等活动的社会服务组织。在符合条件的事业单位法人中，将专门从事科技政策研究和咨询工作的机构纳入智库范畴。这类机构的主要职责即为国家或地方科技部门提供决策咨询和支持，其主要经费来源于财政拨款。国家级科技智库比较典型的是国务院发展研究中心、中国社会科学院下属的各个专业的研究所（中国社会科学院本身也是事业单位）、中国科学技术发展战略研究院、中国科学院科技战略咨询研究院、中国科协创新战略研究院等。地方科技智库主要包括地方科技厅局下属的事业单位，如江苏省科技发展战略研究院等。

第二是半官方科技智库，是指隶属于大学、科研机构、国有企业的从事科技政策研究和咨询工作的组织。一般来看，这类智库由大学、科研机构、国有企业创建，其经费主要来自校方、院所的拨款，以及一些基金会、企业公司的资助或私人捐助，研究人员大多是校内（院所内）各学科的学者和从其他大学、研究机构聘用的研究员，其服务对象和研究课题相当广泛。这些智库广泛地存在于国内研究型的知名大学、研究机构、国企中，它们除了承担着一定的理论研究和教学任务外，还要从事政策问题研究、向政府部门汇报研究成果、公开发表文章、出版著作等工作。由于这些机构通常直接挂靠在大学、院所、国企之下，所以可以广泛利用学术资源，在研究深度与研究广度上都有较大的发挥空间。比较有影响的有北京大学中国经济研究中心、清华大学国情研究中心、清华大学服务经济与公共政策研究院、清华大学人工智能国际治理研究院、中国石油集团经济技术研究院等。

第三是民间科技智库。基于民间科技智库的非国有性质，目前这类智库主要有企业、民办非企业单位法人、社团、基金会等形式，还有一些不具备独立法人资格的智库，如媒体智库等。

其中，企业型科技智库主要是指那些专门从事科技政策研究和科技咨询工作，以企业身份注册的法人机构。民办非企业单位法人型科技智库是指由民间出资组织的，专门从事政策研究和咨询工作的民办非企业单位法人，由国务院民政部门和县级以上地方各级人民政府民政部门登记注册或备案。根据《民办非企业单位登记管理暂行条例》（简称《条例》）规定，民办非企业单位（在《条例》颁布前，此类组织称为“民办事业单位”）是指企业事业单位、社会团体和其他社会力量以及公民个人利用非国有资产举办的，从事非营利性社会服务活动的社会组织。

1986 年 7 月底，国务院副总理万里在全国软科学研究工作座谈会上发表长篇讲话，郑重提出决策民主化科学化是政治体制改革的一个重要课题。此后，20 世纪 90 年代初期，伴随着管理咨询公司的出现，“智库 + 咨询”相结合，解决了民间智库的独立性和生存问题。

与民间智库类似，民间科技智库的研究经费主要来自市场化运作模式，即来自所承担课题的项目经费，以及一些基金会、企业公司的资助或私人捐助。一方面，选取社会广泛关注的、对社会影响力较大的项目进行相关研究，形成研究成果后向社会公布，以扩大机构的社会影响力；另一方面，通常承接政府部门、企业等研究课题，作为智库收入的主要来源。这类机构包括深圳综合开发院、零点有数科技、全球化智库（CCG）、长城战略咨询等。

综合以上分析，我们认为民间科技智库是指利用非国有资产组建成立并运作的科技智库，区别于官方科技智库，主要包括企业法人、民办非企业单位法人，以及社会团体、基金会等类型的科技智库。

（三）我国民间科技智库的主要特征

科技智库作为智库的一个主要分支，具备智库的共性特征：第一，研究工作具有政治性和现实针对性，不以学术研究为主，而以影响政府决策为目标，因此决策者是否考虑或者采纳其政策建议是判断智库影响力大小的主要标准；第二，具有独立性和非营利性，以科研院所、高校、学会、基金会、公司、中心等命名，作为独立法人机构，以事业单位或现代企业方式进行管理，但不以营利为目的；第三，智力产品是赖以生存的根本，通过为决策部门提供政策思想、方案和建议等智力产品及其带来的影响和声誉来维持自身的生存与发展。

此外，民间科技智库作为致力于科学研究和公共政策咨询的专业型智库，还具备独立性、专业性、多层次性、多学科化、知识与数据工具性等特征。

1. 独立性

民间科技智库作为独立研究机构，必须在机构设置、人员编制、资金来源上独立于政策决策者和政策执行者，具有独立承担民事行为的能力，能够独立发布有说服力的研究报告和评估结论。更直白地说，民间科技智库创办与运行的经费均不依赖于政府财政拨款，员工均向社会招聘而无政府编制限制。且正是这种“经济上的独立性”，奠定了其研究和评估工作独立性的基础。当社会发展到今日，保障民间科技智库的独立性是提升政府科学决策能力的关键环节，也是促进和实施有效监督的根本性突破。民间科技智库可以更加客观和开放地对社会进行监督，可以独立开展事关全局的重大科技战略问题研究并发布观点，可以针对政策既定目标进行分析、对比监督，也可以对政策实施的未来趋势是否合理进行判断，其研究和工作成果供政府参考借鉴，以助力提升政府科学决策与治理的能力和效率。

2. 专业性

科技智库研究是一个知识密集型工作，具有很强的专业性。民间科技智库为在竞争中求得生存和发展，就必须提高自身的专业性。要对其研究人员进行长期特定的专业训练，使研究人员掌握特定的科学研究方法和流程；要培养对规律性问题的敏感性和研究能力；研究咨询人员针对政府需求，要搜集本领域的专业知识和信息，了解世界发展态势，利用特定的分析工具和研究方法提出专业性强的政策建议。同时，科研涉及的知识具有较强的专业性，只有较强专业背景的人员才能够开展相关研究。

3. 多层次性

为保障生存与发展，民间科技智库要面向全社会提供服务。因服务对象的不同，面对社会多元主体及政府体系等级和行政区划差异等，当前民间科技智库发展和业务研究呈现出不同程度的多层次性，科技智库的服务对象既有国家层面的政府机构，又有区域地方政府，还有转型升级的大企业和大量成长中的中小企业。

4. 多学科化

随着科学技术的快速发展，及其向社会、经济领域的全面渗透，科技智库的研究领域和方向呈现出多元化趋势，综合性进一步增强，大学科交叉现象在政策研究过程中已成为常态。为解决综合复杂问题，研究人员不仅需要具备多学科知识背景，还需具备必要的经济和社会学知识，以适应当前时代的变化，通过大学科知识间的交叉融合，提出多角度、全方位的研究成果和政策建议。同时，还要求民间科技智库必须深入了解政策制定的背景和实施过程，通过掌握科学评估方法、工具，建立相应的评价模型和指标体系，采用客观获取的统计资料进行分析，开展深入研究。

5. 知识与数据工具性

当前民间科技智库对知识工具和信息技术的依赖性越发明显，面对经济、科技的快速发展及其数字化的全面深化，民间科技智库面对的及需要处理的各种问题综合性更加突出，民间科技智库必须掌握知识与数字化工具，以强有力的知识、信息和情报作为支撑，以先进的数据化工具为手段，才能为新政策的研究制定提供前瞻性、可操作性建议，才能做到咨询论证结论的科学、准确和客观。

二、我国民间科技智库的发展概况

（一）我国民间科技智库的发展背景

我国民间科技智库的起步多与所处时代的经济环境和市场形势相呼应，其整体发展历程可划分为 3 个阶段。

第一阶段是 20 世纪 90 年代早期之前，是初始萌芽期，在这一时期民间智库数量不多，主要依托管理咨询公司开展业务，每家咨询公司的业务各有侧重，并依赖于咨询顾问在战略、流程、人力资源、营销等其中一个领域为客户解决问题，直接演变为智库多样化的发展态势，这给下一阶段智库的专业化发展明确了方向。

第二阶段是1993—2015年，此阶段改革开放也进入了崭新进程，1992年邓小平南方谈话，为中国特色社会主义市场经济奠定了思想基础。在这一经济大环境下，市场经济逐渐活跃起来，以市场化服务为生存基础的民间智库也随之产生并发展。1993年，以北京市长城企业战略研究所（长城智库）、北京零点调查（零点有数）等为代表的民间科技智库建立起来，体现了服务与研究发声并举、咨询与智库相结合这一中国民间智库发展的特色。另外，半官方型智库也出现于此阶段。20世纪90年代中期，随着外资大规模进入中国，为其提供服务的麦肯锡、安盛等跨国咨询公司也随之进入国内。到21世纪初，我国智库发展基本上形成了官方（半官方）、民间、外资三足鼎立的基本格局。这一阶段，市场上不断出现一些新的情况、新的科技与经济现象，跳出了政府传统决策的经验与知识范围，从而对政府的科学决策提出了新的挑战。民间科技智库依托其在市场经济中练就的敏锐的市场观察力和分析力，以及不断积累的针对市场新问题的解决能力，形成了对官方（半官方）研究部门的有力补充。

第三阶段是2015年至今，随着《关于加强中国特色新型智库建设的意见》和2017年《关于社会智库健康发展的若干意见》的出台，我国智库发展蓬勃兴起，《全球智库评价报告（2015）》显示，2015年估算当年新建的智库有5000家左右。其中，有一部分属于民间科技智库，具体数量目前尚无定论。伴随着互联网和金融业的蓬勃发展，行业内有前瞻性和影响力的企业开始陆续建立起自己旗下的智库机构，为企业自身甚至整个行业未来的发展提供研判依据。例如，互联网领域最为活跃的3家公司都纷纷建立了自己旗下的研究院，腾讯研究院和美团研究院等机构是企业建立智库的代表。

这一时期的重大变化是政府开始面向社会各方公开招标，征集解决问题的研究成果和政策制定建议，从而制度化地为科技智库打开了政府咨询市场。

（二）我国民间科技智库的发展态势

目前尚未有专业机构对民间科技智库的市场情况进行数据统计。与之相关，据2015年中国企业联合会、麦肯锡等机构的统计数据，我国的咨询类企业达到26万家，其中以咨询为主营业务的企业占比为14.6%。从市场份额来看，外资咨询公司的市场占比为32.6%，中国本土咨询公司占据国内咨询市场60%左右的份额，其中政府、高校咨询公司的份额为35.9%，民营咨询公司的份额为31.5%（图1）；整体实力较大的咨询公司数量在1600家左右，占据了国内咨询市场38%的份额。可见，我国咨询市场形成外资、官方（含半官方）和民营三足鼎立之势。

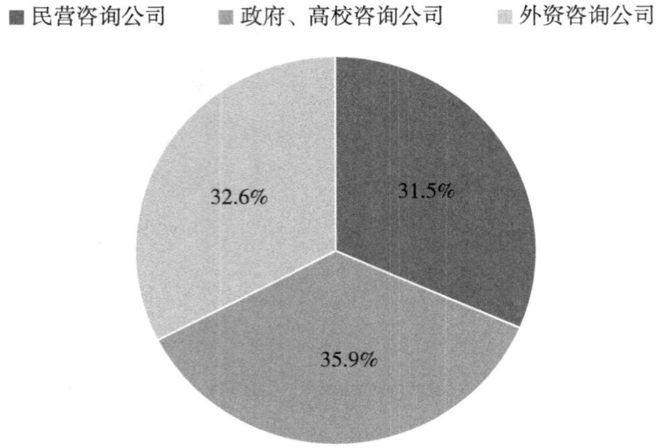

图1　2015年中国咨询服务主体性质结构情况

（数据来源：中国企业联合会管理咨询工作委员会、IBISWorld、麦肯锡、中为咨询）

根据中国企业联合会发布的中国管理咨询公司50大名单，及2013—2019年营业收入总额（图2），最近7年以来，中国管理咨询公司50大的营业收入总额基本每年都在显著增加（除2014年以外），从2013年的33.10亿元上升到2019年的66.77亿元，其中2013年营业收入的个体峰值达到2.00亿元，2014年为1.89亿元，2015年为2.25亿元，2016年为2.80亿元，2017年为3.69亿元，2018年为5.66亿元，2019年为5.87亿元。

可以看出，我国管理咨询公司在近5年的时间获得了长足发展，排名前50名的咨询公司年营业收入总额始终保持在30亿元以上，最高年营业收入总额超过60亿元，说明这类咨询公司的发展势头稳健上升。我们始终认为，中国的咨询公司和智库的发展是相辅相成、互为依托的，这一数据在一定程度上也可以说明智库发展的态势。

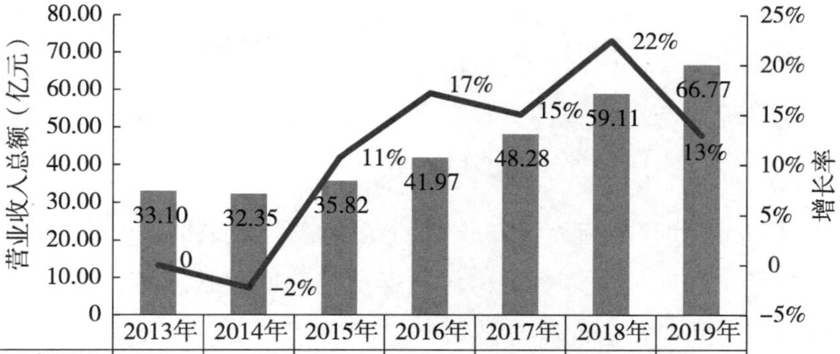

	2013年	2014年	2015年	2016年	2017年	2018年	2019年
营业收入总额（亿元）	33.10	32.35	35.82	41.97	48.28	59.11	66.77
增长率	0	−2%	11%	17%	15%	22%	13%

图 2　中国管理咨询公司 50 大 2013—2019 年营业收入总额

（数据来源：中国企业联合会管理咨询工作委员会）

（三）我国民间科技智库发展的优势分析

1. 贴近市场的灵活性优势

从运营方式来看，民间科技智库具有多元、灵活、开放，以及更加贴近市场的特点。智库自主聘用研究人员和技术人员，独立自主地完成各类研究任务；也可以打造资源集聚平台，邀请兼职的专家学者定期或不定期地聚集在一起，讨论重大科技战略问题和当下热点议题，或者联合开展研究，具有典型的前瞻性和灵活性的特点。此外，民间科技智库可以基于自身需求招揽英才为己所用，用人和聚人便捷，激励方式灵活，可以在短时间内迅速壮大自身的研究实力与能力。例如，以拥有海量数据著称的腾讯研究院便依托自身力量，将研究团队分成 7 个研究中心，针对社会热点和行业未来数字化发展趋势进行深入研究。又如，深圳综合开发研究院进行市场化改革后迅速扩大了海外研究人员团队，在组织模式上的创新也为智库研究能力注入了新的活力。全球化智库（CCG）则充分网罗国内外资源，邀请来自海内外多个国家和地区的专家学者作为智库的高级顾问、学术委员会委员、研究员，并时常与海外专家、政要会面和座谈，很多有建设性的观点都是在非正式的交流中碰撞产生的。

2. 专业性优势

从研究方向来看，民间科技智库多拥有细分领域的专业性优势。与官方大而全的综合性智库机构相比，民间科技智库的研究精力有限，规模通常较小，结构相对简单，但在研究领域的选择上也相对更加专注，多是将关注点聚焦在某一个研究领域，并且这一领域往往与智库创始人的知识结构息息相关，形成了“专、精、特”

的发展特点。在专业领域确定后，智库团队便会集中力量将此做深入、做出彩。例如，全球化智库（CCG）主要将着眼点落在人才和企业国际化问题的研究上，同时加大成果专业与对外宣传；长城智库的研究方向主要集中在对新经济的研究上，并创造了一套可验证的方法论，助力我国新经济的发展与深入。

（四）民间科技智库参与政策制定的途径与步骤

今天，政府的决策咨询市场已经成为民间科技智库重要的服务市场之一。在该市场中，民间科技智库参与政策制定的途径主要包括以下 3 个。

第一，承接政府委托课题研究。这是民间科技智库参与公共部门政策制定的主要途径之一。近年来，中央政府和各级地方政府将注意力转移到如何加强政策咨询方面，而且民间科技智库的加入，使得政策咨询网络架构不断完善，其所参与的前期专家咨询系统和后期政策效果评估系统都促使政策更加贴近企业和群众的心声与诉求；与此同时，民间科技智库的加入也可以增加政府公共政策的科学性和民主性。此外，民间科技智库通过呈现出高质量研究成果这一方式以期得到公共部门的更多有效关注，通过增加政府对其信任度来获得更多参与政策制定的机会。

第二，公开发布政策研究相关成果。民间科技智库的研究团队可以在相关学术期刊上定期发布相关研究报告，在该领域发挥一定的影响，进而影响政府的政策制定效果。它们利用媒体扩大影响力，通过宣传自己的观点来表达自己对社会热点问题和重大科技战略问题的见解，进而基于其专业知识提出相应的对策建议，这样容易获得公众的认可。此外，通过公众舆论的传播来提高自己的声音影响力这种举措也使其能赢得政府的关注。然而，由于民间科技智库通过媒体独立发声的历史较短，目前在这一领域尚未取得预期效果。

第三，智库成员参加研讨会和论坛。每当政府有重大政策要出台时，为提高该政策的科学性，相关部门一般都会邀请社会上的专家、学者等群体进行交流研讨，听取专家的意见，这也是民间科技智库参与政府政策制定的固定方式之一。在研讨会或意见征集会议之后，政府部门经常会选择具有出色专业能力的专家和学者作为该政策制定的组织者，授权他们召开座谈会等，一般都会对制定的草案做进一步的研究和讨论，以期形成统一意见。整个步骤中，政策制定部门都会将学者们在会议上提出的不同意见进行汇总并认真选取有代表性的建议，在后面的过程中也会保证所制定政策的可行性，从长远上看这是为了保证未来出台的公共政策能最终符合大众的需求，进而在一定程度上发挥其推动政府决策科学化和民主化的作用。

（五）我国民间科技智库发展存在的问题

1. 民间科技智库面临着更大的生存压力

社会智库登记面临双重管理，增加了管理成本。2017 年《关于社会智库健康发展的若干意见》中提到完善登记管理体制的内容，对社会智库实行民政部门和业务主管单位双重负责的管理体制。成立社会智库要由社科联或活动涉及领域的主管部门担任业务主管单位，并在民政部门进行登记。双重管理在一定程度上增加了社会智库、民间科技智库的管理成本和管理人员的投入。

我国社会对智库作用的认知普遍不够，较少提供捐赠支持。与发达国家相比，我国社会缺乏保证民间智库独立性的稳定基金来源及社会捐赠文化。企业、基金、慈善组织等是支持智库发展的主体，但在我国，这些主体对智库作用的认识不足，因此很多大企业虽然会聘请智库为其开展某方面的咨询工作，也会对一些基金、慈善组织进行捐赠，但是由于各种基金制度尚不完善，智库难以从基金、慈善组织等方面获得资金支持，也难以从企业层面获得开展前瞻性研究的资金，这成为影响智库独立性、制约智库研究能力提升的重要因素。

民间科技智库与官方（半官方）智库的招标竞争不在同一成本起跑线上。民间科技智库的财务运营是包括人力成本、办公空间租赁成本等的全成本核算，而官方（半官方）科技智库的人力成本上已有相当部分的财政拨款，且一般自有办公用房，或是低于市场价租赁使用。由于这一体制上的差异，在研究课题进行公开竞标时，两者的报价就不在同一成本核算起点上，民间科技智库始终处于报价较高的弱势地位。

2. 政策咨询有效需求普遍对民间科技智库开放不足

政策咨询的“总盘子”以委托官方（半官方）科技智库为主。政府决策需求主要针对官方（半官方）智库开放，“内外有别”，受历史惯性影响，官民之间的信任关系和责任关系并不牢固和明确。以科技咨询为例，国家层面的官方（半官方）智库包括国务院发展研究中心、中国科学技术发展战略研究院、中国科协创新战略研究院、中国科学院科技战略咨询研究院，各地方科技部门也设有战略院等类似机构，上述机构承担了大量的科技领域的政策咨询业务，留给在市场上摸爬滚打的民间科技智库的机会极少。调研中也发现，官方（半官方）智库一般都有常规的渠道把自己的研究成果提供给决策层，但绝大部分民间科技智库在提供高层决策参考方面没有常规渠道，再加上缺乏重磅研究成果和有效的人脉链接，只能借助媒体宣传力量扩大声势，试图引起高层对某些创新观点和科技领域前沿发展态势的关注，这种路径相较于官方（半官方）科技智库的资政直通渠道，缺乏直接性和有效性，真正被纳入决策的概率微乎其微。

各级政府部门面向民间智库的相关招投标工作需进一步完善。参与投标、承接政府部门委托课题研究是民间科技智库参与公共部门政策制定的主要途径之一。基于前文所述成本和报价的因素，民间科技智库的中标难度相对更高。为解决相关问题，各地的公开招标工作需改进完善。例如，应研究出台进一步提高面向民间科技智库等社会组织采购的标准、金额和比例等政策。

3. 民间科技智库的自身能力建设与发展模式有待加强

对涉及全局的重大科技战略研究能力不足。由于民间科技智库大多成立时间不足30年，普遍缺乏对前瞻性问题的长期自主跟踪研究。当前国际国内形势下，各类不确定性和挑战增多，对我国重大科技战略所涉及的某些全局性问题，如科技革命与产业变革、大国权力转移等缺乏深入认识，研究广度和深度不足。同时，民间科技智库的从业人员和智库专家普遍年龄偏低，对国际科技战略竞争的理解不够深入，对我国科技自立自强的发展历史无法感同身受，也难以提出有建设性的研究观点。

研发创新能力有待加强。多数民间科技智库自身能力尚处于建设期，对自身发展模式的总结与创新还需要进一步加强。目前，很多智库的研究工作都是以课题为导向，课题完成后，如果没有延续性项目，之前的研究成果就会被束之高阁。长此以往，很难形成针对某些重要问题的长期性积累，研究也难以深入。同时，多数民间科技智库缺少数据积累、方法积累、人才储备等，也没有开发出自有知识产权的分析方法和工具。从调研情况来看，大多数民间科技智库为短期研究项目奔忙，能持续开展长期跟踪研究项目、开展创新方法研究的机构非常少。很多民间科技智库虽然影响力在增强，但是规模依然比较小，抗风险能力也比较弱。

综合以上分析，民间科技智库发展中存在诸多问题，既有自身的原因，也有更深层次的历史原因，核心是政府决策部门对民间科技智库缺乏信任，双方人员之间的连接不紧密。这是历史遗留问题，也是一个需要相当长的时间才可以改善的问题。

三、当前发展民间科技智库是完善国家治理体系的重要组成部分

（一）治理体系和治理能力现代化需要民间科技智库提供支撑

第一，推进国家治理体系和治理能力现代化需要前瞻性思维。官方智库作为政府体系的一部分，直接为政府决策服务，在提供信息和政策分析的同时，更加强

调标准化、制度化、流程化，这由行政管理的特点所决定，具有其内在合理性。但是，这种特点在保持稳定性的同时也会产生“路径依赖”现象，也在一定程度上限制了其创造性的发挥。在新经济时代背景下，民间科技智库始终站在新经济发展的最前沿，通过敏锐的触角、战略新思维、深入的观察和坚实的前瞻性理论研究，能够提出适合新经济时代的新思想、新观点、新理念，引领新经济发展，为科学决策提供坚实的支撑。

第二，推进国家治理体系和治理能力现代化需要优化治理结构。一个良好的治理结构需要政府、社会、个人之间的充分交流和互动，民间科技智库作为非营利性社会组织、本身就是治理结构的一个组成部分。同时，良好的治理结构需要吸纳社会各个利益阶层，考虑各个社会阶层的利益诉求，实行广泛的“协商民主”，将社会各阶层利益纳入整体治理格局，形成具有建设性的方案。创新驱动与全面改革作为一项系统性、整体性、复杂性任务，需要进一步发挥民间科技智库的专业性和独立性优势，通过民间科技智库，切实增强协商实效性，规范协商内容，提高协商能力，强化协商成果运用，更好地展现社会主义协商民主的优势和价值。

第三，推进国家治理体系和治理能力现代化需要大力倡导创新创业。更加完善的社会主义市场经济体制是国家治理体系和治理能力现代化的重要内容和根本保障，核心在于围绕创新创业破除体制机制障碍，让一切劳动、知识、技术、管理、资本的活力竞相迸发，让一切创造社会财富的源泉充分涌流。改革开放以来，中国的科技创新政策经历了3个阶段：“20年前是支持大企业为主的创新；10年前是支持中小企业为主的创新；近年来是支持创业为主的创新。”伴随着每一次创新创业浪潮，国家治理体系和治理能力均有大幅度提升。长城智库在20世纪90年代末明确提出的“创业是知识经济增长的原动力”“跳跃式发展是新经济时代成长路径主旋律”“创业、瞪羚和改变世界的大公司是经济发展的3种主要的力量”“创业就是要发展瞪羚（快速成长的企业）和独角兽（爆发式成长的企业）”等系列观点，就是对新时代现代化的治理所做出的支持创新创业的判断。

（二）新经济时代区域经济崛起对民间科技智库咨询服务提出强大需求

第一，区域崛起是全球大国崛起的前提。每个大国的崛起，都有若干个全球一流的区域为其提供支撑。崛起于19世纪的英国除了伦敦这个全球金融中心之外，还有工业重镇伯明翰、曾给全世界的火车制造机车的格拉斯哥、工业革命的发源地曼彻斯特等。美国是20世纪崛起的大国，在美国崛起的过程中，区域创新的作用显而易见：有商业中心曼哈顿，有娱乐中心好莱坞，有工业中心芝加哥，有汽车城底特律，还有引领世界 IT 产业的硅谷。这些地区根据自己的特点，在某一领域取得创新和突破，成为区域创新的典型。事实上，正是这些区域崛起的叠加，成就了美国在 20 世纪的崛起。如今在中国，出现了很多创新密集的区域，如中关村、深圳、上海张江、武汉、成都、西安等高新区，其中有的高新区已经成为世界一流高新区，如中关村。根据长城智库的研究，中关村已经成为全世界第二大高新区，位于中国台湾新竹、印度班加罗尔之前，仅次于美国的硅谷。

第二，区域崛起的复杂性需要民间科技智库助力腾飞。新经济时代，生产系统的复杂化和社会生产弹性分工空前加强，社会生产组织发生重大变化，区域崛起成为新经济时代创新发展的增长极。新经济时代的区域崛起首先集中在某些具有创新能力和创新活力的行业和主导产业部门，这些主导部门积聚在区域中心形成增长极，然后通过不同的渠道向外扩散，并对整个社会产生影响。区域崛起作为一个多层次、多目标的发展形态，不仅需要顶层总体制度设计和组合配套措施供给，还需要区域内的各经济部门、经济地区及经济组织之间的有效配合协作。在此背景下，单纯依靠政府决策已经不能满足空前复杂的经济社会发展需要，在越来越多的新经济领域，政府力量显得越来越“力不从心”，从平台经济到共享经济，商业模式的发展速度已经远远超越了体制力量的扩张速度。这种形势下，作为一种建设性和专业性力量，政府决策过程中就越来越需要新经济专业的民间科技智库的独立性、科学性和专业性来助力腾飞。

第三，区域崛起的进程需要新经济民间科技智库提供咨询支撑。区域崛起的进程中，关键是观念领先、彰显区域个性和理性发展。首先，区域发展就是要观念领先。一个区域的崛起核心在于要在世界创新的前沿找到自己的发展方向，所以观念领先十分重要。现在中关村、上海张江、武汉、深圳、成都、西安等区域都在追求世界高水平的创新创业密集高地，在这个过程中有很多超前的观念、思想和模式在发挥作用。区域跟上时代的步伐，就需要发挥新经济民间科技智库思想领先的独特优势，进行观念创新，在区域的战略规划和产业规划中发挥更大作用。过去 10 年，长城智库和科技部火炬中心合作出版的《中国增长极：高新区产业组织创新》对中国区域崛起和高新区发展的理念有着全面的总结。其次，区域崛起迫切需要打造区域个性。任何能够崛起的区域，都是由于把握了区域个性，找到了走向高端的合适的方向。区域个性形成的核心是特色产业的选择，特色产业的选择有 4 个来源，分别是：区域优势资源、区域历史人文、区域产业组织和区域产业基础。如何打造区域个性就需要民间科技智库和地方政府花更大的力量去进行战略研究和产业规划，发挥民间科技智库的专业性和科学性优势，为区域崛起提供支持。最后，区域的发展需要理性。在新经济和“一带一路”大背景下，如何让国内外借鉴中国区域发展经验是个很值得研究的问题。这就需要大力发挥民间科技智库的独立性和科学性优势，以及时总结发展经验、发展模式和发展教训；搭建国际化交流平台和渠道，加大链接国际资源的力度；充分发挥民间科技智库在国际舆论引导、合作理论创新等方面的作用，推动区域理性发展、创新发展和可持续发展。

未来 10 年，中国将涌现世界级科技智库，与中国顶尖企业和区域创新尖峰一起，共同走向全球引领的位置。这将有利于繁荣发展中国思想市场，打造“中国软实力”，即不断以原创思想、中国价值观引领世界，使中国实现全面崛起；有利于以中国特色新经济咨询支撑进一步坚定“四个自信”，开创人类新经济发展新纪元，弘扬“中国新模式”；有利于做好“中国之治”的坚实后盾，提高政府“科学执政”水平，促进形成科学完善的政府治理体系和共建共治共享的社会治理制度，助力“中国之治”全面发展。

四、我国典型民间科技智库案例研究

（一）中国（深圳）综合开发研究院案例研究

1. 基本情况

中国（深圳）综合开发研究院（简称“综研院”）英文缩写 CDI，是经国务院总理批准成立，在业务上接受国务院研究室指导的独立研究咨询机构，于 1989 年 2 月在深圳经济特区创办，2015 年入选首批 25 家国家高端智库建设试点单位，是国家工程咨询甲级资质单位。综研院以改革试验者面貌出现，定位于民间性、自主性、综合型、市场化的政策研究咨询机构。成立之初是官助民办的由深圳市政府代管的机构，2007 年以后深圳市财政对综研院的财政差额拨款及编制实行“只出不进、逐步过渡”政策。现有员工 180 余人，其中 70% 来自社会招聘。

综研院的主要研究领域有：国家宏观战略、区域经济、城市化、产业发展和政策，以及企业战略与投资决策。尤其是在“一带一路”、创新、城市化、港澳等领域的研究上已形成特色，主要体现在：第一，宏观战略与宏观经济政策方面，涉及国家宏观经济、财税体制、创新驱动、“一带一路”、城市化、区域发展、金融发展、周边经济合作等领域的政策研究。第二，区域经济与粤港澳大湾区方面，涉及区域发展战略规划、粤港澳大湾区与中国特色社会主义先行示范区、港澳经济社会发展等的研究。第三，产业规划与创新政策方面，涉及战略性新兴产业、金融、物流、商业、旅游、公用事业、基础设施等产业发展战略和规划、产业政策、创新驱动战略的研究。第四，开放经济与特区发展方面，涉及开放经济、走出去、“一带一路”、全球金融中心等的研究，同时围绕创新发展、新经济、新产业开展研究。第五，城市化与可持续发展方面，涉及城市化过程和城市扩大过程中的公共政策研究、城市经济与社会发展战略研究与咨询，以及城市规划与治理研究与咨询。第六，企业战略与投资决策方面，涉及企业发展战略与行业规划、企业重组及资本运作、重大投资项目决策、IPO 及募投项目可行性等的研究。

2. 运行机制

综研院实行理事会领导的决策体制。设有理事长、常务副理事长等，以及学术咨询委员会。知名学者樊纲担任综研院院长、首席专家。首任理事长是马洪，第 9 届理事会由叶小文担任理事长（代）（图 3）。

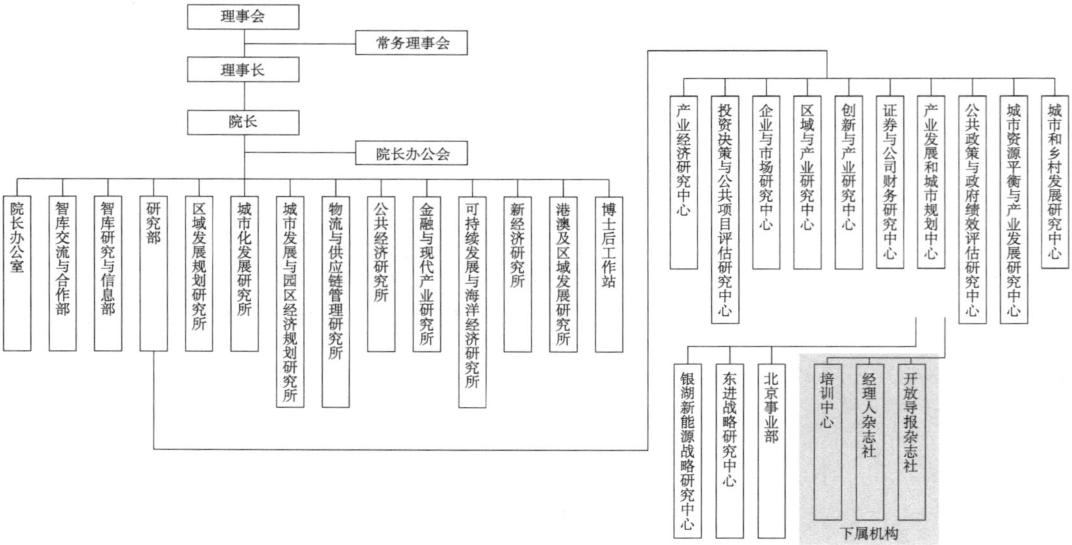

图 3　综研院组织机构

综研院实行官助民办“双轨制”。1998 年 2 月，深圳市机构编制委员会办公室发文，明确综研院为官助民办的市政府代管机构，不确定行政级别，参照正局级单位管理，由深圳市政府财政定向核拨补助。2007 年，深圳市政府决定对综研院的财政差额拨款编制实行“只出不进、逐步过渡”政策，非在编人员经费通过市场渠道解决，并确定了政府采购定向支持的措施。

综研院探索“智库基金制”发展模式。综研院于 2007 年和 2011 年，主导发起了两个基金会，分别为深圳市综研软科学发展基金会和深圳市马洪经济研究发展基金会。前者的业务主管部门是广东省科技厅，该基金会的主要业务是资助综研院的公共政策研究，主办中国软科学奖及中国智库论坛；后者在深圳市民政局注册，重点开展社会民生问题研究，评议政府工作，促进改革发展。这两个基金会在支持综研院高端智库建设方面发挥了重要作用。

综研院 85% 的经费来自市场化订购合同。自 2016 年起，综研院的年度研究咨询合同额中的 85% 来自市场，12% 为财政定项核拨补助，基本实现了财务独立自主。在市场化订购合同中，来自政府和来自企业的合同数量比例稳定在 6 ∶ 4；企业客户以政府平台公司、央企和地方国企、国有公用事业企业为主。研究咨询合同数量逐年稳步增长，从 2008 年的不到 100 个增加到 2019 年的近 260 个，包括承担国家高端智库部委对接课题 105 项。2017—2019 年的研究咨询合同超过 50% 来自深圳，广东省内其他地市占 11%。

3. 代表性研究成果

综研院设立了多层次的学术交流平台。创办经济类核心期刊《开放导报》，设立应用经济学博士后工作站。综研院作为首批发起单位加入了中国宏观经济研究院牵头的“中国宏观经济智库联盟”，其中“开放型经济与大湾区研究中心”入选首批深圳市人文社科重点研究基地。

作为国家高端智库，综研院咨政建言工作在试点单位中排名前列。截至 2019 年底，报送 100 多篇咨政报告，部分被《国家高端智库报告》采用供中央领导参阅，刊发率达到 30%。2019 年，刊发篇数在 24 家试点单位中与中国宏观经济研究院并列第二。报送的研究动态和观点信息 185 篇，在《国家高端智库工作简报》的刊发率也超过 30%，在试点单位中名列前茅。代表性研究成果主要包括以下几个方面。

一是以国际合作研究项目为中心，形成国际交流乘数效应。一方面，与英国 Z/Yen 集团战略合作，连续多年研究编制全球金融中心指数，在我国及英国、意大利、阿联酋等国发布，提升了我国金融中心的排名和全球影响力。在此基础上，自主研究编制了中国金融中心指数、双创金融指数。另一方面，积极与更多国家的政府机构、知名智库、大学和企业“牵手”，拓展研究、交流、传播、文化等多领域合作，如与芝加哥全球事务委员会、旧金山湾区委员会经济研究院、荷兰国际关系研究院、丹麦国际研究院、德国发展研究院、法国克莱蒙奥弗涅大学中国经济研究院、马来西亚亚洲战略与领导力研究所等国家智库陆续开展合作研究和举办论坛会议。

二是结合咨政研究持续开展学术交流，跟踪新形势，汲取新经验。例如，对粤港澳大湾区的研究就注重结合咨政，着眼湾区建设中的合作机制、科技创新、金融、人民币国际化等话题，与旧金山湾区委员会、日本智库和大学举办圆桌论坛，与东盟国家的智库联合举办泛北部湾经济合作论坛、中国—东盟智库研讨会。同时，与国际上其他湾区进行深入交流，在湾区中搭建桥梁，跟踪新形势，为我国粤港澳大湾区建设提供新经验。

三是以境外园区咨询服务为抓手，助力中国与沿线国家增进共识，讲好中国故事。在10多个境外项目的咨询过程中，综研院与非洲各国的政府高层、国际组织、重点企业都保持紧密联系与互动，努力把研究咨询成果转化为政府政策予以实施。例如，由综研院专家组负责起草的《刚果共和国经济特区法》已成为刚果共和国正式法令；帮助白俄罗斯苏维埃社会主义共和国修订的《2016—2020年国家物流体系发展纲要》已开始实施；与中国对外承包工程商会合作编制了《中国企业境外园区开发导引》。另外，综研院有关专家学者经常受科威特国、埃塞俄比亚联邦民主共和国（简称“埃塞俄比亚”）、肯尼亚共和国等国家的邀请，参加他们主办的重要会议论坛，承担政府代表团、研究机构的培训及访问工作，分享中国经济特区建设经验。

四是聚焦经贸和产业交流，开辟国际合作新空间。发挥综研院产业发展规划、创新驱动、公共政策研究等方面的专业优势，聚焦我国与海岛国家在经贸和产业合作、援助方面的民间合作，“走出去”拓展全球视野，开展调研与合作。与商务部共同组建“加工贸易国际产能合作和产业转移磋商团”赴国外开展广泛调研；与招商集团组成调研组，赴埃塞俄比亚、吉布提共和国、斯里兰卡民主社会主义共和国、马尔代夫共和国等国家进行调研；与中国龙头渔业、基建、能源企业组建考察交流团广泛开展调研、举办会议，以沟通信息，畅通合作渠道；同时与太平洋岛国研究智库平台和有关国际组织在我国共同举办经贸合作论坛，营造良好氛围。

另外，综研院在20世纪90年代初创办了全国首家以对外开放战略与经济转型及全球化研究为特色的学术期刊《开放导报》，创办了国内首份股市分析杂志《股市动态分析》。2015年又创办了《国家高端智库观察：中国经济月报》和英文研究动态专刊 *CDI Newsletter*；向国外业界推送英文网站，与 Wikipedia（维基百科）和 LinkedIn（领英）连接，海外传播效应迅速扩大。综研院通过这些传媒平台，在国际国内讲好中国故事，引导社会舆论。

（二）全球化智库（CCG）案例研究

1. 基本情况

全球化智库（Center for China and Globalization,CCG）成立于2008年，是由中国欧美同学会建言献策委员会和一批海外归来的专家联合海内外几家著名研究机构发起的智库型非营利研究机构。2019年有112名全职智库研究专业人员。连续多年入选宾夕法尼亚大学《全球智库报告》全球顶级智库百强。

CCG最早从事人才政策的研究，其最具影响力的成果和主要研究方向集中在国际人才、人才政策等方面。除此之外，CCG还研究了企业全球化、全球治理等相关内容，主要涉及3个领域：第一，对人才的研究；第二，对企业全球化的研究；第三，国际关系研究。CCG广泛的人脉关系网络是其一大优势，在打造国际影响力方面拥有比较丰富的经验。

2. 运行机制

CCG注册为基金会。CCG实行理事长责任制，并按照相关要求，发起成立基金会，严格管理。CCG的理事包括企业理事和个人理事。CCG的主要业务部门是研究部门，从2012年起由单一部门向多元化发展，按领域成立相关部门，目前设有企业城市化、国际对接、人才政策等研究部门，另设活动策划部门与编辑部门，编辑部门包括政策建言小组，同时还设立了一个理事服务部。

扩大智库影响力是CCG的重要目标。CCG十分注重社会宣传，在宣传工作方面成绩斐然。CCG的宣传部门人员和研究部门人员保持着基本相同的体量，每周都会举办较大的会议，每半个月举办一次大型会议。宣传部门的主要功能体现在3个方面：第一，策划主题，召集专家开会；第二，对外宣传会议成果，将专家观点汇集成册，并对外宣传；第三，承担建言献策的功能，形成相关简报，向政府部门报送的同时向社会宣传。

3. 代表性研究成果

CCG承担过中组部《国家中长期人才发展规划纲要（2010—2020年）》的“国际人才竞争”研究课题、人力资源和社会保障部“中国绿卡制度研究”课题；编印参考性刊物《中国与全球化研究》，策划出版系列学术著作，如2009年发布了《中国留学人才发展报告2009》，2010年出版了《建言中国——海外高层次留学人才看中国》《中国模式——海外看中国崛起》等。

一方面，CCG通过国家课题、政策报告影响和协助政府相关决策；另一方面，CCG通过设置议题，举办公众活动，影响社会舆论达成公众共识，从而推动政策制定。CCG每年举办100多场研讨会，汇集了政策制定者、学者、CCG理事、相关行业精英，形成了众多有价值的观点，最终产出许多建言献策报告。为了充分发挥全球化智库的优势，也给CCG理事、国内优秀业界精英提供一个与国内外政要、知名学者、优秀同行进行思想碰撞的官产学交流的平台，CCG打造了由国内智库首创的“CCG智库圆桌会”。CCG智库圆桌会自开启以来，已经成为具有国际视野、思想高度和建设性的品牌会议。CCG举办的年度品牌活动包括中国与全球化圆桌论坛、中国企业全球化论坛、中国人才50人论坛、中国留学人员创新创业论坛暨欧美同学会北京论坛、世界华人经济峰会、中国人才发展论坛和中国海外高层次人才国际研讨会等。除了举办各大论坛和研讨会以外，CCG还与宾夕法尼亚大学“智库与民间学会研究项目”（TTCSP）、宾大沃顿中国中心共同主办了国际顶尖智库高级研修班。

CCG还与众多国际组织、国际智库和相关机构建立了长效合作机制，共同组织各类研讨会，进行联合研究。主要合作的国际组织机构包括国际移民组织、联合国开发计划署、红十字国际委员会、国际货币基金组织、国际劳工组织、国际猎头协会、国际人才组织联合会、世界银行、亚洲协会、中国欧盟商会、美国对外关系委员会、哈德逊研究所、美国企业公共政策研究所、美国传统基金会、美国战略与国际研究中心、布鲁金斯学会、美国移民政策研究所、伍德罗·威尔逊国际学者中心、德国贝塔斯曼基金会、英国皇家国际事务研究所、加拿大国际治理创新中心、美国百人会、中国美国商会、美中关系全国委员会、欧洲政策研究中心及日内瓦国际贸易和可持续发展中心等。

（三）长城战略咨询（GEI）智库案例研究

1. 基本情况

长城战略咨询智库（简称“长城智库”）成立于1993年，是国内知名的社会智库，多年来在业界形成了较大的影响力，拥有500多名项目经理和咨询师团队，4400多名外部专家，服务企业客户1000余家、高新区客户150余家，业务覆盖全国近200个城市和高新区。2016—2020年新增合同额年复合增长率超过30%。

长城智库在科技园区发展战略、新兴产业培育、创新创业咨询、高成长企业咨询等方面具有较强实力，先后在宁波、武汉、广州、天津、成都、济南、合肥、郑州、沈阳、杭州、西安、南京、青岛、淄博、福州、重庆这16个城市建立业务网络。长城智库围绕新经济发展，在企业咨询、产业咨询、区域咨询3个层面建立了一套知识体系，形成了“企业—产业—区域”的业务轴心和创新创业咨询、数字经济、国际化、平台化 4 个特色业务。

（1）企业咨询：瞪羚、独角兽企业咨询首屈一指

长城智库成立之初即聚焦高成长企业咨询业务，总结了针对民营企业、国有企业、园区开发建设公司的咨询方法、工具和理念，特别是率先从硅谷引进瞪羚、独角兽企业概念，首创“瞪羚、独角兽企业挖掘—发布报告—政策制定—企业培育—个案咨询”整套服务体系。联合科技部火炬高技术产业开发中心连续 6 年发布《国家高新区瞪羚企业发展报告》，研究成果获得中央电视台、新华社、新浪网、网易新闻、日本《产经新闻》等众多主流媒体报道。除此之外，还参与了 40 多个省、市、园区的高成长企业培育计划。

在省市层面，参与广东省、山东省、江西省、辽宁省、广西壮族自治区、上海市、重庆市等的瞪羚企业、独角兽企业等高成长企业的发展报告编制、政策发布，以及企业培育等工作。围绕“创业—瞪羚—独角兽”企业成长链条，建立创业企业商业模式实验室、瞪羚企业俱乐部、独角兽工场等企业服务平台，协助各地政府开展高成长企业培育工作。借助长城商学院服务品牌，在各地成立“新经济大讲堂”，提供新经济培训。依托中国瞪羚网（现更名为中国瞪羚云平台）、科集网，以及和 100 多家独角兽企业的战略合作关系，在各地组织召开招商资源对接、独角兽大会等重量级活动。

在园区层面，同中关村国家自主创新示范区、武汉东湖新技术开发区等国内 40 余家国家高新区开展高成长企业培育工作。例如，自 2011 年开始，长城智库与武汉东湖新技术开发区联合成立光谷瞪羚企业俱乐部，规范园区瞪羚企业认定标准和流程，出台瞪羚培育专项政策（瞪羚十条），建立瞪羚企业发现和培育常态化机制，建立光谷瞪羚生态圈，组织“瞪羚塬”活动，树立“光谷瞪羚”品牌，针对瞪羚企业发展提供企业管理、商业模式打磨、资源链接、创业培训、国际化拓展、投融资等全方位服务。武汉东湖新技术开发区的瞪羚企业由最初的 30 余家增长为 2018 年的 355 家。

（2）产业咨询：专注全球新兴产业规律的洞察者

产业是区域竞争力的根本，是企业和政府共同关心的方向，也是彼此相互连接的重要载体。长城智库持续探索产业理论创新，洞见新兴产业规律趋势，跟踪引领未来的新产业、新业态，成功为国内外众多企业、政府及公共组织提供了大量全流程产业咨询与研究服务。

产业研究方面，主要面向区域（城市）、产业园区、功能区等提供产业定位、

产业培育、产业招商、产业政策、产业组织创新及传统产业转型升级、产业共同体等全流程服务。

此外，在创新创业咨询、数字经济咨询、国际化咨询、平台化咨询方面也有诸多探索，积累了众多案例并取得了一定成绩。在创新创业咨询方面，多次参与国家重大科技战略规划，2003 年，长城智库作为唯一一家民营研究机构参与国家中长期科技发展规划战略研究。在创业服务层面，在宁波、天津、武汉、青岛等多地成立创业企业商业模式实验室、瞪羚企业加速器、独角兽工场，为创业企业、高成长企业提供专业化服务。在数字经济咨询方面，提供数字经济、数字园区、场景设计等咨询与服务，为中关村科技园区、合肥、西安、杭州、武汉东湖、沈阳等多个国家高新区建设双创大数据平台，提供园区产业发展、双创生态、企业发展等全景数据服务。在国际化咨询方面，形成覆盖十多个国家和地区的业务网络，提供咨询、培训、资源链接三位一体的国际创新咨询服务体系。每年组织东盟科技园区培训班、参与编制泰国版“火炬计划”及蒙古国、南非等多个国家的科技园区发展规划，组织硅谷、以色列、日本、欧盟多个国家和地区同国内园区进行资源对接，承办“创之星”中美创新创业大赛。在平台化咨询方面，与河北省科技厅、辽宁省科技厅、武汉东湖高新区、西安高新区、杭州高新区等多个政府部门和园区合作成立智库。

（3）区域咨询：中国高新区咨询第一品牌

长城智库在深入研究和把握中关村区域创新网络的理论与实践基础上，在“以产业集群发展为核心的区域个性化发展”理念的指导下，通过深入实地的调研，为不同区域制定发展战略、规划产业、建设创新体系、制定政策等出谋划策，塑造了具有领先优势的区域咨询品牌。

在国家层面，承担了国家高新区“十一五”“十二五”“十三五”3 个五年发展规划的研究与编制，以及国家科技企业孵化器发展规划、国家级众创空间发展报告等工作。支撑科技部成果转化与区域创新司起草编制《关于促进国家高新技术产业开发区高质量发展的若干意见》《国家高新区体制机制改革调研报告》《国家自主创新示范区发展报告》，以及参与了国家自主创新示范区评价指标体系研究、国家自主创新示范区调研报告撰写等相关工作。在 2021—2035 年国家中长期科技发展规划战略研究项目中，长城智库参与了其中的 8 项课题研究。

在园区层面，承担了 15 家国家自主创新示范区（简称“国家自创区”）的发展规划研究与编制工作（全国共计 21 家国家自创区），包括中关村国家自创区、武汉东湖国家自创区、天津国家自创区、长株潭国家自创区、成都国家自创区、西安国家自创区、珠三角国家自创区、郑洛新国家自创区、山东半岛国家自创区、沈大国家自创区、合芜蚌国家自创区、重庆国家自创区、宁波温州国家自创区、江西鄱阳湖国家自创区、哈大齐国家自创区。为中关村国家自主创新示范区、上海张江高新技术产业开发区等 130 多家国家高新区编制发展战略规划、科技发展规划等，并与多家高新区开启战略合作，提供智库服务、企业培育、招商资源对接、培训、双创大数据平台建设等专业化服务。

（4）咨询理论与方法创新

长城智库重视对咨询方法的理论研究，基于对新经济特征的把握，对传统的哲学、经济学、管理学、系统工程学等研究方法进行综合创新，突出前沿交叉，提炼出 GEI 新经济研究方法共 18 个。其中，创新驱动三方法作为基本方法论包括 80/20/4 创意法则、头脑风暴法和长板理论。另外，根据对新经济的分析，长城智库原创了一套研究方法论体系——新经济三方法：第一，新经济机会论，把握住从 SWOT 到 OSTW 的特征，抓机会成为发展新经济的最核心要素；第二，企业非线性成长论，企业成长呈现出创业企业—瞪羚企业—独角兽企业—龙头企业 4 种非线性发展特征；第三，创新生态理论，创新生态圈的力量源泉是互补、跨界、相互激发、多样化的合作与共生。

2. 运行机制

长城智库坚持“智库无官民、思想在市场”的核心理念，坚持市场化运作，以“咨询 + 服务”客户的方式获取业务收入，在经济上保持独立，以确保智库研究成果的独立性、客观性，在新经济领域坚持独立研究、主动发声，为政府决策提供参考。长城智库的运行机制主要包括以下几个方面。

第一，项目客户主要包括企业客户、政府部门两类，其中政府部门包括国家部委、地方政府部门，以及高新区管委会等。来自企业客户的签约额约占签约总额的 1/3，来自政府部门的签约额约占签约总额的 2/3。从区域分布上看，以 2018 年为例，浙江、北京、广东是排名前三位的区域，签约额均占签约总额的 10% 以上。

第二，组织架构。长城智库总部在北京，根据业务领域分为企业咨询部、区域自创区、科技管理部、产业服务中心等 11 个总部业务部门及 16 个外埠业务网络，包括共有 500 余人的专业咨询团队，由合伙人、部门经理、项目经理和咨询师组成（图 4）。

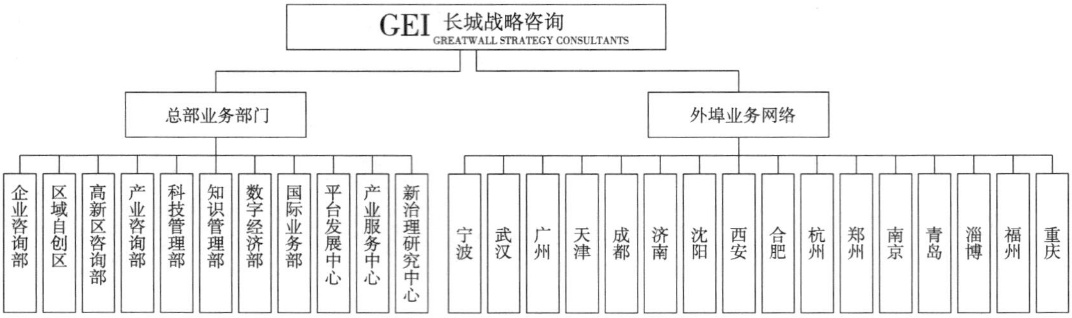

图 4　长城智库组织架构

第三，实行合伙人制。长城智库目前有 3 名创始合伙人，4 名高级合伙人及一批中、初级合伙人。通过合伙人制度，力争建立一种共创、共担、共享的创新协同发展机制，凝聚一批志同道合的长期合作伙伴，共同承担智库文化传承、理念延续、机制创新和平台发展建设重任，在平台化、生态化发展中发挥重要引领和推进作用，以智力投入加快价值创造并获取收益，与智库共赢共发展。

3. 代表性研究成果

长城智库定位于新经济智库，近 5 年的品牌影响力不断增加，在全国具有较高的知名度和美誉度，长城智库案例被加拿大西安大略大学 Ivey 商学院出版，并入选哈佛商学院案例。在品牌建设方面，首先通过在全国举办品牌性活动，包括发布独角兽企业、瞪羚企业、潜在独角兽企业等系列报告，举办全国高新区“创新双月谈”等活动获得了较大的社会影响力；其次，通过各种媒体、长城智库官网、官方微信公众号，以及各个部门（含所长）和业务网络的 21 个公众号传播长城智库的学术观点和研究成果，报道长城智库的企业风采；再次，通过每年的企业研究报告（平均每月一期）、新经济内参、高新区动态等媒介向企业客户、政府客户、科技园区客户等提供研究成果、政策观点和信息服务；最后，通过会议、拜访、讲学等形式，不断和外界进行互动和交流，提升了长城智库的品牌形象。

长城智库已经发布了一系列具有影响力的研究报告，产生了广泛影响。创新中国研究系列丛书是关于新经济理论、知识管理、创新实践等相关内容的正式出版物，已出版两套 12 册；中国制造系列研究自 2002 年发布国内第一份“中国制造”综合性研究报告，已持续多年关注“中国制造”；2002 年，长城智库发布的《“京沪深”三地创新经济比较研究》报告引起了各方关注；作为内部刊物的《企业研究报告》自 1993 年开始，每月一期，已发布 300 余期。此外，从 2015 年起陆续发布了《中国独角兽企业研究报告》《国家高新区瞪羚企业发展报告》《中国潜在独角兽企业研究报告》《中国哪吒企业发展报告》等系列年度报告，在创业投资和高新区发展领域及一些创新型城市中引起很大反响。

五、推动我国民间科技智库发展的建议

在新经济发展的时代背景下，推进国家治理体系和治理能力现代化需要前瞻性思维的支持，同时对于进一步优化治理结构提出了要求。民间科技智库始终站在新经济发展的市场前沿，洞察一线问题，为科学决策提供支撑。国家和地方层面应大力支持和促进民间科技智库发展，支持民间智库与官方（半官方）智库加强合作，完善合作交流机制，共同为我国提升治理能力提供有力支撑。主要提出以下几个方面的建议。

（一）完善民间科技智库发展的新制度环境

1. 继续加强思想引导和管理

进一步推进落实《关于加强中国特色新型智库建设的意见》《关于社会智库健康发展的若干意见》，在企业宗旨、民办非企业章程和社团章程等方面加强对民间科技智库的思想引导，发挥好基层党组织的带头作用，强化智库专家的业务素质和科学理论武装，更好地赢得政府和民众信任。

2. 鼓励和支持建立国内基金会，引导和规范社会捐赠文化

借鉴国际经验，通过设立基金或基金会的方式，对民间科技智库进行支持。探索出台有关鼓励社会对公益性研究机构、民办非企业法人等加强投入的支持政策，如财政补贴、税收扶持、采购服务、创新券等措施，引导社会资金支持民间科技智库发展。同时，通过法律和税收上的激励措施引导和规范社会捐赠制度，培育捐赠文化。

（二）探索对民间科技智库的开放支持机制

1. 完善落实法规预案研究和政策评估机制

各地要进一步完善法规预案研究和政策评估机制，并出台相关意见，将专业咨询纳入各领域重要行政决策程序，为智库参与政府决策提供法律依据和稳定的渠道。在立法项目草案起草前，通过采购服务的方式，委托专业学术机构，对立法的必要性、科学性及可操作性进行研究，并引入专业机构参与，尤其是发挥民间科技智库的专业特长，弥补政府相关部门研究能力的不足，帮助政府部门节约决策资源

与决策成本，提高决策效率。

2. 在合法合理范围内向智库开放数据

除涉及国家安全、军事等方面的数据之外，经济、社会民生、人力资源等方面的公共数据能够做到有序开放，使民间科技智库能够准确全面地掌握相关研究所需要的信息，并在大数据技术等支持下，在确保数据安全的前提下，不断进行积累，为智库更快发展提供核心基础能力。

（三）搭建科技部门与科技智库的沟通平台

1. 定期组织高层主题座谈研讨会

各地依托科技部门，定期（每年一次或两次）举行专题座谈会，邀请省市政府部门主要领导、科技部门负责人、官方（半官方）智库及在相关领域有影响力的民间科技智库参会，方便智库为当地科技发展和建设献计献策，并与相关领域的政府高层建立互动机制和定期沟通机制。

2. 构建可促进智库界和政界之间良好交流的“旋转门”机制

探索在各地科技部门、官方（半官方）科技智库设立一些固定岗位给民间科技智库的专家和研究员，并开展交流培训，构建良好的流动和互动机制，促进政界和智库界之间的信息和思想的沟通，通过有效的实践活动，在一定程度上提升双方对研究认识问题的专业性、科学性和深入性。

（四）支持民间科技智库市场化专业化发展

1. 支持民间科技智库积极应对市场变化

民间科技智库只有在充分的市场运作体制中才能真正获得健康和长远发展。政府部门通过构建和维护良好的市场环境，给予民间科技智库平等竞争机会，尊重市场规律，使更多的民间科技智库积极应对市场变化，面向科技发展中的热点问题和经济、社会发展亟须解决的问题，研究和提供多元化的解决方案，由市场需求来决定智库的发展方向。

2. 支持民间科技智库加强专业化建设

支持民间科技智库在研究方向、研究深度上的专业化发展，以及专业人才队伍的建设。支持智库不断形成专业特色、完善专业管理、塑造专业形象，形成良好的专业口碑。支持民间科技智库进一步强化内部管理体制，探索适合自身机构发展的内部管理方式。同时，通过对民间科技智库进行调研分析，形成若干典型案例，加以推广。

3. 支持民间科技智库努力打磨好产品，积极推广智库形象

通过完善公开招标程序等，支持更多的民间科技智库参与科技政策决策咨询，当好“甲方”，为我国科技领域的科学决策和治理现代化提供更多元的方案，同时使更多的民间科技智库输出新思想和知识产品。通过某些公共和公开宣传渠道，给民间科技智库创造展示机会，给民间科技智库的“好产品”背书，民间科技智库的专业形象才能被广泛认可，智库的信誉才会不断提高，智库的客户才会慕名而来，智库的生存空间也会更广阔。

（五）鼓励民间科技智库提高前瞻研发能力

1. 鼓励民间科技智库关注重大科技战略问题并注重研究积累

鼓励民间科技智库开展对某些事关全局性问题的深入思考，对于某些重大科技战略课题应坚持深入研究，政府部门和相关媒体应给予高度关注。支持某些专业性的民间科技智库加强积累，在相关领域成为领先者。支持民间科技智库通过不定期总结研究，探索适合自身发展的商业模式。政府部门在实际操作中应当有意识地创造条件，为智库的持续性积累和发展提供便利条件。

2. 鼓励民间科技智库探索新的研究方法和手段

政府部门在开展招标和表达需求时，应有意识地引导民间科技智库使用新的研究方法和技术手段。一方面，鼓励民间科技智库采用新的研究方法，或开创独特的研究方法；另一方面，配备适应新形势的技术手段，包括利用大数据等建立各种数据库和分析工具，不断提高民间科技智库的研究质量和工作效率。

——此为 2021 年 7 月发表的企业研究报告

第五章
智库发展的国际视野

全球智库基准研究

所长专栏

以新经济视角深入研究全球顶尖智库发展新趋势

2012 年以来，国内外环境急剧变化，经济发展方式和社会治理方式的重大变化迫切需要走上创新驱动发展的轨道，对智库需求日益增大。2015 年 1 月，中央办公厅、国务院办公厅联合印发《关于加强中国特色新型智库建设的意见》，提出要大力发展中国特色新型智库，支持民间智库创新发展。国际形势和国家发展的需要给中国智库的建设提供了难得的历史机遇。我国智库建设进入蓬勃发展期。目前，智库已成为影响政府决策、推动社会发展的重要力量，成为国家“软实力”的重要组成部分。

2013 年，王德禄曾赴美国考察智库，同布鲁金斯学会、兰德公司等国际智库的研究人员和管理者座谈，大家一致认为智库的三大核心价值是独立、科学、责任，其中独立是智库的生命线。诺贝尔经济学奖得主罗纳德·哈里·科斯认为，中国改革开放的前 30 年，商品市场已经非常发达，下一个 30 年要想取得更大的成就，就必须培育思想市场，需要有更多的新观念。新经济时代，知识经济成为创新发展的源泉，国家间的竞争从“产品市场竞争”过渡到“思想市场竞争”，从“技术领先”转变为“观念领先”，从“抓产品”转变为“抓机会”。一个国家的崛起，需要发挥智库的作用，通过超前的、符合客观规律和趋势的思想观念引领来实现和平崛起。

新一轮全球科技革命蓄势待发，机遇与挑战并存的大背景下，以新经济视角深入研究全球顶尖智库发展的新趋势，总结和分析全球智库的发展特点，剖析全球智库发展现状，借鉴全球高端智库发展规律和经验，对于大力发展民间智库，打造中国新型高端智库具有重要意义。

一、智库内涵及发展概况

（一）智库的源起

智囊之类的人物，在中国自古有之，如食客、幕僚、师爷，春秋战国时期各学派更是百花齐放，各种新知识和新思想竞相迸发，这一时期被德国哲学家雅斯贝尔斯称为是人类文明的“轴心时代”①。国外亦有古希腊智者、古罗马元首顾问会、西欧修道院、英格兰贤人会议、德国参谋本部等类似人员和机构。但严格来说，这些机构和人员不能称作现代意义上的智库，智库是工业革命与现代化的产物。智库作为一种稳定的相对独立的专职政策研究机构，本质上是社会经济发展到一定程度、社会治理复杂化、智力劳动分工的结果。现代意义上的智库最早起源于英国，从 1818 年英国建筑学家约翰·斯梅顿成立“英国土木工程师协会”开始，已经有超过 200 年的发展历史。第一次世界大战以后，为总结教训，英美等国家分别成立了皇家国际事务研究所、外交关系委员会等专门的外交事务研究机构。第二次世界大战以后，智库在美国开始崛起，出现了兰德公司、布鲁金斯学会等一大批世界著名智库，全球智库发展逐渐走向繁荣。

（二）智库的定义

关于智库的定义，1971 年迪克逊发表了第一本研究美国智库发展的专著，他认为“智库是一种稳定的相对独立的政策研究机构，其研究人员运用科学的研究方法对广泛的政策问题进行跨学科的研究，在与政府、企业及大众密切相关的政策问题上提出咨询”②。兰德公司的创始人弗兰克·科尔博莫认为“智库就是一个‘思想工厂’，一个没有学生的大学，一个有着明确目标和坚定追求，却同时无拘无束、异想天开的‘头脑风暴’中心，一个敢于超越一切现有智慧、敢于挑战和蔑视现有权威的‘战略思想中心’。”③詹姆斯·麦肯（James G.McGann）④在《全球智库报告》中提出“智库是研究、分析公共政策甚至参与公共政策制定的机构，他们对国

① 雅斯贝尔斯在 1949 年出版的《历史的起源与目标》一书中认为公元前 800 年至公元前 200 年，尤其是公元前 600 年至公元前 300 年是人类文明大发展的轴心时代。

② DICKSON P.Think tanks［M］. New York: Atheneum，1971：47.

③ 李安方，王晓娟，张屹峰，等 . 中国智库竞争力建设方略［M］. 上海：上海社会科学院出版社，2010：2.

④ 詹姆斯·麦肯是美国宾夕法尼亚大学教授，长期从事思想库方面的研究，从 2006 年开始开展智库和公民社会研究项目，从 2009 年至今由其支持完成的《全球智库报告》成为全球最有影响力的智库评价类研究报告。

内、国际相关问题进行研究、分析并提出政策导向性建议，促使政策制定者及公众对公共政策问题更好地做决策。”美国国际战略研究中心总裁约翰·哈姆雷（John Hamre）认为“智库有很多种，有的是政府机构内部的，有的是大学附属的，有的是产生于民间的独立的政策研究机构，通常在美国所指的智库是民间智库。”[①]

由于社会制度、法律法规、政策体系的差异，中国的智库和西方的智库是有区别的，针对中国自身的情况，国内一些机构和学者根据自身研究结果提出了许多关于智库的定义。上海社会科学院智库研究中心提出，智库主要是指以公共政策为研究对象，以影响政府决策为研究目标，以公共利益为研究导向，以社会责任为研究准则的专业研究机构，既可以是营利性研究机构，也可以是非营利性机构。中国人民大学国家发展与战略研究院副院长王莉丽则认为“智库是以公共政策研究为目的，以影响公共政策和公共舆论为最终目标，通过各种传播方式，包括人际传播、组织传播、大众传播来实现对最高领导人、政策制定者、社会公众舆论引导的非营利性机构。”2015 年，中共中央办公厅、国务院办公厅印发了《关于加强中国特色新型智库建设的意见》，提出中国特色新型智库是以战略问题和公共政策为主要研究对象、以服务党和政府科学民主依法决策为宗旨的非营利性研究咨询机构。关于智库和咨询公司的关系，美国一般不认为咨询公司是智库，在管理上也分别按照公司法和税法的条款分类管理。从中国发展特点来看，“智库与咨询公司并不相同，但在中国，二者之间有交叉”。[②] 本书认为智库和咨询公司的关系实际上是知识链的上下游分工关系。智库通过既有的信息和知识进行知识创造和理论创新，形成具有建设性的政策建议，咨询公司侧重于通过对既有信息和知识的整合应用，为客户提供价值，这种价值既有商业性的也有非商业性的。二者并没有价值上的优劣之分，但是在知识链上的分工是不同的，智库处于知识链的上游，是创新的源头；咨询公司处于知识链下游，是对新的知识的具体应用。二者是动力和支撑关系，只有相互结合，打通整个知识链，思想市场才能真正得到繁荣发展。

（三）国内外智库发展概况

根据美国宾夕法尼亚大学《全球智库报告 2015》统计，2015 年全球智库总数达到 6846 家。从地区来看，北美地区以 1931 家位居世界第一，占全球智库总数的 28.2%，欧洲和亚洲地区智库数量分列第二、第三位，分别达到 1770 和 1262 家

① 王莉丽．旋转门：美国思想库研究［M］．北京：国家行政学院出版社，2010：15.

② 王德禄．要着力提高民间智库的影响力［J］．人力资源，2009（15）：22-23.

（表 1）。从国家来看，美国以 1835 家智库位居世界第一，中国的智库有 435 家，排名世界第二（表 2）。中国智库虽然数量不少，但智库发展质量并不高，只有 9 家进入全球智库 175 强榜单，中国社会科学院仅居全球第 31 位（表 3）。相比之下，智库总量落后于中国的英国、德国分别有 16 家和 12 家进入全球智库 175 强榜单（图 1），全球十大顶级智库基本被美英两国所垄断（表 4）。从研究领域看，全球智库研究领域主要集中在经济、外交、发展、国防等领域（图 2）。根据《全球智库报告 2015》统计数据，国内经济政策、外交政策和国际事务、全球发展、国防安全是智库研究最为集中的领域。

表 1　全球智库数量及分布

地区	数量 / 家	占比
北美	1931	28.2%
欧洲	1770	25.9%
亚洲	1262	18.4%
拉丁美洲	774	11.3%
撒哈拉以南非洲	615	9.0%
中东和北非	398	5.8%
大洋洲	96	1.4%

表 2　各主要国家智库数量及排名

排名	国家	数量 / 家
1	美国	1835
2	中国	435
3	英国	288
4	印度	280
5	德国	195
6	法国	180
7	阿根廷	138
8	俄罗斯	122
9	日本	109
10	加拿大	99

表 3　9 家中国智库入选全球智库 175 强榜单

排名	智库名称
31	中国社会科学院
35	中国国际问题研究院
39	中国现代国际关系研究院
50	国务院发展研究中心
64	北京大学国际战略研究院
72	上海国际问题研究院
103	天则经济研究所
110	中国与全球化智库（CCG）
150	中国人民大学重阳金融研究院

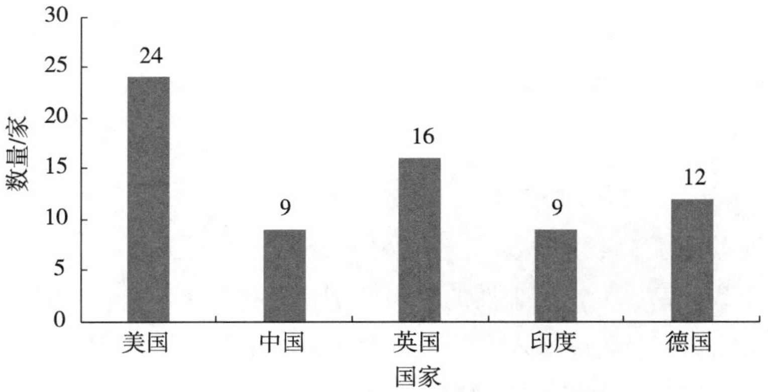

图 1　各主要国家入选全球智库 175 强榜单情况

表 4　全球十大顶级智库排行榜

排名	智库名称	国家
1	布鲁金斯学会	美国
2	查塔姆研究所	英国
3	卡内基国际和平研究院	美国
4	战略与国际研究中心	美国
5	欧洲与全球经济治理实验室	比利时
6	外交关系协会	美国

续表

排名	智库名称	国家
8	兰德公司	美国
9	伍德罗·威尔逊国际学者中心	美国
10	大赦国际	英国

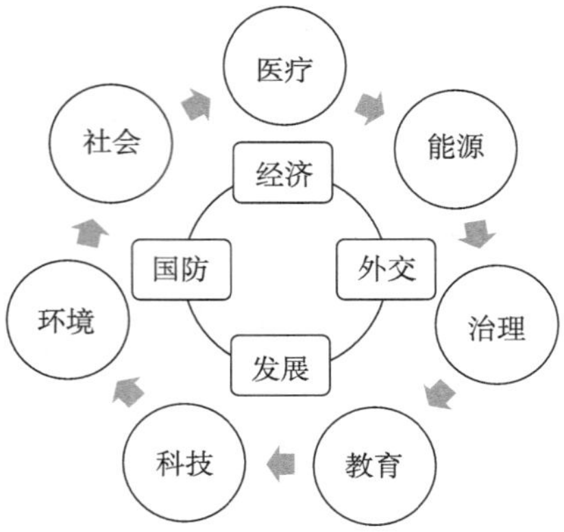

图 2　全球智库主要研究领域

（四）国内外关于智库的分类

对于智库的分类，西方国家一般将智库分为学术研究型智库、政府服务型智库、政策倡导型智库 3 类，代表性的智库分别为布鲁金斯学会、兰德公司、美国政策研究所。美国智库分类一般不刻意强调军、政、官、民、学等背景。詹姆斯·麦肯在《全球智库报告》中将智库划分为 5 类[①]：一是政策研究型，此类智库研究扎实，也有极佳的公关能力，在政府部门有一定的人脉资源，也比较能抓住政府的需求，辅助政府决策，如美国兰德公司、加拿大公共政策研究所等。二是政党代言型，此类智库具有比较清晰的意识形态，如偏左或偏右派，多由政党的一些资深领导人所组成，如美国传统基金会、英国市民社会研究所（Civitas）。三是政府代理人型，它们只有“智库”之名，表面上像是非政府组织，但实际上是政府的左膀右臂，主要工作即为政策背书，如俄罗斯的民主与合作研究所、乌兹别克斯坦政治研究中心。四是学者型，它们是智库界的骄子，具有主导议题及提议的能力，所提出的建

① The leading public policy research organizations in the world.The global “go-to think tanks”［R/OL］.［2016-03-05］.https://www.doc88.com/p-707872943852.html.

议或意见经常被采纳，作为政策制定的基础，如美国布鲁金斯学会、丹麦的国际问题研究所。五是行动者型，此类智库不仅从事分析评论工作，还是政策倡导者，如美国的人权观察。

由于国内特定的社会发展环境，我国对智库类型的划分和西方有显著不同。目前，国内学术界对中国智库的分类尚未有统一的标准，根据2015年1月中共中央办公厅、国务院办公厅印发的《关于加强中国特色新型智库建设的意见》，国内智库可分为党政部门、社科院、党校行政学院、高校、军队、科研院所和企业、社会智库七大类。上海社会科学院发布的《2015年中国智库报告》亦将国内智库分为党政智库、社科院系统智库、高校智库、社会智库四大类。本文认为智库划分不宜过于复杂，根据中国智库发展实际可以分为官方智库、学术型智库和民间智库3类。①官方智库：政府下属的决策研究类事业单位。②学术型智库：隶属于大学的从事政策研究和咨询的组织。③民间智库：民间智库包括企业型智库和民办非企业单位法人型智库。企业型智库主要是指那些专门从事政策研究和咨询工作，以企业身份注册的法人机构。民办非企业单位法人型智库是指由民间出资，专门从事政策研究和咨询工作的民办非企业单位法人。

二、兰德公司

（一）概况、发展理念和组织架构

兰德公司成立于1948年，2015年雇员超过1800人，是全球规模最大的智库。其成立与著名的“曼哈顿计划”有很深的历史渊源。第二次世界大战期间美国的“曼哈顿计划”让美国各界充分认识到科学家的伟大作用和“大科学”体制的优越性。1944年，时任陆军航空队司令亨利·阿诺德上将提出《战后和下次大战时美国研究与发展计划》，要求成立一个“独立的并介于官民之间进行客观分析的研究机构”，通过集合科学家的智慧来避免未来的国家灾祸，并赢得下次大战的胜利。根据亨利·阿诺德的建议，1945年底美国陆军航空队与道格拉斯飞机公司签订了一项1000万美元的“研究与发展”计划合同，即著名的“兰德计划”（Research and Development）。1948年5月，美国福特基金会捐赠给该计划100万美元，“兰德计划”脱离了道格拉斯飞机公司，正式成立独立的兰德公司。兰德公司虽然称为“公司”，但实际上是一家独立的非营利性研究机构，其总部设在美国加利福尼亚州的圣莫尼卡，远离政治中心华盛顿。20世纪60年代开始，兰德公司的研究重心由早期的国防课题拓展到多个学科领域，包括太空、经济、社会、海外政治事务，以及政府在解决社会经济问题时的作用。

使命——兰德公司是一家非营利性机构，旨在通过研究分析帮助政府制定政策和科学决策。兰德公司专注研究一些关键性的政策问题，如能源、教育、卫生、司法、环境、军事等，用严谨和基于事实的研究分析，促进全球更加安全、健康和富裕。

价值观——兰德公司作为一个无党派组织，十分强调独立性；兰德公司的两个核心价值是质量和客观性，其创新性研究不仅限于客户委托项目。

兰德公司实行“董事会”领导下的总裁负责制。董事会是公司的最高决策机构，负责审核公司的经费预算和课题立项及主要研究成果的审查等。兰德公司董事会人数不固定，第一届有 11 人，2016 年有 27 人，成员主要是卸任政府官员、学术界和工商界知名人士等，各占约 1/3。其董事会主席凯伦·艾略特豪斯是原《华盛顿邮报》发行人、道琼斯公司原副总裁。总裁兼 CEO 迈克尔·里奇为国际太空武器和导弹防御体系资深专家，曾长期担任兰德公司副总裁。兰德公司包括 4 个负责社会和经济政策问题的研究部门，3 个受联邦政府资助重点研究美国国家安全的研发中心（“联邦政府资助的研发中心”），由教授和研究生组成的帕迪兰德研究生院，以及兰德欧洲——兰德在欧洲独立注册的子公司。兰德公司是一家全球性组织，其办事处遍布世界各地。在美国本土的办公室包括总部和帕迪兰德研究生院所在地加利福尼亚州圣莫尼卡，弗吉尼亚州阿灵顿，宾夕法尼亚州匹兹堡，马萨诸塞州波士顿，以及路易斯安那州的新奥尔良。兰德欧洲则位于英国剑桥和比利时首都布鲁塞尔。此外，兰德还在澳大利亚堪培拉设立了办事处（图 3）。

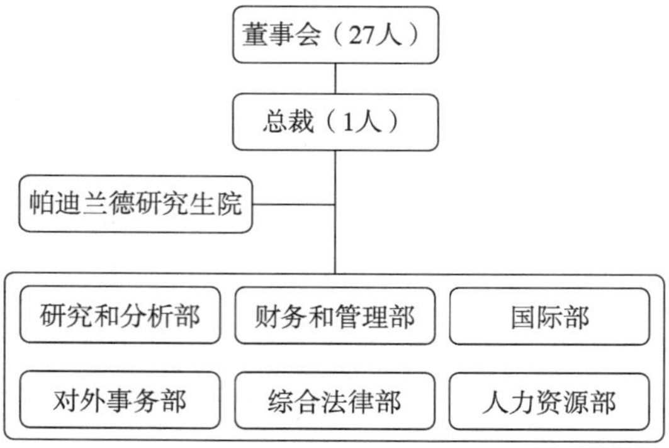

图 3　兰德公司组织架构

（二）研究领域

兰德公司的很多研究合同都是来自美国军方。20 世纪 60 年代以后，随着业务发展，其研究逐步扩展到经济社会发展的各个方面。目前，兰德公司研究重点主要集中于儿童和家庭、教育与艺术、能源和环境、健康与保健、基础设施和运输、国际事务、法律与商业、国家安全、人口与老龄化、公共安全、科学与技术、恐怖主义与国土安全 12 个重点领域。此外，兰德公司非常重视前瞻性研究和全球趋势变化，这也是兰德公司一贯传统，其前瞻性研究领域包括网络战争、政治和政府、儿童早期教育、全球气候变化、俄罗斯、精神健康和疾病、恐怖主义融资七大类（图 4）。

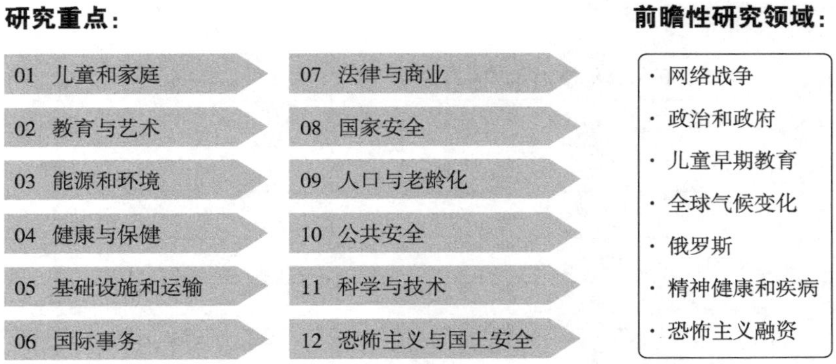

图 4　兰德公司研究领域

（三）收入来源

兰德公司的收入主要来源于美国政府和军方。兰德公司与美国军方和政府关系密切，长期与美国军方、政府保持客户合同关系，主要为军方和政府部门提供研究报告。由于兰德公司热衷于研究国际热点问题，其课题研究通常前瞻性较强，具有较高预测精准度，研究成果的商业价值较高，受到政府部门和大型企业的青睐。成立以来，兰德公司曾先后成功预测了苏联第一颗人造卫星发射、古巴导弹危机、中美建交、美国经济大萧条、德国统一等世界重大历史事件。兰德公司对朝鲜半岛局势的分析报告一直是美国政府的重要参考。2005 年，兰德公司曾在一份 20 年展望的报告中预测中国经济将会从 2011 年之后逐步进入增速放缓的趋势。

根据兰德公司年度报告，2015 年兰德公司的课题项目达到 600 个，合作伙伴达到 375 个，总收入高达 2.933 亿美元。其中，来自美国军方的收入占总收入

50.06%，来自美国政府的收入占 30.78%，来自社会的收入占 19.16%（表 5、图 5）。兰德公司所有研究报告中除了 5% 是机密的，其余 95% 的研究报告均在其网站公开，这也是美国智库治理的一个重要特点。2015 年，兰德公司重量级研究出版物达到 950 份，下载量达到 740 万次，推特粉丝数量超过 10 万人。

表 5　兰德公司 2015 年度收入明细

类别	机构	总额 / 万美元	占比	
美国军方	国防部秘书办公室等国家机密机构	6060	20.66%	50.06%
	美国空军	4470	15.24%	
	美国陆军	4240	14.16%	
美国政府	美国联邦健康与公共事业部门	6910	23.56%	30.78%
	其他联邦部门	1460	4.98%	
	州政府、地方政府和其他政府部门	670	2.24%	
社会	非美国政府机构和国际组织	1820	6.00%	19.16%
	基金会	1410	4.71%	
	捐赠	860	2.87%	
	其他非营利组织	740	2.47%	
	大学	150	0.50%	
	私人部门	410	1.37%	
	其他	130	0.43%	

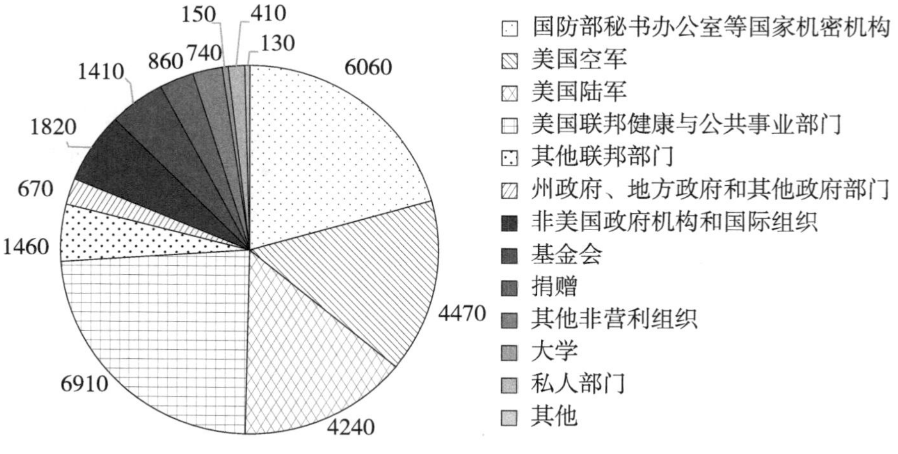

单位：万美元

图 5　兰德公司 2015 年度收入明细

（四）经验借鉴

一是多学科全球高端人才队伍令其研究活动兼顾广度和深度。截至2015年底，兰德公司拥有来自53个国家的1875名员工。其中，56%拥有博士学位，硕士研究生及以上学历92%。兰德公司员工学科背景多样化，一方面是由于智库所涉及的问题十分复杂，单靠某一学科的知识难以应对客观需求；另一方面也是保持智库独立性的必然结果。

二是成熟的“旋转门”机制。兰德公司经常聘请从政府部门离职的专家及有经验的官员，美国前国防部长拉姆斯菲尔德就曾担任过兰德公司的主席。此外，肯尼斯·阿罗、赫伯特·西蒙、约翰·福布斯·纳什、托马斯·谢林等一大批诺贝尔奖获得者都曾在兰德公司工作过。

三是优秀的人才培养机制，这是兰德公司长盛不衰的关键。兰德公司早在1970年就成立了帕迪兰德研究生院，主要教授政策分析和政策研究。研究生院可授予博士学位。此外，已经在高校完成至少两年研究生学习的学生，可以申请前往兰德公司进行为期12周的项目研究。兰德公司还积极支持研究人员参加各种有关的学术活动和实地考察，可以到相关研究机构进行交流。

四是有效的课题研究管理机制。高度重视课题质量是兰德公司的一贯传统。在研究理念上，兰德公司认为研究是一种创造性的活动，需要充分保证研究人员的休息和生活，研究人员每年只工作11个月，可以带薪休息1个月。在研究选题上，课题经费中约有10%用于选题的必要性和可行性论证，每年进行的约600个研究课题并不是全部由客户委托，有30%以上的选题是由兰德公司自行提出，进而寻求政府委托。兰德公司不接受指定研究结论的研究项目。在成果审查上，兰德公司明确规定每一份报告、文章、数据库和简报，在公开发表前都需经过审慎的同行评审，还定期安排外部和内部人士对其研究产品进行整体评审。

五是强大的数据库和计算机辅助系统。兰德公司非常重视利用大数据来进行问题研究，利用信息化手段处理、发现问题。“包交换”技术发明者保罗·巴兰，软件经济学专家巴利·玻姆，线性编程简易算法的发明者乔治·丹齐格都曾是兰德公司雇员。历史上，兰德公司发行了非常多的出版物，其中最畅销的书籍就是《百万乱数表》，这也从侧面说明了兰德公司在大数据处理领域的地位。与此相关，兰德公司一直致力于研究方法论的发展研究，著名的兵棋推演法、德尔菲法、系统分析法、情景分析法、仿真模拟法、动态规划法等著名决策理论都是兰德公司提出的。

三、布鲁金斯学会

（一）概况、发展理念和组织架构

布鲁金斯学会成立于1916年，主要围绕外交政策、全球经济与发展、经济政策、城市政策、治理研究等重点领域进行研究，是全球国际关系与外交领域最著名和最值得信赖的智库之一。1916年，美国最大的批发贸易商、慈善家罗伯特·S·布鲁金斯创立了美国历史上第一个民间公共政策专业研究机构——政府研究所，力求用科学方法进行公共政策研究以帮助政府科学决策。1922年，布鲁金斯创建经济研究所，1924年创建政治与经济研究院。1927年，布鲁金斯把政府研究所、经济研究所、政治与经济研究院合并成立了现在的布鲁金斯学会，旨在促进经济、政府管理、政治、社会科学领域的广泛研究和发展。布鲁金斯聘请了芝加哥大学研究战争债务问题的资深教授哈罗德·莫尔顿作为该组织的第一任总裁。20世纪20年代，布鲁金斯学会的经济学家在美国第一部预算法案的制定过程中发挥了关键作用。在第二次世界大战时期，布鲁金斯学会的专家帮助美国政府进行战争动员和管理善后事宜，同时也承担了美国国务院的相关工作，帮助总统富兰克林·罗斯福绘制蓝图，制定出了影响世界政治格局半个世纪的“马歇尔计划”。2015年，奥巴马政府中的布鲁金斯学会学者有36人，其中包括奥巴马第一任期中国政策负责人杰弗里·贝德，奥巴马第二任期国家安全顾问苏珊·赖斯等。除此之外，布鲁金斯学会还走出了中国问题专家李侃如，前世界银行驻中国代表处首席代表杜大伟，前美国驻华大使洪博培，前美联储主席伯南克，白宫管理与预算办公室主任彼得·奥斯泽格等知名人士。布鲁金斯学会以其广泛的政策影响力常年稳居世界顶尖智库综合排名榜首。

理念——高质量、独立性与影响力（QII）。布鲁金斯学会重视学术层面的研究，不单纯为政府撰写政策报告，学会是一个不依附于政府和企业的研究机构，长期致力于影响政府决策和引导公众舆论。

使命——提供创新的、实际的政策建议，以促进3个广泛目标：加强美国的民主；为所有的美国人创造经济与社会福利、安全和机会；确保一个更开放、安全、繁荣和合作的国际体系。布鲁金斯学会十分关注自身的教育职能，其网站域名后缀为 .edu，而不同于其他智库机构的 .org。

布鲁金斯学会的领导机构是董事会，2015年共有88名正式成员，由商界、学界、前政府官员等组成。每届董事会任期3年，每年举行3次全体会议，负责处理学会的行政性事务，支持学会在各领域开展调查研究并保障学会的独立性。2015年，其董事会主席是约翰·桑顿，他曾经担任原高盛公司总裁兼首席运营官，是美国对外关系委员会成员。在董事会领导下，学会的一切行政工作由总裁管理，总裁拥有行政办公室、总顾问办公室、总经理办公室3个支撑机构。2015年，其总裁是斯特普·塔尔博特，他的职业生涯跨越了新闻、政府服务、学术等领域，是美国外交政策方面的专家，尤其擅长研究欧洲、俄罗斯、南亚相关问题及核武器控制。塔尔博特曾在克林顿政府担任副国务卿，深入参与过美国对外政策实施和管理行政部门与国会间的关系。布鲁金斯学会下设外交研究部、全球经济与发展部、经济研究部、城市政策部、治理研究部5个研究部门，另外还设立财务部、运营部、发展部、联络部、出版社5个研究支撑部门（图6）。布鲁金斯学会在全球设有分支机构，分支机构包括多哈中心、印度中心、约翰·桑顿中国研究中心、美国和欧洲研究中心、东北亚政策研究中心、中东政策中心等。另外，布鲁金斯学会和清华大学合作，在清华大学设立了布鲁金斯—清华公共政策研究中心，中心前任主任是中国问题专家李侃如。

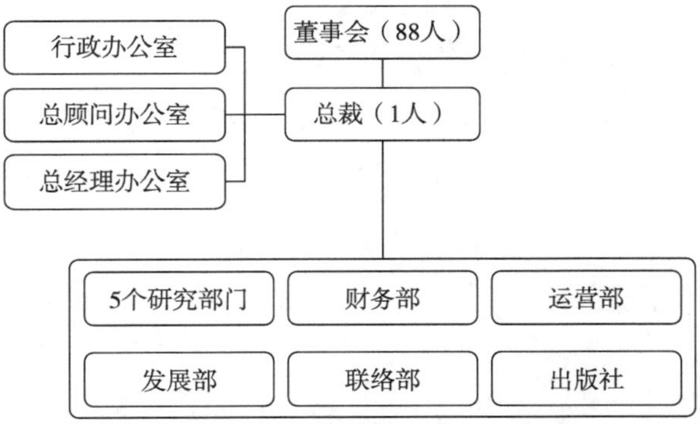

图6 布鲁金斯学会组织架构

（二）研究领域

布鲁金斯学会的研究主要通过研究部、研究中心和研究课题组3个层次完成。学会重点研究领域集中于商业和金融、国防和安全、经济学、财政政策、全球发展、国际事务、政治与选举、社会政策、技术、美国政府（图7）。事实上，布鲁金斯学会的研究领域极其广泛，除了上述领域外，只要涉及当今国际关系和各国政治领域的热点问题，布鲁金斯学会都会研究。

商业和金融
银行业
公司治理
企业
金融机构
金融市场和服务
金融市场监管
公路
公司规模缩减
运输

国防和安全
军备控制
防御
美国国防预算
美国国防战略
北约
关塔那摩
无人机
国土安全
情报

经济学
全球金融危机
美国经济表现
创造就业机会
中国经济
住房和抵押贷款市场
劳动政策
竞争力
汇率
美国联邦储备系统
外债
印度经济
通货膨胀
中国的货币
金砖五国
货币政策
生产率
欧元危机
社会流动
贸易
贸易争端

财政政策
联邦预算
税
国家和地方财政
所得税抵免
美国财政赤字
国内可自由支配支出
遗产税
债务上限辩论
税制改革
企业税
美国减赤委员会
增值税

全球发展
美国国际开发署
发展中国家
新兴市场
外援
外商直接投资
全球粮食危机

国际事务
阿以关系
中国政治
民主援助
美国外交政策
全球治理
G-20
七国集团（G7）
人权
人道主义事务
国内流离失所
ISIS（伊斯兰国）
伊斯兰运动
以色列大选
阿拉伯觉醒和中东动荡
中东青年
维持和平与冲突管理
制裁
美洲国家首脑会议
跨大西洋关系

政治与选举
美国政治
政治两极化
参议院阻挠议事
宗教·政策和政治
政治运动
选举
竞选财务
美国国会选区重划
选举改革
政治会议
投票和民意
选民投票率
政治特型
政治领导
非民主治理

社会政策
儿童和家庭
文明社会
收入分配

技术
宽带政策
云计算
网络安全
电子政务
信息技术
革新
健康资讯
互联网政策
移动技术
技术与发展
电信

美国政府
美国国会
美国司法部
院长
行政部门
美国最高法院
总统任命
中央情报局

图 7　布鲁金斯学会的研究领域

（三）收入来源

布鲁金斯学会依靠长期以来建立起的声誉，通过各项捐予①、捐赠②获得收入（图 8）。布鲁金斯学会十分注重自身的独立性，一般不接受有附加条件的捐赠。2015 年，布鲁金斯学会接受基金会捐予占 31%，外国政府捐予占 10%。为保证自身独立性，布鲁金斯学会还对政府资金资助进行严格限制，政府资金资助一般不得超过总收入的 2%。根据布鲁金斯学会 2015 年度报告，学会的资产为 4.8 亿美元，当年各项收入 9558 万美元。超过 200 万美元的捐赠机构和个人有比尔及梅琳达·盖茨基金会、威廉和弗洛拉·休利特基金会、摩根大通集团、乐高基金会、大卫·鲁宾斯坦、约翰·桑顿、内华达大学拉斯维加斯分校等。

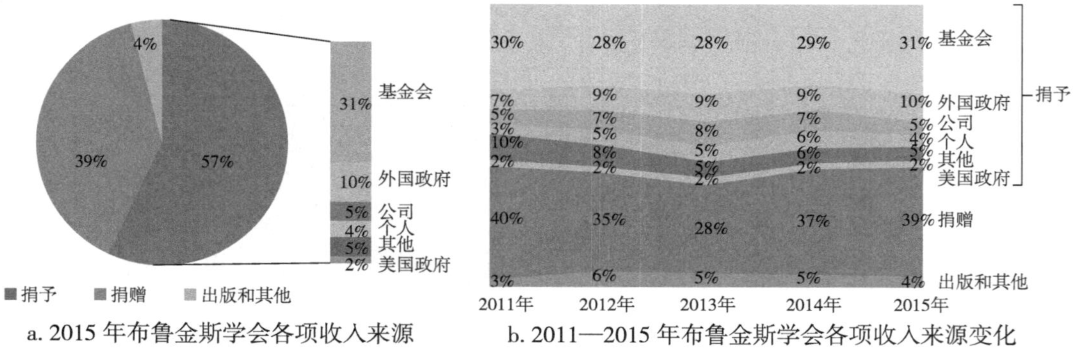

a. 2015 年布鲁金斯学会各项收入来源　　b. 2011—2015 年布鲁金斯学会各项收入来源变化

图 8　布鲁金斯学会收入明细

① 英文单词为 gifts 和 grants，翻译为捐予，被捐予方完全获得捐予对象的使用权和支配权。

② 英文单词为 endowments 和 contributions，翻译为捐赠，被捐赠方获得捐赠对象的部分使用权和部分支配权。

（四）经验借鉴

一是以高质量研究建立自己的品牌和声誉。布鲁金斯学会把质量摆在核心位置，学会在公共政策研究方面具有更多的学术特征，执着于研究质量把控，多年来一直名列美国最有影响力智库榜首。布鲁金斯学会的高质量研究主要体现在资金选择、独立研究、研究选题和质量控制 4 个方面。在资金选择上，为了保证研究质量，学会在资金筹措方面始终严格限制政府资金和有条件捐助比例，大部分资金主要靠捐予。在独立研究上，布鲁金斯学会不做指定性的课题，主要接受不指定研究内容的捐款，且所有的研究报告，包括给美国总统的报告，都是公开的。在研究选题上，注重选题的及时性和前瞻性。学会的各种会议非常多，研究人员通过交流引出议题，判断其价值，最终选取合适的议题开展研究。在质量控制上，研究员一般需要达到 3 个标准：是所在学术领域内的“领头羊”；具有前瞻性的视野；在公共领域具有影响力。发表研究成果要经过严格的内外部评议和审查。

二是有效的人才管理机制。布鲁金斯学会 2015 年共有将近 400 名人员，其中将近 300 名研究人员（核心研究员 120 名），100 余名行政管理人员，大部分具有博士学位。研究人员分助理研究员、研究员、高级研究员 3 个层级，此外还设有访问学者和客座教授。学会实行 1+N 的研究组织机制，1 名研究员配 2 ~ 3 名研究助理。研究员可以根据自己的兴趣和专长选择研究课题，其对时间的支配也有很大的灵活性。研究员只对研究质量负责，不过分追求绩效。

三是成熟的“旋转门”机制。布鲁金斯学会的近 300 名研究员中，有超过 40% 的人具有政府工作背景。布鲁金斯学会被称为美国政要的“储备池”，每当政府换届，都会有前高官加入布鲁金斯学会，也会有布鲁金斯学会成员进入政府。

四是多样的薪酬激励机制。在布鲁金斯学会工作首先是一种荣誉，这是智库质量和影响力的回报。布鲁金斯学会所带来的声誉和影响力收获远远超过其所提供的薪酬和福利，能成为布鲁金斯学会研究员，这是不少学术研究人员的梦想。智库发展的核心和关键是人才，布鲁金斯学会为员工提供具有竞争力的薪酬激励，研究人员平均年薪超过 12 万美元，员工薪资和福利待遇是美国乃至全球智库中最为优越的。研究人员薪酬主要取决于研究人员的研究水平和研究质量，这也是布鲁金斯学会能够吸引到全球精英人才的重要因素。学会为了留住精英人才并激发他们的创造力，还提供了十分完善的福利保障，包括每年 35 天年假、每年 15 天病假、每年 10 天带薪假期、3 个健康计划选项、高达年薪 12% 比例的养老金补贴、学费报销、出版图书优惠 25%、地下停车场、自助食堂、智囊团垒球联赛等一揽子福利项目。

四、布鲁盖尔研究所

（一）概况、发展理念和组织架构

布鲁盖尔研究所成立于2005年，是欧洲最为著名的智库之一。欧盟成立以后，为了加强欧洲在经济、金融和贸易领域的国际话语权和政策应对能力，早在2002年秋季，法国经济学家皮萨尼·费里和尼古拉斯·贝隆共同提出创办一个专门研究这些问题的欧洲中心的倡议。2003年1月22日，时任法国总统希拉克和德国总理施罗德在巴黎纪念《爱丽舍条约》签署40周年的庆祝会上批准并正式发起该项计划。2004年，12个欧洲国家和17个企业实体加入该计划，在比利时布鲁塞尔注册成立了非营利组织，当时暂定名称为国际经济欧洲研究中心。2005年，国际经济欧洲研究中心董事会成立，马里奥·蒙蒂被选为研究中心主席，皮萨尼·费里被任命为中心主任，正式命名为布鲁盖尔研究所。布鲁盖尔的称谓据说来自一位荷兰的画家彼得·布鲁盖尔，他是16世纪尼德兰地区最伟大的画家，他的作品充满了智慧和创意。虽然布鲁盖尔研究所成立得比较晚，不如英国皇家国际事务研究所、布鲁金斯学会、兰德公司那样具有悠久的历史，但由于采用了全新的智库组织形式，又位于欧盟总部布鲁塞尔，成立以来，布鲁盖尔研究所发展十分迅速，成为欧洲除英国皇家国际事务研究所以外最为著名的智库。根据美国宾夕法尼亚大学编写的《全球智库报告2015》，布鲁盖尔研究所在全球新型智库中排名第一，非美国顶级智库排名第二，国际顶尖经济智库排名第二，最好的管理类智库排名第三，全球所有顶级智库排名第五，全球政策导向研究排名第五。

理念和使命。布鲁盖尔研究所是一个非营利性组织，所有活动旨在通过公正开放、以事实为基础的研究分析和讨论，提升欧洲的经济政策决策水平。布鲁盖尔的价值观是独立和非教条。布鲁盖尔的使命是以开放研究提升经济政策质量，致力于公正、公开和精益求精。正如2003年德法纪念《爱丽舍条约》签署40周年联合宣言所说，“为了促使欧洲在全球经济金融和贸易政策的国际讨论中做出充分贡献，并有能力进行分析和发起提案，从而加强欧洲在这些领域的地位，法国和德国已决定创建国际经济欧洲研究中心。该中心设在布鲁塞尔，将逐步扩展到所有欧洲伙伴，包括欧盟成员国、欧盟机构和私营企业。”

布鲁盖尔研究所决策、管理、监督三权分立。董事会是最高领导和决策机构，负责发展战略、研究方案和预算等重大问题决策，董事会成员不从布鲁盖尔研究所领取任何薪金。董事会由科学理事会和1名主任组成，分别负责监督和管理。2015年，布鲁盖尔研究所董事会有11人，其中6人由选举产生，5人为任命，成员主要是原政府高级官员、学术界和工商界知名人士等（图 9）。董事会主席让·克洛德·特里谢是十国集团（G10）前主席、欧洲央行前行长、前欧洲货币委员会主席、三十国集团（华盛顿）主席。主任贡特拉姆·沃尔夫是波恩大学博士、法国总理经济顾问、布鲁塞尔苏威学院顾问、欧盟委员会成员、世界著名经济学家。

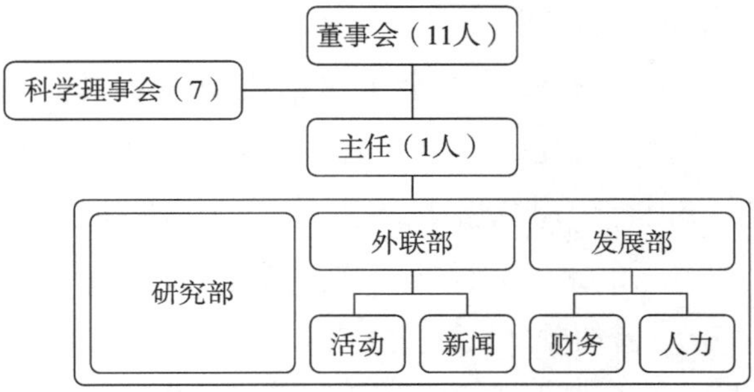

图 9　布鲁盖尔研究所组织架构

（二）研究领域

布鲁盖尔研究所主要研究领域集中于欧洲宏观经济与治理、全球经济和治理、金融及金融监管、创新与竞争政策四大类。其中，欧洲宏观经济与治理集中于欧盟紧迫问题、市场情绪稳定、宏观经济政策、中央银行政策、欧盟治理改革五大领域。全球经济和治理集中于全球经济发展、全球治理问题、亚洲经济发展、欧盟与区域竞争对手研究等领域。金融及金融监管集中于财务披露、审计问题、全球金融监管、金融危机应对、金融格局研究等领域。创新与竞争政策研究集中于信息技术发展、国际竞争政策、国家援助政策、创新创业精神、全球化新问题、未来的制造业、企业的国际化、企业的竞争力、能源政策研究、气候政策研究等领域（图 10）。

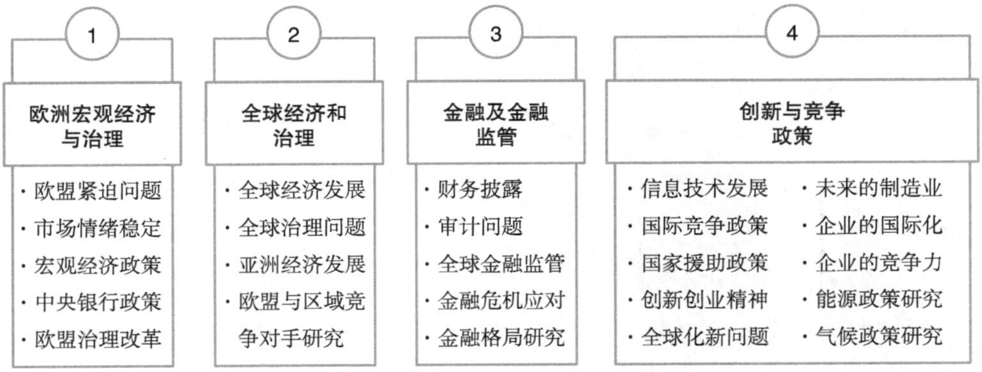

图 10　布鲁盖尔研究所研究领域

（三）收入来源

与美国多数智库依靠捐赠获得收入有所不同，布鲁盖尔研究所主要通过会员费获得收入。布鲁盖尔研究所的推动成立带有浓厚的政府背景，长期与欧盟各个成员国、机构和企业保持密切合作关系。欧盟各个成员国会员费根据各国的经济发展状况和实力按一定比例收取，但不能超额缴纳，单个会员缴纳资金一般不超过总收入的 3%，以防止超出合理范围形成一家独大局面。每个企业每年会员费最高是 5 万欧元，不能多交。研究所现有成员国会员包括德国、法国、英国、比利时、意大利、西班牙、荷兰、芬兰、丹麦、瑞典、波兰等几十个国家。机构会员包括欧洲复兴开发银行、欧洲投资银行、卢森堡中央银行、法国中央银行、英格兰银行、意大利银行等 12 个金融机构。企业会员包括微软、高盛集团、谷歌公司、亚马逊公司、黑石集团、华为技术有限公司等 30 多家全球顶尖大型企业。

布鲁盖尔研究所 2015 年度收入 454.0 万欧元，其中成员国会员费 212.5 万欧元，占总收入 46.8%；机构会员费 155.6 万欧元，占总收入 34.3%；企业会员费 36.0 万欧元，占总收入 7.9%；其他收入 49.9 万欧元（图 11）。

INCOME STATEMENT 2015 - 2014

	2015		2014	
REVENUE				
SUBSCRIPTIONS - STATE MEMBERS		2,124,992.00		2,091,789.00
SUBSCRIPTIONS - CORPORATE MEMBERS		1,556,251.00		1,416,667.00
SUBSCRIPTIONS - INSTITUTIONAL MEMBERS [see Complete Funding Annex for breakdown]		360,417.00		350,000.00
OTHER REVENUES		498,585.96		698,732.73
HONORARIA	44,806.88		2,088.00	
PROJECT-BASED FUNDING	325,601.40		634,515.53	
FOUNDATION GRANTS	118,447.26		46,628.87	
FINANCIAL INCIOME [GROSS]	4,773.70		4,983.70	
OTHER INCOME	4,956.72		10,516.63	
TOTAL REVENUE		4,540,245.96		4,557,188.73

图 11　布鲁盖尔研究所收入明细

（四）经验借鉴

一是成熟的品牌营销机制。布鲁盖尔研究所充分运用活动、报告、博客、社交媒体等多种形式打造智库品牌。其网站设计也极具特色，由研究报告、各项活动、博客等三大板块构成网站主体，十分醒目。研究所所有研究成果均在其网站公布，免费提供给公众参考。研究所未来一个月的活动都在网站公布，公众可以在其网站进行预约参与。研究人员的一些评论和零散研究成果发布在网站的博客板块，公众注册通过后可以参与互动和评论。与美国著名智库一样，布鲁盖尔研究所也经常参与欧洲议会听证，用公正、客观、科学的研究来影响决策。此外，研究所还通过Facebook、Twitter、Google+、You Tube 等社交网络和自媒体进行品牌营销。

二是完善的监督公开机制。国际透明组织曾多次授予布鲁盖尔研究所五星透明度，研究所财务收入、财务支出、捐赠明细、董事信息、研究报告、活动视频均在其网站进行公开，全方位接受社会监督。为保证独立性和可信度，研究所规定所有人员均不得参与党派活动，建立了研究回避制度；对超出合理范围的资金支持予以拒绝，单个会员资金支持不能超过总收入的 3%，企业会员费每年不得超过 5 万欧元，不接受商业资金资助；所有雇员需要报告股票持有情况，其偏好也需要进行披露；研究人员需要签订科研诚信承诺书。此外，每 3 年研究所和所有雇员还要接受一次独立审查。

三是建立了强大的数据库和计算机系统。布鲁盖尔研究所非常重视数据库建设，注重利用强大的数据库和计算机系统提高研究水平。目前，研究所建立了欧元区迪维西亚货币总量数据库、178 个国家真实汇率数据库、EFIGE 数据库、主权债券数据库、欧元流动性数据库等多个支撑研究的大型数据库，并且所有数据库信息向公众免费开放。

四是创新的组织机制。2015 年，布鲁盖尔研究所只有 16 位专职研究人员，通过聘任访问学者、客座研究员、特聘研究员、研究助理、实习生等形式将研究人员扩充到 55 人。研究所重视与全球顶尖科研机构和私人基金会的联系，通过搭建研究合作伙伴网络，进行合作研究，拓展研究能力。布鲁盖尔研究所在中国的合作伙伴有中国宏观经济研究院、中国金融四十人论坛、中国社会科学院世界经济与政治研究所、中国国际经济交流中心、香港中文大学等。

五、英国皇家国际事务研究所

（一）概况、发展理念和组织架构

英国皇家国际事务研究所（简称“研究所”）成立于 1920 年，在世界顶尖智库中名列前茅，专兼职人员超过 350 人。第一次世界大战结束以后，1919 年英国和美国代表参加巴黎和会，英国政府官员莱昂内尔・柯蒂斯倡导成立一个外交事务研究所来研究国际问题以防止未来的战争。该倡议得到了英国和美国参会代表的一致同意，英国皇家国际事务研究所由此起源。1921年，按照在巴黎和会上的设想，美国和英国分别在本国正式成立了相应的研究机构，美国在纽约成立了对外关系委员会，英国在伦敦成立了国际问题研究所，即英国皇家国际事务研究所的前身。1923年，该研究所获得RW·伦纳德上校的捐赠，搬入位于圣詹姆斯广场10号的查塔姆大厦。该建筑曾是威廉·皮特、爱德华·斯坦利、威廉·格拉德斯通3位前英国首相的住所。因此，国际问题研究所又被称为查塔姆研究所。1926年，研究所收到了皇家宪章，被授予英国皇家国际事务研究所荣誉称号。该宪章规定了研究所的目标是“推动国际政治科学……运用讲座和讨论促进国际问题调查研究……促进信息、知识和思想在国际事务中的交流。”成立以来，英国皇家国际事务研究所以其悠久的历史和巨大的政策影响力常年位居世界顶尖智库行列，成为欧洲最著名的智库之一。根据美国宾夕法尼亚大学编写的《全球智库报告2015》，英国皇家国际事务研究所位列全球顶尖智库第二，仅次于布鲁金斯学会。

发展愿景和使命。英国皇家国际事务研究所是一个独立的政策研究所，主要从事国际事务会谈讨论和研究，其使命是帮助建立一个可持续的安全、繁荣和公正的世界。研究所的目标和愿景是推动国际政治、经济和法理学的科学研究，并对这些学科领域的文献进行分类整理；通过讲座讨论促进国际问题调查研究，编写和出版国际问题研究报告和其他作品；鼓励和促进与国际问题相关的信息、知识、观点的交流和传播。

组织架构。英国皇家国际事务研究所带有明显的“虚君共和”英联邦传统（图12）。女王和名誉所长是名义上的最高领导，负责部分对外交往。2015年，3位名誉所长分别来自不同政党，约翰·梅杰来自保守党，是前英国首相；柏迪·阿什当来自自由民主党，是前自由民主党的党魁；斯科特兰女男爵来自工党，是前英国检察总长。董事会是实际上的最高领导决策机构，负责发展战略、研究方案和预算等重大问题决策。当年的董事会主席斯图尔特·波帕姆，是前花旗银行副董事长、高伟绅律所高级合伙人。另外，研究所成立顾问委员会对研究所所有事务进行建议和监督。现任顾问委员会主任是艾曼·阿法瑞，他曾是派特法石油工程公司CEO。

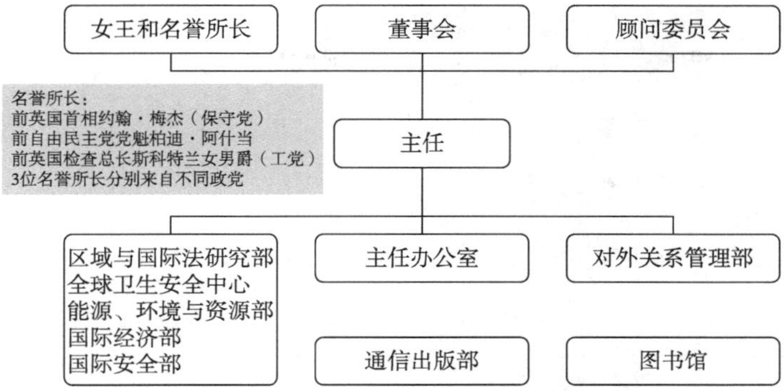

图 12 英国皇家国际事务研究所组织架构

（二）研究领域

英国皇家国际事务研究所主要研究领域集中于国际关系领域，涉及英国欧盟公投、难民危机、全球健康、资源能源、国际法与治理、国际经济学、跨大西洋关系、国际安全等 12 类。重点研究地区涵盖俄罗斯和欧亚、非洲、美洲、亚洲、欧洲、中东和北非（图 13）。

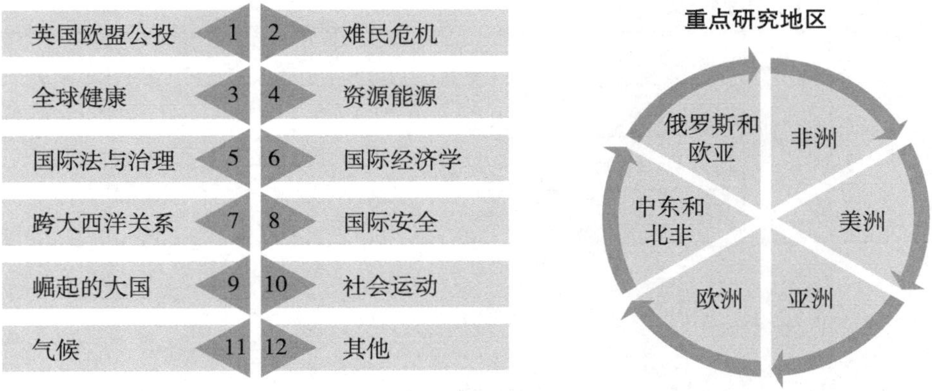

图 13 英国皇家国际事务研究所研究领域

（三）收入来源

英国皇家国际事务研究所和布鲁盖尔研究所一样，实行会员制。和布鲁盖尔研究所主要靠收取会员费不同，英国皇家国际事务研究所主要通过研究项目、收取会员费、举办慈善活动、召开会议获得收入，研究项目收入是研究所的主要收入来源。2014—2015 财年，研究所收入总计 1450.7 万英镑。从收入类别来看，研究项目收入占总收入的59%，项目主要来自英国政府部门、国际组织和其他国家政府、私人基金、公司企业等，分别占到总收入的13%、14%、20%、11%。会员和慈善收入占总收入的22%，主要是个人会员、公司会员、捐予。另外，英国皇家国际事务研究所以举办全球性政策讨论会议著名，活动会议和投资出版收入占到总收入的19%（表6）。

表6　英国皇家国际事务研究所收入明细

大类	分类	占比	合计
研究项目	英国政府部门	13%	59%
	国际组织和其他国家政府	14%	
	私人基金	20%	
	公司企业	11%	
	其他	1%	
会员和慈善	个人会员	5%	22%
	公司会员	11%	
	捐予	6%	
活动会议和投资出版	会议	11%	19%
	出版	4%	
	投资	3%	
	其他	1%	

（四）经验借鉴

一是打造高端国际品牌。研究所在伦敦查塔姆大厦举办全球论坛活动，邀请世界各国领导人、决策者和意见领袖参加，此为非保密活动全程录像并进行电视转播，我国领导人曾在查塔姆大厦发表演讲。其高端国际品牌主要围绕国际活动、国会听证、国会简报（相当于我国的内参）、国际话语权四个维度展开。在国际活动方面，研究所每年举办约100场普通会员活动，24场企业会员活动、200场高端研究活动、20场国际会议和众多的特别活动。为营造一个自由的讨论环境，研究所制定了查塔姆规则，该规则目前已被世界各国普遍接受，为维护自由讨论和保护发言者的权利创造了有利条件，为推动国际关系研讨做出了贡献。查塔姆规则包括：

与会者可自由使用会议上收集的材料并注明出处，但不得透露发言者身份或追溯其来源；与会者发言自由，所陈述的观点只代表自己；不得透露任何与会者及其相关组织的身份；不得记录发言者的讲话内容；不得透露任何参会者名单；不得照相；不得录音录像。在国会听证方面，研究所每年都会组织成员出席众多外交事务委员会、上议院欧盟委员会、国际发展委员会、国防委员会、财政委员会的听证，借此扩大智库影响力。在国会简报方面，研究所经常就东欧和南高加索问题、英国的中东政策问题、俄罗斯问题、美中英关系、伊朗核问题向国会提供政策建议。研究所的国会简报机制与我国的内参制度有些相似，也有不同。我国内参一般不公开，也不将领导批示件发还简报提供单位和个人。但英国皇家国际事务研究所提交给国会的所有简报均在其网站进行公开，接受社会监督。在国际话语权方面，研究所为掌握国际关系的研究话语权，出版了《今日世界》（双月刊）、《国际事务》（半月刊）两种期刊。《今日世界》为英国政要和社会精英提供了重要参考，《国际事务》是研究国际关系的一流学术期刊。

二是完善的监管公开机制。英国皇家国际事务研究所通过信息公开、财务多元化、王室庇护、人员制衡、机构设置、资金选择限制来保持独立性。在信息公开方面，研究所所有的财务收入、财务支出、捐赠明细、董事信息、研究报告、活动视频均予以公开，接受公众质疑和监督。在财务多元化方面，研究所通过英国政府、国外机构、企业会员、个人会员、基金赞助、捐予和出版等多个渠道获得收入，实现财务多元化。在王室庇护方面，由于英国王室在英国政治中保持中立，没有任何政治倾向，研究所聘请女王作为该机构名誉所长，能够巧妙避免政治压力。在人员制衡方面，研究所实行理事选举制度，所有会员在选举时地位平等，资金捐赠者只有通过民主选举才能成为研究所的理事。在机构设置上，研究所三权分立，实行监督平衡机制。另外，研究所还实行指导委员会制度，只有经过指导委员会的审查签名，研究成果才能通过。在资金选择限制方面，研究所不接受指定研究内容的资金资助，资助者不能干预研究观点，不接受匿名捐赠。

三是创新研究组织机制。英国皇家国际事务研究所全职员工只有 135 人，但其工作人员却超过 350 人。研究所非常善于使用非正式人员，许多项目和部门都有从合作伙伴那里过来的临时工作人员、志愿者和实习生全年支持。由于研究所对招募人员质量把控极其严格，大量使用非正式工作人员这种做法并未降低研究质量。此外，研究所下设的伊丽莎白二世学院每年从全球招募 15 ～ 20 名有资深研究经验的研究员作为访问学者参与项目研究，学习时间为 12 个月。学院属于进修性质，提供奖学金和基本项目津贴。另外，研究所和伦敦大学国王学院、布鲁内尔大学、新加坡南洋理工大学、名古屋大学等院校建立了紧密的合作关系，协同创新发展水平较高。

四是强大的生态塑造能力。研究所和全球政界、商界、媒体、学术界、非政府组织等约500家机构建立了密切的合作关系。研究所的学术研究机构会员包括伦敦大学等27家；重点项目赞助商包括比尔及梅琳达·盖茨基金会、英国红十字会、世界银行集团等41家；研究支持者有马赫迪·阿尔·塔吉尔基金会、相思研究公司、英联资本等99家；合作伙伴有美国国际集团、土耳其阿克银行、英国天然气集团、英国石油公司等26家；企业会员有英国广播公司、埃森哲、巴克莱银行、日本国际合作银行、达信保险经纪有限公司等197家；使馆会员有中国、德国、日本、法国、瑞士等驻英国大使馆84家。此外，研究所还有红十字会国际委员会、伊斯兰国际救援组织等11家NGO会员。

六、国际智库发展特点分析

在欧美等国政治经济和社会生活中，智库发挥着举足轻重的作用，被誉为是继立法、行政、司法、媒体之外的“第五种权力”，智库的作用渗透到了欧美政治经济和社会发展的各个方面。在新经济视角下总结和分析欧美等国智库的5个发展特点，对于我国建设和发展民间智库具有一定的借鉴意义。

（一）始终将独立性作为智库的核心价值

1. 始终坚持独立性准则

欧美几乎所有的智库都始终坚守和奉行独立性准则，并将其作为智库的核心价值和生命力所在。布鲁金斯学会将“独立性”作为学会三大核心价值来坚守；兰德公司则强调自己是一个无党派组织，没有任何政治倾向；布鲁盖尔研究所的价值观是独立和非教条；英国皇家国际事务研究所认为自己是一个独立的政策研究机构。

2. 欧美智库强调独立性的原因

一是法律层面，根据美国税法的相关条款和欧洲非营利性组织管理条款规定，智库作为非营利性机构享有免税资格，禁止以直接或间接的方式参与或介入任何旨在支持或反对公职选举中任何候选人的政治运动。智库为保持其非营利性机构的身份，必须和政治活动保持一定距离。二是社会层面，欧美大部分智库的主要资金来源都是社会捐赠和会员费，为了获得稳定的资金渠道，智库必须获得社会的信赖和支持。为了获取民众信任，智库需要与政府、企业等相关利益集团保持一定的距离。三是市场层面，智库作为思想工厂，以知识产品参与思想市场竞争。智库需要以独立的态度和观点来保持知识产品的市场竞争力，以提升知识产品的质量。

3. 欧美智库独立性的体现

第一，政治独立是智库独立性的前提。虽然很多智库都有一定的政治倾向，但智库不直接或间接参与、介入任何党派的竞选运动一直是欧美智库发展所遵循的一个重要共识。布鲁金斯学会规定学会研究人员不得参与任何党派政治及竞选等相关活动，研究人员超过5000美元的收入都要报告；兰德公司总部设在加利福尼亚州圣莫尼卡市，远离华盛顿；布鲁盖尔研究所规定所有人员均不得参与党派活动；英国皇家国际事务研究所则争取到了王室庇护，避免政治压力，其3位名誉所长分别来自保守党、自由民主党、工党，以此保持平衡。

第二，思想独立是智库独立性的核心。思想独立体现在以下3个方面：一是欧美智库资金捐助者一般不能干预智库的研究活动。布鲁金斯学会不做指定性的课题研究，只接受不指定研究内容的资助；兰德公司无法确定某个赞助商是否真的要求客观和独立分析，或者不能保证研究结果最终可以被公开时，就会拒绝捐助；布鲁盖尔研究所建立了研究回避制度，当研究人员与项目有可能存在不合理的利益关系时，研究人员会被要求主动回避；英国皇家国际事务研究所不接受精确指定研究内容的资金，资助者不能干预研究观点，不接受匿名捐赠。二是通过多元化研究保证思想独立。多数欧美智库的研究人员具有多元化文化教育背景，智库通过建立一支跨学科的研究团队保障研究结果的独立与公正。布鲁金斯学会研究人员来自全球，专业背景十分广泛；兰德公司员工的专业背景涵盖了社会学、经济学、政治学等十余个学科领域，并且每个学科领域的研究人员大致相当；布鲁盖尔研究所的研究人员来自全球的各个国家，研究内容相当广泛；英国皇家国际事务研究所的研究成员面向全球招募。三是通过科学的研究方法保证思想独立。布鲁金斯学会主张利用科学的、实证的研究方法，通过访谈、调研、实证分析、模型分析、头脑风暴等科学研究方法保证研究的客观性；兰德公司以数据分析和处理闻名，强调利用计算机等现代化工具来保障研究结果的客观。

第三，财政独立是智库独立性的基础。欧美智库的财政独立主要是通过建立分散化和多元化的资金来源结构以降低对利益团体的依赖。例如，布鲁金斯学会通过多种方式筹集资金，大部分资金主要是靠捐予获得，对政府资金和有条件的捐赠有严格限制。兰德公司通过与美国国防部、美国空军、美国陆军、美国健康与公共事业部、州政府、其他社会组织等不同的部门签订合同，尽量平衡利益关系，保持自身独立性；英国皇家国际事务研究所通过英国政府、国外机构、企业会员、个人会员、基金赞助、捐予和出版等多个渠道获得收入，保证财务多元平衡。

第四，运营独立是智库独立性的保障。欧美智库运营独立主要体现在以下 4 个方面：一是市场化运营。智库一般不隶属于政府机构，采用市场化运作管理。二是董事会组成多元化。智库董事会或理事会成员中，卸任的政府官员、学术界和工商界知名人士各占约 1/3，通过设置多元化的董事会和理事会结构来平衡各方利益。部分智库还设立监事会以对智库进行监督。三是接受社会监督。智库一般需要公开各个年度的财务收支、接受捐赠明细、研究报告、研究人员等信息情况。在布鲁金斯学会和兰德公司网站上均能查到年度财务收支和捐赠明细，研究报告只要不涉密都是需要公开的，即使提交给总统的报告也会在其网站公开。四是提升自身实力。欧美智库通过多种手段保持自身强大的实力并扩大影响力，以与利益集团相抗衡。

（二）以高质量研究成果赢得信赖

质量是智库赖以生存的基础。欧美智库发展的核心价值理念除了独立性之外，对质量和影响力的追求。例如，布鲁金斯学会把质量放在核心地位，严格把控研究质量，多年来一直以高质量研究名列美国最有影响力智库榜首；兰德公司认为质量和客观性是智库的两个核心价值观；事实上，只有具备高质量的研究成果，智库才能在政治、经济和社会生活中扮演重要角色。第二次世界大战期间的罗斯福新政、第二次世界大战之后的“马歇尔计划”、联合国成立及美国税制改革、预算和福利等政策改革、欧盟金融危机应对等重大问题，智库均发挥过重要作用。

全方位智库质量管控体系。欧美智库对质量的追求体现在智库发展的全过程。首先，选择研究人员十分严格，智库对于研究者的学历和研究能力要求相当高。布鲁金斯学会研究人员大部分都具有博士学位；兰德公司招聘的新研究人员很多都是来自兰德公司内部科研人员推荐，这使得兰德公司人才济济；布鲁盖尔研究所对研究人员要求相当高，研究人员必须有相当的研究经验，一般来说必须是所在研究领域有一定学术影响力的专家，客座研究员要求拥有博士学位或有至少有 4 年的全时研究经验；英国皇家国际事务研究所研究人员一般要求具有博士学位或在相关领域有丰富经验并取得一定学术成就。其次，智库的选题研究注重前瞻性。布鲁金斯学会除了围绕外交政策，还针对全球经济与发展等前沿领域进行研究，内容十分广泛；兰德公司的研究除了传统的公共与国家安全等 12 个领域，还包括儿童早教等前瞻性领域；布鲁盖尔研究所主要集中在欧洲宏观经济与治理、全球经济和治理、金融及金融监管、创新与竞争政策四大重点领域。再次，重视智库研究支撑能力。

欧美智库十分善于运用信息化手段提升研究水平，把支撑能力建设作为智库研究能力提升的重要方面。布鲁金斯学会十分注重对数据的采集、发掘和分析，善于利用收集的大量数据进行模型分析和回归研究，从海量数据发现隐含的逻辑并进行科学预测；兰德公司计算机中心拥有一支130余人的由编程专家、系统分析专家及工程技术人员组成的队伍，拥有强大的数据处理能力，善于从海量数据挖掘信息，是当今美国大数据处理和分析的权威机构之一；布鲁盖尔研究所也注重利用强大数据库和计算机系统提升研究水平。最后，有严格的智库质量管理机制。欧美智库研究质量管理机制主要体现在3个方面。一是坚持质量第一原则。智库一般实行1+N研究制度，1名研究员配2 ~ 3名研究助理。二是以质量作为主要参考标准激励研究人员。智库研究人员的薪酬主要取决于研究水平和研究质量，研究人员的晋升和评价也主要以研究质量和学术影响力为标准。研究人员如果出现剽窃或其他丑闻则立即会被解雇。三是实行严格的研究评审制度。智库每一份研究成果，在公开发表前都需经过审慎的内部和外部评审，智库有独立的专家评审委员会，负责对独立的评审程序进行监督，不合格的报告会要求修改或被退回。

（三）拥有成熟的市场化管理运营模式

以市场化手段组织运营。欧美智库市场化运营主要体现在3个方面：第一，多数智库实行“董事会”领导下的总裁负责制。董事会（理事会）是智库的最高决策机构，负责审核智库的经费预算和课题立项，并审查主要研究成果等。董事会（理事会）成员有相当一部分是智库的重要捐助者，而布鲁盖尔研究所等智库实行理事会选举制度，从会员中民主选举智库理事。一般董事会成员不从智库领取任何薪水。第二，智库研究人员实行聘任制。智库研究人员一般通过市场招聘或聘任，研究人员研究水平达不到要求或违反学术规定将会被解雇，薪资水平也主要根据智库的收入和研究人员的研究水平来确定，智库人员的流动十分自由。智库总裁或主任等高级管理人员由董事会任命，总裁或主任一般都有大型公司高管的经历。总裁除了需要管理智库外，还有一个重要任务是筹款。第三，智库以知识产品参与思想市场的竞争。欧美智库参与市场竞争的办法和麦肯锡等咨询公司有所不同。除兰德公司等一些智库通过签订研究合同来获取收入外，多数智库不是直接通过咨询报告获取收入，他们不以追求商业利润为主要研究目的，研究的指向性和目的性不具备商业性质。智库主要是以高质量的研究成果赢得捐助方信赖，通过“捐助—研究—影响力”的商业模式间接获取收入。也有不少智库采用会员制，智库对捐助方的回馈方式多样，不仅限于研究报告，还包括邀请参与活动、分享信息等诸多方面。

高度重视和推动影响力传播。由于欧美智库主要是靠影响力和会员来间接获取收入，所以很多智库除了注重研究质量外，还十分强调影响力传播，以最大限度提高智库筹资能力。欧美，尤其是美国思想市场相对比较繁荣，智库竞争十分激烈，影响力传播除了传统的“旋转门”方式外，还包括3个方式。第一，举办各种类型的活动。智库每年都会举行各种各样的活动，包括内部会议、午餐会、研讨会、论坛、晚宴、答谢会等来吸引社会名流参与。他们相互沟通交流，建立人脉关系，智库成为生态圈构筑的积极推动者和重要参与者。第二，积极参与思想舆论传播。欧美的很多智库与政界、学术界、企业界、媒体界的互动非常密切，共同构建了强大的思想和舆论传播网络，通过国会听证、国会简报、政策评论、学术论文、媒体访谈、专题讲座、学术交流、组织培训、工作实习等多种形式提高思想传播力度。第三，积极运用现代营销手段进行推广。智库研究的最终成果一般都公开发布，他们注重通过创建海外研究中心，以社交媒体、月刊、评论、简报等多种形式来提高自身影响力。

（四）注重吸引和培育高端人才队伍

利用成熟的“旋转门”机制。欧美智库尤其是美国智库又被称作政要“后备团”。每当政府换届，都会有不少前任高官加入智库，也会有智库成员进入新一届政府。兰德公司被誉为美国第二政府，其公司雇员是美国历届总统班底首选，美国前国防部长拉姆斯菲尔德曾经担任过兰德公司的主席。英国皇家国际事务研究所的三位名誉所长都是英国前政要。

吸引多样化高端人才队伍。欧美智库的研究人员主要来自学术界、政府和私营企业，员工拥有丰富的经验，能够很好地将理论与实际相结合。布鲁金斯学会的研究人员很多都是该领域的学术领军人物和权威专家；兰德公司组建了由全球顶尖学者组成的研究团队，1800多名团队成员实现了在工作经验、学术背景、政治和意识形态观念、种族、性别和族裔等各方面的多元化，专业知识跨越了几乎所有的学术领域和学科，从经济学和行为学到医学和工程学，无所不包；布鲁盖尔研究所大部分研究人员都是欧盟银行金融领域的精英，有的本身就是各国央行和金融机构的高级从业人员，具有丰富的实践经验，有的在银行金融研究领域拥有极为丰富的研究经验；英国皇家国际事务研究所不少高级研究员来自英国或英联邦，有着丰富的实践经验。以其亚洲计划高级研究员 Tim Summers 为例，Tim Summers 曾是英国驻成都理事馆总领事，离职之后到香港中文大学读完博士，成为中国政治经济学领域专家，之后又加入英国皇家国际事务研究所。

注重人才培养和梯队建设。欧美智库十分注重人才梯队建设，研究项目通常由

1名研究员带领2～3名研究助理完成。研究助理、研究员、高级研究员比例一般比较固定，晋升考核也主要以研究质量评价为主，发展路径比较稳定。此外，很多智库都非常注重人才培养。例如，布鲁金斯学会网站域名后缀是.edu，布鲁金斯学会又被称为没有大学生的大学。兰德公司帕迪兰德研究生院的研究生要修20门课，10门必修，10门必选，同时要积累300天的研究项目工时。兰德公司帕迪兰德研究生院的毕业生有32%进入研究所，27%进入私营机构，18%担任大学教员，13%进入非军事类政府机构，其他进入非政府组织等。布鲁盖尔研究所等不少高端智库每年都有一定资金用于访问学者和特邀研究员计划。

（五）有竞争力的薪酬激励机制

智库行业属于知识密集型行业，智库的兴衰存亡与智库研究人员的素质、研究成果的质量密切相关。用有竞争力的薪酬激励机制招募并留住杰出人才一直是所有智库的核心工作，主要体现在3个方面。一是智库以其影响力给员工带来极大的荣誉。在兰德公司工作，员工收获的是能力的认可。有不少员工认为兰德是一个独特的公司，会让人产生改变这个世界的想法。此外，欧洲金融系统和英国外交系统离职高官很多都选择进入布鲁盖尔研究所和英国皇家国际事务研究所。二是智库建立了完善的福利保障机制。布鲁金斯学会员工拥有的福利十分完善；兰德公司为其员工提供退休、健康、继续教育、职业发展和家庭福利等一揽子福利保障。三是智库研究人员的薪金收入相当可观。在多数美国智库中，与教授同级别的研究员工资比大学高出将近40%。布鲁金斯学会研究人员平均年薪超过12万美元，员工薪资和福利待遇是美国乃至全球最为优越的智库之一；兰德公司员工平均年薪超过8万美元，员工忠诚度很高，除非是因为学习或进入政府机构等原因，一般不轻易离开；布鲁盖尔研究所员工平均年薪约为7万欧元；英国皇家国际事务研究所员工平均年薪约为5万英镑。

——此为2016年6月发表的企业研究报告

访美记：谈创业，论智库

目前，中国是世界上创业活动最活跃的地区之一，瞪羚企业数量居全球前列，但是中国至今没有出现能够改变世界的大企业。

2012 年 9 月 28 日—10 月 15 日，长城战略咨询一行四人对美国进行了为期 18 天的访问。整个行程途经美国西海岸和东海岸，依次经过了美国四大中心，即创新中心——硅谷、金融中心——纽约、政治中心——华盛顿和学术中心——波士顿，期间遍访名家、考察名企、走上论坛、进入名校，探讨和分享咨询方法、创新创业等领域研究成果。

一、访硅谷，谈创业

2012 年 9 月 28 日，我在“Kei ret su Forum 硅谷论坛”上发表了简短的讲话。之后参加了天使投资人和创业者的对接会，当天上午有 150 个天使投资人听两个创业者讲他们的创业计划，除了创业者陈述后的答辩之外，还有一个环节是让创业者离开，天使投资人评价创业项目是否值得投资。

这个活动让我们深刻体会到了中国创业者和国外创业者的区别，即创业者接触天使投资人的机会差异。国内和国外创业者接触天使投资人的比例是 1 ∶ 100，硅谷的创业者有机会接触很多天使投资人，每个创业者都能说出自己的想法，这样对创业者帮助非常大。

同年 9 月 29 日，我们一行四人应邀参加了硅谷华源科技协会 2012 年年会论坛，会上我对“中国新经济十年”进行了预测：20 世纪 90 年代是民营企业发展的十年，而 21 世纪的第一个十年是中国制造崛起的十年，如今种种迹象表明，21 世纪的第二个十年是新经济在中国崛起的十年。制造业、民营企业共同成就了中国制造的崛起，科技园区和跨区域创业者将会成就中国新经济的崛起。

2009—2012 年，中国的国家级高新区数量从 56 家上升到 105 家，增加了近一倍；硅谷和中关村之间的互动和连接有了明显的增加。我演讲结束后现场一些创业者针对演讲内容进行了提问。问得最多的问题是如何回中国创业。我认为，现在中国创业者很多，目前最缺乏的是梦想改变世界的创业者，中国各大高新区都期望拥有改变世界梦想的创业者回国创业。希望创业者能更谨慎、更全面地审视自己的创业计划，接触更多世界一流的天使投资人，尤其接触那些曾经改变过世界的天使投资人，而硅谷是孕育拥有改变世界梦想的中国创业者的天堂。

二、纽约："犹太人的金融，华人的创业"

2012 年 10 月 6 日，我应邀出席中国旅美科技协会在纽约哥伦比亚大学举办的第 20 届年会，并做了题为"迎接跨区域创业新时代"的讲话。重点围绕创新全球化、跨区域创业、新经济的崛起、纽约硅谷这 4 个方面内容展开。

创新全球化要梯度转移，高端辐射，中国活跃的创业氛围使中国在创新全球化阶段的发展优势尤为显著。现在人才、资金和技术都围绕创业展开，创业活跃的地区更加具有吸引力，更能影响留学生在学习和创业方面的选择。资源围绕着创业者流动，而不再是向着价值链低端的方向流动，创业者成为创新全球化阶段的主角。

跨区域创业要链接硅谷和中关村的人脉，与硅谷建立人脉关系也是发展经济的重要途径。新竹、班加罗尔、以色列、中关村、武汉、深圳等高新区的成功也得益于从硅谷跨区域社群中走出的跨区域创业者的贡献。

中国发展新经济的优势已经很明显：中国创业活动活跃、瞪羚企业数量众多。中国经济要发展，需要创业者能够感知社会各方面的需求。邓小平南方谈话后，中国此前涌现出了一波创业潮，而现在又出现了新一轮的创业潮。前者主要是以知识分子为创业主体，后者则是以一批拥有改变世界梦想的创业者为主体。因为中国经济发展到一定阶段后，中国与世界的联络会越来越多，"改变世界"可以说是这一轮创业的特点。这就需要中国创业者有更大抱负，有链接全球、感知全球的能力，才可能实现改变世界的梦想。

纽约是全球的金融中心，在创新全球化的背景下，纽约未来的发展需要靠犹太人的金融思维、模式等，另外"北京人在纽约"的时代已经过去，中国人在纽约创业的时代来临。此次纽约之行，我们也拜访了纽约市经济发展局和康奈尔大学，他们认为在创业的过程中，中国必须形成天使投资机制，应该在纽约做天使投资网络，做孵化器和加速器。

三、华盛顿：与哈特、李侃如对话

2012 年 10 月 8 日，我们一行在华盛顿五月花大酒店接待了美国科技政策专家哈特教授，并与哈特教授就制造业发展问题、产业集群、创新自由等问题进行了交流。

哈特教授说，他在美国总统科学顾问办公室的具体工作是对制造业领域进行研究和培训。2001—2010年，美国的制造业工作岗位下降严重。作为政府人员，他的工作任务是要研究如何把这些丢失的工作岗位找回来。哈特教授询问我，中国政府对发展制造业采取了什么政策，对美国的再制造怎么看？

对于这个问题，我认为，中国制造业也同样受到影响，但和金融危机关系不大，而是和大宗商品价格上涨关系比较大。现在的制造业，就和当年的农业一样，尽管各国都予以重视，但还是会出现下滑趋势。2010年，全球农业增加值占全球GDP的比重下降到了3.92%，全球制造业增加值（MVA）占全球GDP的比重18.2%，仍有下降趋势。关于美国再制造，不应仅考虑制造业自身的问题，还要解决人类如何享受制造产品的方式问题。最近20年，人类产业价值链发生了前所未有的变化，这些变化概括起来主要是3个方面：产业价值链的分解、以外包为主的产业业态的创新和产业价值链的融合。这3种变化，依次按照时间顺序逐步展开，从表面上看，分解和外包给了发展中国家机会，发达国家却选择产业融合。在产业融合方面，美国的IBM、通用电气公司都是先驱。他们在研发上具有足够的能力，还有大量的专利，在关键的环节有制造能力，美国的再制造应该在解决方案的视角下安排高端制造。

2012年10月10日，我们一行来到布鲁金斯学会，应邀与该学会约翰·桑顿中国中心前主任李侃如和时任主任波拉克会面，重点讨论了中国的现状和对中国智库的看法。

我提出了如下观点，中国经济由3个圆圈组成：最外层的圈是由大型国企组成；中间层是占据中国经济半壁江山还多的民营经济，这是中国经济持续发展的主要动力；核心层是高新技术企业，中国经济最大的希望在于高新技术企业，在于新经济、在于高新区。李侃如则向我提问，为何我们认为中国经济的希望在于民营企业和高新技术企业？

在我看来，中国经济的生命力在民营企业，中国是全球创业最活跃的国家之一，创业的动力远远大于阻力。2010年，中国每年创办170万家公司（美国是70万家，印度是10万家），这个数据说明，中国创业企业非常多，支持民营经济发展的政策不会改变，中国经济充满了活力，这也是中国经济前几年能保持两位数增长的原因。

从新经济角度看，创新创业、瞪羚企业和改变世界的大公司是发展经济的3种主要力量，中国由于知识产权保护机制不完善、技术转移不通畅等原因，能够改变世界的大企业较少。李侃如对我的观点表示认同，同时强调，改革的动力不可忽视。中国如何利用好改革的动力，处理好同美国、日本等国家的关系，是中国下一步发展的关键。

在对智库的认识上，李侃如认为，咨询公司和智库的不同之处在于，一个是通过为其他组织机构提供有偿研究服务，解决其现在和未来的发展等问题；另一个则是通过发表自己的研究成果，从而影响相关领域的决策者。布鲁金斯学会中国部主任波拉克此前在兰德公司工作，他对智库有自己独特的看法。他认为，好的智库要有明确的目的性，需要从经济、政策、政治或科学等领域选一个重点领域作为主要研究对象。然而，智库往往面对着外界的不同评论和评价，这也就需要智库能够客观认识其研究。在中国建立智库可以有两个方式，一个是开放式智库，以直接做研究发布成果为主；另一个是封闭式智库。

四、波士顿：与黄亚生、傅高义对话

2012 年 10 月 11 日下午，我们一行到麻省理工学院（MIT）访问了著名的经济学家黄亚生教授，和他就中国创新经济相关问题进行了交流。黄教授长期以来对中国经济问题有很深的研究，他的代表作是《有中国特色的资本主义》。2008 年，黄教授发起了将中美两国联系起来的具有创新意义的企业管理和教学实践项目，即清华 -MIT 中国实验室项目。

我与黄教授探讨了中国实验室项目，中国实验室的概念就是把 MIT 的 MBA 学生和中国几所大学的 MBA 学生组合起来成立一个团队，针对中小企业发展过程中遇到的问题，帮助其设计解决方案。这个模式非常好，既加强了两国学生的实践和交流，又可以为企业解决实际问题，为企业提供学习世界先进商业理念的机会，更进一步讲，这也是中国加强全球链接的一种重要方式。

在与黄教授探讨政府在推动创新经济方面所起到的作用时，我介绍了中关村的“跟投”概念，以中关村的高新技术企业为例，如果项目好，在风险投资的基础上，政府会再做“跟投”，这种方式使得中国的创新经济更快更好地发展。黄教授指出，“跟投”的概念非常值得宣传，加之中国政府对制度安排方面的进一步研究，中国的创新经济会更快发展。

2012 年 10 月 13 日，我们一行人到哈佛大学傅高义教授家中拜访，期间讨论了傅高义的《日本第一：对美国的启示》。傅先生的《日本第一：对美国的启示》在世界上影响颇深，他指出了日本的优势：一是犯罪率少，社会安定；二是学校义务教育水平高。对于日本“二十年停滞”的主要原因，我认为，在时代进步的前提下，日本的产业组织和时代的差距太远，尤其在全球化的大背景下，日本没有跟上时代。中国的经济还会经历大的增长，更多有才能的人将被挖掘出来，更多的创业者会积极投身经济建设，而具有积极引导作用的相应政策的出台将会激发更大的能量。

——王德禄发表于2013年2月第2期《中国经济报告》

民间智库在交流中发挥国际影响力

20 年来，北京市长城企业战略研究所（简称“长城所”）在科学技术和经济、社会领域承担了很多工作。国内咨询往往是和智库捆绑在一起的，这也是中国的特色。

2013 年，我和王德禄所长去考察美国智库。在布鲁金斯学会与李侃如、波拉克座谈时，谈到了我国国有经济和民营经济发展对中国前景的影响。我们向他们介绍，不仅要看到中国的国有经济，还要关注到民营经济、科技园区，这是中国经济最具活力的部分之一。这些对他们的触动很大。智库的作用就在这里，在交流过程中发挥影响力。

从智库发展的环境、历史和人文条件上来看，中美之间具有同质同构性。李侃如认为，中国发展智库的条件是很充分的。我们也感到，在某些方面，中国智库市场化已经比较充分了。相比而言，韩国和日本的智囊机构、智力机构几乎被大公司所统辖，独立的民间咨询公司发展空间有限。

回顾长城所走过的这 20 年，我们捕捉到知识经济的趋势并用于咨询业；主张把跨国公司的研发机构引到中国来；参与研究相关部门和地方政府关心的政策性问题；并且在科技部门的帮助下，长城所开展了东盟培训，东盟的很多国家都有专家参加会议。长城所还同以色列开展了合作。这意味着中国民间智库也有实力走向国际，希望民间机构可以得到更多的展示国际影响力的机会。

——刘志光发表于 2014 年 1 月《科技日报》

第六章
智库发展的文化底蕴

山东是智库的发源地

2016年11月27日，我、刘志光、程宏、王玉安等在济南大学参加了“新型智库及领军人才绩效评价高层论坛”。我在会上做了《山东是智库的发源地》的演讲，主要讲了3点：一是山东是智库的发源地；二是中国智库的第一课题是中国如何在某些产业领域实现弯道超车；三是我做智库的三观方法。

我出生在青岛，是华东石油学院（现为中国石油大学）77级的学生。1993年从中国科学院辞职后做智库，23年的时间一直做新经济智库。目前长城所是国内最大的民间智库之一，拥有300多人的项目团队，总部位于北京，在宁波、武汉、广州、天津、成都、济南都有业务中心。

一、山东是智库的发源地

我要说的第一点是，山东是智库的发源地。齐国开国国君姜子牙、齐桓公时代的管仲等都是智库人才，而山东的孔子、孟子都是学者不是智库人才。智库建设的关键在于“库”。山东的稷下学宫是中国最早的智库，和欧洲柏拉图的智慧园是有区别的，稷下学宫有智库人才，智慧园更多是学者。稷下学宫是全球最早的智库。所以在齐国故地召开智库会议，我很高兴，也很愿意参加，仿佛在穿越历史。

二、中国智库的第一课题是中国如何在某些产业领域实现弯道超车

中国现在十分重视智库的发展，我认为中国智库的第一课题就是中国如何在某些产业领域实现弯道超车。现在全球的局势，很像稷下学宫时代的春秋战国。欧洲像晋国，英国脱欧像三家分晋。美国像齐国，齐桓公时代已经结束。我认为，中国春秋战国时代的政治智慧还有一定的时代价值，建设如稷下学宫一样的智库是中国发展壮大的重要支撑。

世界变化很快，全球化也进入新的阶段。从世界经济的发展看，第一次工业革命起源于英国，第二次工业革命在美国东部兴起，以互联网为代表的新经济在美国西部崛起。北京中关村成为仅次于美国硅谷的新经济活跃之地，中国只有在新经济领域迅速发展才能实现跨越式发展。

中国在基础设施建设、科技园区、科技创业领域做得较好，后两个都是以新经

济为主的领域。同时中国也出现了3个产业引领世界，一是电商，二是社交化，三是网络直播。中国出现了很多成功的公司，如阿里巴巴集团控股有限公司（简称“阿里巴巴”）、深圳市腾讯计算机系统有限公司（简称“腾讯”）等，长城所发布的2016中国独角兽企业研究报告显示，中国现在有70多家独角兽企业，数量仅次于美国的120多家，美国和我们也都在寻找独角兽企业，中国实现跨越式发展就要发展新经济。

分享经济、平台经济、智能经济是引领世界的三大产业。用户既是大数据的生产者，也是大数据的消费者，可以支撑分享经济、平台经济、智能经济的发展。

三、我做智库的三观方法

新经济智库的特殊方法就是长城所的三观方法。所谓三观：第一观是微观的商业模式，第二观是中观的产业规律，第三观是宏观的区域个性。智库要求具备强大的洞见能力，三观方法是保障长城所具备洞见能力的基本方法。

就微观的商业模式而言，长城所积累了三代创业者的咨询经验：第一代是知识分子下海创业，如四通集团、北大方正集团、联想集团、海尔；第二代是海归创业，其中的典型代表是百度、阿里巴巴、腾讯；第三代就是现在的全民创业，其中的典型代表就是独角兽企业。新一代的独角兽创业有4个特点：有洞察能力、有改变世界的梦想、有引领产业变革的行动力、有无与伦比的创新速度。

作为智库，主要还要有3个基本原则：独立性、科学性和影响力。长城所之所以能够取得成功，重要的是在创新中一直采用独立思考。

——王德禄2016年11月在济南“新型智库及领军人才绩效评价高层论坛”上的发言

传承：在稷下学宫思考人类智库之路

站在改革开放40年的历史节点上看，中国现代智库在改革开放的历史进程中应运而生。中国智库的特征和使命，即推动中国社会发展、促进决策科学化和民主化。这是中国智库真正的历史、实践和逻辑起点。站在齐国故地，感受稷下先生的思想力量。2000多年前齐国稷下学宫的智库模式是世界智库的起源和早期模型。有效地汲取历史文化遗产，也是提升智库思维主体文化自觉的重要内容。中国智库与历史和文化的联系，包含着文化自觉和价值取向的抉择，也应该含有对当下智库模式的启迪和智库职业角色的定位及把握。从这个意义上说，中国智库的发展还需要有远大的理想与人文情怀。

一、从改革开放40年的视角看中国智库的发展进程

改革开放以来，我国在全面建成小康社会和推进国家治理体系和治理能力现代化的理论与实践中，形成了必须坚持决策科学化与民主化的战略目标。在新经济时代，智库在从文化自觉到“思想再解放”的历史进程中，有了更大的作为空间。在改革开放40周年之际，在研究中国智库发展路径和本质的过程中，不能“循名责实”，主观地把源自欧美的“智库”概念去到处套用①，这会得出“白马非马”的论断。实际上，改革开放的起点和问题构成中国智库的特征和使命，即推动决策科学化和民主化，这是中国智库真正的历史、实践和逻辑起点，也是中国智库与欧美智库的最大区别。

改革开放以前，中国没有真正意义上的民间智库。受特定历史条件和体制的限制，中国智库主要集中于体制内部。除少数国有研究机构外，只有少量高等院校会参与部分政治决策的研究。受当时国内大环境影响，这些智库的研究工作主要是为党和政府的政策提供宣传与理论解释服务，而非提供政策预案或参与决策支持。因而并不能把这些机构称为真正意义上的智库②。例如，1956年成立的中国科学技术信息研究所，最初是为政府收集整理国外相关领域的信息情报，并把国外的相关情

① 文献检索表明，从20世纪80年代初期开始，学界对思想库（智库）的研究和介绍翻译与改革开放的起点与进程相一致。

② 出自长城企业战略研究所于2011年发布的《北京地区智库资源情况调研报告》。

况提供给政府做借鉴之用。

随着中国社会经济的发展，处于改革开放初期的政府决策机构面临的决策环境更加复杂，决策问题的难度不断增强，因此，中央和地方各级决策机构制定决策方案时，需要大量的研究者和研究机构提供智力支持，中国迎来智库发展的第1个“活跃期”。1981年国务院先后成立了4个研究中心，分别是国务院经济研究中心、国务院技术经济研究中心、国务院价格研究中心和国务院农村发展研究中心。1985年国务院将经济研究中心、技术经济研究中心、价格研究中心3家合并，组建国务院发展研究中心。1990年，农村发展研究中心的部分人员也被纳入发展研究中心。同一时期，中国社会科学院也开始重新组建，并发挥政策决策咨询作用。

在改革开放初期，党中央明确提出了决策科学化与民主化的战略目标。国家治理层面软科学研究机构和政策研究机构相继建立起来，为改革开放进程的科学决策提供重要理论和智力支撑，这也是思想解放的重要成果①。从20世纪80年代开始，官方智库快速发展，民间智库也开始起步。1986年，万里同志在全国软科学研究工作座谈会上作了《决策民主化和科学化是政治体制改革的一个重要课题》的报告，提出了软科学发展应为决策科学化与民主化服务的战略任务。万里的报告把当时决策的所有弊端都讲到了，包括邓小平对“文化大革命”所进行的反思等。因此，中央提出决策要科学化民主化，应当说是改革开放在国家治理层面的一场革命。当时应运而生的一个重要领域是软科学与科学学。围绕软科学这个大平台，开启了智库尤其是官方智库发展的黄金时期。软科学与相应机构的设立是中国智库发展的重要阶段和智力支撑[1]。虽然20世纪80年代末智库发展一度停滞，但这一时期的政治生态为智库未来的发展奠定了坚实基础。

这一时期，中国智库发展的政治大环境相对宽松，政府对智库参与决策的需求也相对比较迫切。党的十一届三中全会后，党和政府的每一项重大方针及决策方案的出台，都是在广泛征求专家学者、民主党派及无党派民主人士意见的基础上，再经过认真调研，反复进行科学论证而做出的。可以说，20世纪80年代是我国政策咨询最活跃、取得成效最大的黄金时期，这为之后智库建设和发展积累了宝贵的经验，也为今天智库的发展奠定了良好的基础。

党的十八大以来，习近平同志明确提出了建立中国特色新型智库体系的要求。中央提出“新型智库体系”这个范畴，其含义是突出思想市场对改革开放的助推作用，

① 出自长城企业战略研究所于2011年发布的《北京地区智库资源情况调研报告》。

同时也突出强调了智库所应该具有的软实力。从改革开放的历史进程来看，其中对决策科学化与民主化的历史承载是显而易见的，这也是中国特色社会主义国家治理结构和能力的新特点。2013 年 11 月，党的十八届三中全会提出要加强中国特色新型智库建设，建立健全决策咨询制度。2015 年 1 月，《关于加强中国特色新型智库建设的意见》明确指出中国特色新型智库是党和政府科学民主依法决策的重要支撑，是国家治理体系和治理能力现代化的重要内容，是国家软实力的重要组成部分。

在新经济蓬勃发展的今天，推进国家治理体系和治理能力现代化需要前瞻性思维和科学决策，客观上要求构建全方位、多层次、跨领域的智库机构和专家网络，发挥“大科学机制”的独特优势。官方智库作为政府体系的一部分，直接为政府决策服务，在提供信息和政策分析的同时，更加强调标准化、制度化、流程化，这是由国家行政管理的特点所决定的，具有其内在合理性。但是，这种特点在保持稳定性的同时也会产生“路径依赖”的现象，在一定程度上限制了其创造性的发挥。因此，在新经济时代背景下，中国各类智库应该始终站在社会经济发展的最前沿，构建跨领域、全方位、生态化的智库机构和专家网络，使智库能够通过敏锐的触角、战略新思维、深入的观察和坚实的前瞻性理论研究，提出适合新时代要求，更有效推动全面改革和创新发展的新思想、新观点、新理念，引领社会经济向前发展，为科学决策提供坚实的智力支撑。推进国家治理体系和治理能力现代化是一项战略性、全局性、复杂性的工程，需要快速准确的战略洞见。在新时代，信息大爆发以前所未有的速度扩张，在巨量信息噪音和干扰中，如何准确快速甄别大数据中所蕴含的机遇与挑战，穿透信息海洋高效决策、识别个性与独特竞争力、探索新规则并抢占新的制高点，成为中国智库提升战略能力的新要求。

二、智库发展需要跟上时代，也要有理想与情怀

北京市长城企业战略研究所（简称“长城所”）创立于 1993 年，到 2018 年正好是 25 周年。25 年来长城所一直在做一件事，就是构建以科学技术为智力资源，为决策咨询提供智力服务的专业智库[2]。长城所在性质上是民办非企业研究机构，其成长在某种程度上也印证了在决策科学化和民主化主题之下一个社会智库成长的历程。

长城所 25 年的成长过程首先得益于改革开放的时代要求。长城所的创始团队是我国 20 世纪 80 年代思想解放运动的积极参与者，并且在各自领域都有一定的学术成就。有做科学哲学、科学史，包括共和国科技政策史研究的，也有从事软科学和哲学研究的。从思想资源和知识结构来看，这个团队关注新技术革命的讨论，研

究科学技术对社会的影响等。其中的标志性活动是在20世纪90年代参与出版了《科学与和平》，王德禄是执行主编，来自北京大学的武文生也参与其中。刘志光的《东方和平主义》（1992年出版）一书，对中国历史文化做了一个新解读。其主旨是通过科学与和平研究推动中国走和平与发展之路。这个时期的学术积累和价值取向都为长城所价值观、行为操守，以及外在形象的形成奠定了基础。长城所成立后，正好与国家科委提出的"发展市场上的软科学"的战略相一致。

长城所创业和积累的经验有两个方面。首先，智库的成长过程在很大程度上反映了创始团队的"品格"，其知识结构和学术素养决定了智库的"品格"。其次，创始人的眼界和格局决定了智库的走向和前途。长城所王德禄所长是从中国科学院科技政策与管理科学研究所出来打拼创业的。他在《自然辩证法通讯》杂志社做过编辑，对科学技术与政治、文化及社会，甚至与国际关系都有着比较深刻的洞察和了解。他的眼界和格局，决定了长城所后来所涉猎的业务领域。长城所25年的核心能力就是建构在这些领域中的。这些决定了长城所25年来能够不断壮大，坚持走专业化的道路，一直潜心于科学技术与新经济领域，特别是在新经济和科技园区领域不断发展壮大。

长城所经历了由民营咨询公司向新经济咨询公司转型的过程，其中大量的研究是企业与经济咨询及研究工作[3]。长城所属性很多，是咨询研究机构，也是社会智库、企业智库、科技智库。有人经常问：究竟如何区别中国的咨询公司与智库？这是中国的研究者、智库排名机构，特别是咨询与智库之外的学者特别关注的问题[4]。长城所实际上是两者兼而有之。长城所的历史表明：智库无官民，思想在市场。官民的分法是特殊历史条件下产生的，也是由中国市场经济和思想市场的发展进程所决定的。长城所的项目一定要把其所具有的智库功能提炼出来，去传播，去影响别人，这就是所谓的知识贡献。长城所同仁一般具有两个身份：咨询师和智库专家。长城所比较有影响的智库报告是《"京沪深"三地创新经济活力比较研究》《关于发展北京高新技术企业和产业》等，这些为北京市政府制定重大发展战略决策起了智力支持作用。最近5年，长城所更像一个生态型的研究机构，也就是现在所说的新经济智库。

长城所的智库体系是立足北京、区域布局、辐射全国。长城所的业务增长现在越来越多的来自京外。预计在2019年将有15个外省市业务中心。长城所下一步的发展战略是走向平台，就是加强北京、外省市及中央相关业务部门之间的联结，形成一个大的平台，大家在这个平台上工作。长城所目前成立了大数据中心、平台业务中心、3 个创新服务平台，包括商学院等，以打造智库品牌。

长城所的核心能力是为国家科学技术和经济发展决策提供咨询及智力支撑，涉及的服务领域包括知识经济与知识管理、区域经济、创新生态等。高新区决策咨询是长城所的第一品牌。可以说，中关村的崛起有长城所的功劳。长城所是中国科技园区咨询的第一品牌。所以长城所是科学技术咨询的专业智库，特色业务包括科技园区发展，推动政府决策科学化等。长城所强调创新方法的探索和研究，王德禄所长专门出了一本关于新经济方法论的著作[5]。现在“创新双月谈”已经成为长城所的品牌，还有定期发布的中国独角兽企业研究报告等。

另外，长城所一直跟踪并推动与“一带一路”沿线国家的国际合作，特别是在东南亚和印度。从某种意义上说，就是把中国的科技（园区）力量输出到东南亚和印度。这正在改变传统上中国与东南亚的关系，包括地缘的文化等方面的关系，取得了不错的成效，未来可期。长城所还做了很多细致的工作，比如王德禄所长每年都会去考察工作，并结合其踪迹和心得写了《我在“一带一路”上讲中国故事》，向外界讲述了在“一带一路”上中国的创业故事、科技园区的故事。

三、在稷下学宫感悟中国智库的文化自觉

讨论传统文化与智库建设要从文化自觉开始。人与历史和文化的联结是主观的也是客观的。本文讨论稷下学宫与中国智库建设的关系，先贤则说世异备变。我觉得其中的核心要义是文化自觉。中国发展到今天，需要我们在文化上进行选择。这个选择不是外在的，而是内在的。所以不能是工具主义或功利主义的。改革开放之后，文化传统成为我们的重要社会资本。到了今天，党中央号召建设新型智库，于是稷下学宫的“热”又起来了。实际上稷下学宫具有非物质文化遗产的地位，无论是从它的地表、文化、人物和思想来看，完全具有这个性质。文化要靠自觉才有自信，如果没有自觉的自信，则是盲目的自信。我们经常讲中国智库自信，但是智库的自觉在哪里呢？文化自觉要靠内省，要有批判的理性精神。自觉之后才有真正的自信，这与王阳明的心学是相通的。这也与我们智库的境界和操守息息相关。

在淄博，自然容易想到稷下学宫的老先生孟子。在“齐宣王问”中，孟子为什么避而不谈齐桓公晋文公的事呢？实际上孟子是主王道而黜霸道的①。孔子不是这样，这是他们两人的最大区别。孟子主张实行仁政。仁者无敌，不在江山险固；可以用民众的力量抵御秦楚的强大武器[6]。孟子代表了稷下学宫的最高境界，即智库

① 出自《孟子·梁惠王上》。

要有正确的价值观，要提供思想和精神的力量。不能把智库看作“江湖”，或只看作机智博弈和奇正谋略的平台，即以所谓“苏秦张仪之徒”为楷模。如果回到春秋战国时期，那一代先哲是有天下责任的。在稷下学宫的思想遗产中，有一个重要的人物就是汉代的董仲舒。董仲舒自称为“稷门生”，认为自己是稷门后学。当然这是真实的。所以历史上从事类似智库工作的“士”分多种，有“学士”“智士”，也有“策士”“方士”等。因此，智库从业人员要有正确的价值观来支撑智库的生存；用正确的价值观引领智库的未来走向。

稷下学宫所展示的意义是：智库非“江湖”，稷门仰思想。作为智库建设的重要环节，要发掘传统文化资源，并利用这个资源。回顾2300年前的稷下学宫所呈现的百家争鸣景象，其实质就是思想市场的力量。智库要抓住大战略。平静地想想我们的历史和文化，稷下先贤给我们留下了丰富的精神文化遗产，也提供了可供继承的价值操守，这是需要我们去体悟和把握的。党中央现在强调思想再解放，改革再出发。这意味着智库有进一步施展才能的机会，但责任重大，任重道远。

陶渊明有诗云：“厌闻世上语，结友到临淄。稷下多谈士，指彼决吾疑”①。古代诗人的愿望，也是今天大家的愿望！

参考文献：

[1] 刘志光，璐羽．咨询业：市场机制下软科学转化的中心环节[J]．管理观察，1996(8):3.

[2] 王德禄．创业是中国的希望：我在中关村做新经济咨询[M]．北京：金城出版社，2018.

[3] 刘志光，武文生．咨询业：正在兴起的知识产业[M]．武汉：湖北人民出版社，1999.

[4] 璐羽，刘志光．揭开国际著名企业进入中国市场的奥秘　请看“背后的巨人”：跨国咨询机构成功启示录[J]．中国科技月报，1998(1):33–35.

[5] 王德禄．新经济方法：长城智库方法论[M]．北京：金城出版社，2018.

[6] 刘志光．东方和平主义：源起、流变及走向[M]．长沙：湖南出版社，1992:35.

——刘志光发表于2019年4月《智库理论与实践》

① 出自魏晋陶渊明《拟古 其六》。

后　记

本书辑录了长城所30年来公开发表的文章，主要涉及对智库、咨询的思考与实践。这些文章时间跨度长，内容丰富，既展现了历史的印迹，又对长城所未来的发展有重要的启示作用。本书主编由长城所的两位创始人刘志光、武文生担任。

本书上篇为“新经济咨询”，包括第一章和第二章，第一章为“起步，探究新时代咨询业理论创新”，第二章为“发展，以咨询业实践推动中国崛起”，上篇主要由长城所创始人王德禄、刘志光、武文生等人撰写，由刘志光编审；下篇为“做社会智库”，包括第三章、第四章、第五章、第六章，第三章为“社会智库推动新经济与新治理”，第四章为“探索民间智库发展之道”，第五章为“智库发展的国际视野”，第六章为“智库发展的文化底蕴”，下篇主要由王德禄、刘志光、程宏等人撰写，由刘志光编审。

程宏老师对本书的策划、文章的精选等做出了贡献；智库办主任邵翔是本书的执行编辑，负责大纲制定、文章精选、编辑汇稿和出版校对等琐碎工作；吴炜承担了本书的出版协调与对接工作。感谢每一个为这本书付出努力的人，你们的辛勤工作与奉献，使得本书得以在长城所成立30周年之际问世。

编写组

2023年8月